STC15 单片机智能车实践教程

主　编　杨中兴　李笑岩

北京理工大学出版社
BEIJING INSTITUTE OF TECHNOLOGY PRESS

内 容 提 要

本书以单片机智能车为线索，围绕智能车设计与开发所需要的知识和技术，共分为十个项目。项目一是认识STC15单片机，重点介绍STC15系列单片机的体系结构；项目二是搭建STC15单片机开发环境，并介绍Keil工程的创建方法；项目三是多彩键控LED，重点介绍单片机IO端口；项目四是中断键控彩灯，详细介绍了STC15单片机的中断系统和应用方法；项目五是定时器实现简易时钟，围绕定时器设计了丰富多彩的应用案例；项目六是串口时钟，重点讲解串口的原理和用法，并结合定时器实现串口时钟开发；项目七是A/D转换测电压，分别介绍了以查询和中断的方式使用单片机片内的A/D转换器；项目八是PWM调节电动机转速，重点介绍单片机硬件PWM的使用方法，生成PWM信号驱动蜂鸣器、呼吸灯、直流电动机等应用场景；项目九是OLED液晶屏综合应用，分别介绍OLED显示数字、字符、汉字和图片的程序设计方法；项目十是单片机智能车设计开发，是全书知识的综合应用，全方位展示基于单片机智能产品的设计与开发过程。

本书适合作为高校电子、电气、计算机、自动化及机械等专业的教学用书，也可作为从事单片机应用开发的参考书籍。

图书在版编目（CIP）数据

STC15单片机智能车实践教程 / 杨中兴，李笑岩主编
.-- 北京：北京理工大学出版社，2023.1
　　ISBN 978-7-5763-1876-0

　　Ⅰ.①S…　Ⅱ.①杨…②李…　Ⅲ.①单片微型计算机
—应用—智能控制—汽车—教材　Ⅳ.①U464

中国版本图书馆CIP数据核字（2022）第229751号

出版发行 / 北京理工大学出版社有限责任公司
社　　址 / 北京市海淀区中关村南大街5号
邮　　编 / 100081
电　　话 / （010）68914775（总编室）
　　　　　　（010）82562903（教材售后服务热线）
　　　　　　（010）68944723（其他图书服务热线）
网　　址 / http://www.bitpress.com.cn
经　　销 / 全国各地新华书店
印　　刷 / 河北鑫彩博图印刷有限公司
开　　本 / 787毫米 × 1092毫米　1/16
印　　张 / 16.5　　　　　　　　　　　　　　　责任编辑 / 多海鹏
字　　数 / 402千字　　　　　　　　　　　　　文案编辑 / 多海鹏
版　　次 / 2023年1月第1版　2023年1月第1次印刷　责任校对 / 周瑞红
定　　价 / 75.00元　　　　　　　　　　　　　责任印制 / 王美丽

图书出现印装质量问题，请拨打售后服务热线，本社负责调换

STC15 系列单片机是高速、高可靠性、低功耗、超强抗干扰的新一代 8051 内核单片机，是国产单片机的优秀代表。其指令完全兼容传统的 8051，但速度快 8~12 倍。该系列单片机采用新型 Flash，支持 ISP 和 IAP 技术，极大地简化了单片机系统的开发过程，深受广大开发者的欢迎。STC15 系列单片机虽然功能丰富，但是简单易学，是初学者入门单片机技术领域的很好选择。掌握单片机技术是电子产品设计开发人员的基本要求，要想设计出好的产品，还需要对应用该产品的行业有较深入的理解。

本书围绕 STC15 系列单片机，介绍了单片机各功能模块的应用，并以智能车为案例介绍了该系列单片机的综合设计应用。本书采用项目驱动式设计思路，每一项目都编排了典型、丰富的应用案例作为教学实例，各项目任务之间由浅入深，前后衔接，突出实用，可操作性强，既重视动手实践能力的锻炼，更注重培养工程思维方式的培养，特别适合作为电子、电气、计算机、自动化及机械等专业的教学用书，也可作为从事单片机应用领域的工程技术人员的参考书。

本书力求通俗易懂，并配套相关视频操作演示，帮助读者尽快入门。高手的养成，不是一朝一夕，单片机的学习更没有捷径可走，需要读者多花时间，多钻研书中案例，反复编写、修改、调试，争取能够独自完成一款单片机智能车的设计与开发。

本书编写过程中参考了相关书籍的内容，在此向有关作者表示诚挚的谢意。

由于编者知识水平有限，不当之处在所难免，望广大读者批评指正，以便再版时修订完善。

编 者

CONTENTS 目录

CONTENTS

项目一　认识 STC15 单片机

▶▶ 项目描述

　　认识 STC15 单片机，了解该系列单片机的体系结构、存储器结构以及时钟和复位等相关知识，对该单片机的功能、结构、命名方式等有总体认识。

▶▶ 项目分析

　　从 STC15 单片机的体系结构开始，学习和理解 CPU 内部运算器和控制器的概念，以及其中的一些重要寄存器，了解该系列单片机的常见封装形式和引脚功能、存储器结构和命名规则，掌握其时钟和复位的相关知识。

▶▶ 学习目标

　　对 STC15 系列单片机有基本的认识，为后续课程的学习打好基础。

　　STC15 系列单片机是国产 51 内核单片机领域的优秀代表，该系列采用自主创新的 1T 内核让运算速度大幅度提高，简单快捷的 ISP 下载方式使用非常方便。国产芯片在很多领域已取得突破，作为未来的工程师，应该树立科技自信心和专业认同感，在产品设计时应更多地考虑选用国产芯片，使用国产，责无旁贷。

任务一　认识 STC15 单片机的体系结构

任务目标

　　了解 STC15 单片机的体系结构；理解中央处理器、运算器、控制器的概念；理解算术逻辑单元、累加器、程序状态寄存器、程序计数器等重要寄存器的概念和用途；了解单片机常见的封装形式和引脚功能定义；掌握 STC15 单片机的命名规则。

任务描述

　　学习一款单片机首先要了解其体系结构，通过对单片机体系结构的探访，可以深入了解 CPU 的构成，掌握 PC、SP、PSW 等重要寄存器的概念和用途，从而对单片机运行原理有一个初步的了解。

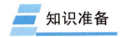

知识准备

一、单片机与体系结构的概念

单片机又称微控制器，英文全称是 Micro Controller Unit，缩写为 MCU。单片机的应用领域已十分广泛，如飞机、导弹、汽车、智能仪表、工业控制、通信设备、导航系统、家用电器等，可以说在电子信息技术蓬勃发展的今天，单片机已经无处不在。

STC15 系列单片机是深圳宏晶科技有限公司生产的单时钟机器周期（1T）单片机，是高速、高可靠性、低功耗、超强抗干扰的新一代 8051 内核单片机。其指令完全兼容传统的 8051，但速度比 8051 快 8～12 倍。该系列单片机采用新型 Flash，支持 ISP 和 IAP 技术，极大地简化了单片机系统的开发过程，深受广大开发者的欢迎。本任务就以 IAP15W4K58S4 为例，学习和认识 STC15 系列单片机的基础知识。

体系结构（architecture）规定了处理器的功能性行为，是处理器设计的规范。STC15 单片机在体系结构上兼容传统 8051 单片机，但增加了许多片上资源，指令执行速度也有大幅提升，可视为增强型的 8051 单片机。STC15 系列单片机采用 ISP 技术实现了在线编程，采用 IAP 技术实现了在应用编程，并且对于 IAP 开头的单片机，其一块芯片就是一个仿真器。

二、STC15 单片机体系结构

单片机内部的核心是中央处理器（CPU）。STC15 系列单片机内部有一个 8 位的 CPU，包含运算器和控制器两大部分。运算器主要包括算术逻辑单元（ALU）、累加器（ACC）、程序状态寄存器（PSW）、暂存寄存器（TMP）等，运算器负责完成算术和逻辑运算。控制器主要包括时钟发生器、定时控制逻辑、指令寄存器、指令译码器、程序计数器（PC，Program Counter）等，控制器负责在各功能部件之间的数据传输和运算操作，并对单片机外部发出各种控制信号。IAP15W4K58S4 单片机的内部结构如图 1.1 所示，从图中可以看出，该单片机包含中央处理器（CPU）、程序存储器（Flash）、数据存储器（SRAM）、定时器、IO 端口、A/D 转换、看门狗（WDT）、串口（UART）、CCP/PWM/PCA，1 组高速同步串行端口 SPI、片内高精度 R/C 时钟和高可靠复位等模块。该单片机内部包含了数据采集和控制中所需要的绝大多数单元模块，可称得上是一个片上系统（SoC）。

运算器的核心部件是算术逻辑单元（ALU），是 CPU 的执行单元，是专门执行算术和逻辑运算的数字电路。ALU 通常由与门和或门构成，主要功能是进行二进制的算术运算。累加器（ACC）是一个 8 位寄存器，是专门存放算术或逻辑运算的一个操作数和运算结果的寄存器。程序状态寄存器（PSW）也是一个 8 位寄存器，用来存放当前指令执行结果的各种状态信息，如有无进位（CY 位）、有无溢出（OV 位）等。程序状态寄存器（PSW）各位的定义见表 1.1。

表 1.1　程序状态寄存器（PSW）各位的定义

D7	D6	D5	D4	D3	D2	D1	D0
CY	AC	F0	RS1	RS0	OV	F1	P

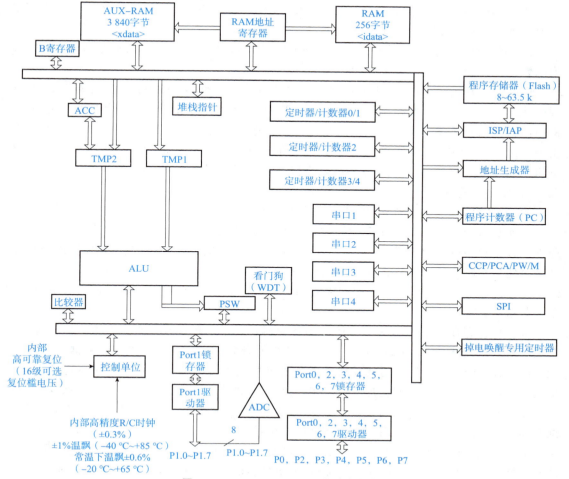

图 1.1　IAP15W4K58S4 系列内部结构

其各位的含义如下：

CY：进位标志。CY 表示加法运算中的进位和减法运算中的借位，加法运算中有进位或减法运算中有借位则 CY 位置 1，否则为 0。

AC：辅助进位标志。含义与 CY 基本相同，不同之处在于 AC 表示的是低 4 位向高 4 位的进、借位。

F0、F1：用户自定义标志。该位是用户自己管理的标志位，用户可以根据自己的需要来设定。

RS1 和 RS0：这两位用于选择当前工作寄存器区，并对应不同的片内 RAM 地址。RS1 和 RS0 与工作寄存器区的关系见表 1.2。

表 1.2　RS1 和 RS0 与工作寄存器区的关系

RS1	RS0	工作寄存器区	片内 RAM 地址
0	0	第 0 区	00H～07H
0	1	第 1 区	08H～0FH
1	0	第 2 区	10H～17H
1	1	第 3 区	18H～1FH

OV：溢出标志。该位表示运算是否发生了溢出。若运算结果超过了 8 位有符号数所能表示的范围，即 −128～+127，则 OV=1。

P：奇偶校验标志。若累加器 A 中 1 的个数为奇数，则 P=1；若累加器 A 中 1 的个数为偶数，则 P=0。

控制器主要包括定时控制逻辑电路、指令寄存器、译码器、数据指针寄存器(DPTR)及程序计数器(PC)和堆栈指针寄存器 SP(Stack Pointer)等。其中，指令寄存器(IR，Instruction Register)，用于暂存当前正在执行的指令。数据指针寄存器(DPTR)是一个 16 位寄存器，由 DPH(高 8 位)和 DPL(低 8 位)组成，用来存放 16 位存储器地址，可寻址 64 kb 的存储器空间。DPTR 是 8051 单片机中唯一可以直接进行 16 位操作的寄存器，也可以分别对 DPH 和 DPL 按字节进行操作。

控制器中另一个重要的寄存器是程序计数器(PC)。在 CPU 运行过程中，PC 始终保存着下一条要执行的指令在程序存储器中的地址，也就是它始终指向下一条要执行的指令。通常在程序顺序执行的情况下，PC 总是自动加 1，只有遇到跳转指令或子程序调用指令时，才会改变为相应的目标地址。PC 是一个 16 位的寄存器，能够寻址的范围是 $2^{16}=2^6 \times 2^{10}=$ 64 kb。当单片机复位时，PC 被初始化为 0000H，这也是 51 单片机上电复位后，所执行的第一条指令的地址。

堆栈指针寄存器(SP)是一个 8 位专用寄存器，它指示顶部在内部 RAM 中的位置。系统复位后，SP 被初始化为 07H，堆栈由 08H 单元开始。堆栈是计算机存储数据的一种"先入后出"数据结构，SP 的作用就是指示当前要出栈或入栈的数据，并在操作执行后自动递增或递减，至于是入栈递增还是入栈递减，由 CPU 的生产厂家确定。在堆栈中保存数据叫作入栈，从堆栈中读取数据叫作出栈。堆栈的特点是入栈和出栈是倒序的，最先入栈的数据要到最后才能出栈，而最后入栈的数据最先出栈。SP 入栈递增的堆栈通常叫作向上生长型的堆栈，反之就是向下生长型的堆栈，这就是通常说的"先进后出，后进先出"。8051 单片机的堆栈位于片内 RAM 中，属于"向上生长型"堆栈，即堆栈中压入数据后，SP 的值自动加 1；当数据从堆栈弹出时，SP 的值自动减 1。

三、引脚功能

IAP15W4K58S4 单片机常见的封装形式有 PDIP40、LQFP44、LQFP48 封装，其中 PDIP40 封装的引脚功能如图 1.2 所示，LQFP48 封装的引脚功能如图 1.3 所示。除电源和地外，其他引脚都可以作 IO 使用，绝大多数引脚有多种复用功能，可通过相关寄存器进行配置。

1. 电源

GND：接地。

Vcc：接电源正极。

2. 其他引脚

除电源引脚外，其他引脚均为多功能引脚。例如图 1.2 中的引脚 1 标注为 P0.0/AD0/RxD3，表示该引脚具有三种功能：普通 IO(P0.0)、访问外部存储器时分时复用为地址线和数据线、串口 3 的数据接收引脚，这是单片机引脚布局的共同特点：在有限的引脚中安排尽可能多的功能，多个功能可以通过一个引脚进行复用，可通过相关的特殊功能寄存器进行配置。

图 1.2 IAP15W4K58S4 单片机 PDIP40 封装的引脚功能

左侧引脚：

1　P0.0/AD0/RxD3
2　P0.1/AD1/TxD3
3　P0.2/AD2/RxD4
4　P0.3/AD3/TxD4
5　P0.4/AD4/T3CLKO
6　P0.5/AD5/PWMFLT_2
7　P0.6/AD6/T4CLKO/PWM7_2
8　P0.7/AD7/T4/PWM6_2
9　P1.0/ADC0/CCP1/RxD2
10　P1.1/ADC1/CCP0/TxD2
11　P1.2/ADC2/SS/ECI/CMPO
12　P1.3/ADC3/MOSI
13　P1.4/ADC4/MISO
14　P1.5/ADC5/SCLK
15　P1.6/ADC6/RxD_3/XTAL2/SysClkO2/PWM6
16　P1.7/ADC7/TxD_3/XTAL1/PWM7
17　P5.4/RST/SysClkO/SS_3/CMP-
18　Vcc
19　P5.5/CMP+
20　Gnd

中央：PDIP40

右侧引脚：

40　PWM3_2/ALE/P4.5
39　PWM2_2/A15/P2.7
38　CCP1_3/A14/P2.6
37　CCP0_3/A13/P2.5
36　PWMFLT/SS_2/ECI_3/A12/P2.4
35　PWM5/MOSI_2/A11/P2.3
34　PWM4/MISO_2/A10/P2.2
33　PWM3/SCLK_2/A9/P2.1
32　RSTOUT_LOW/A8/P2.0
31　PWM4_2/RD/P4.4
30　PWM5_2/WR/P4.2
29　MISO_3/P4.1
28　PWM2/TxD_2/INT3/P3.7
27　CCP1_2/RxD_2/INT2/P3.6
26　CCP0_2/T0CLKO/T1/P3.5
25　ECI_2/T1CLKO/T0/P3.4
24　INT1/P3.3
23　INT0/P3.2
22　T2/TxD/P3.1
21　T2CLKO/INT4/RxD/P3.0

图 1.2　IAP15W4K58S4 单片机 PDIP40 封装的引脚功能

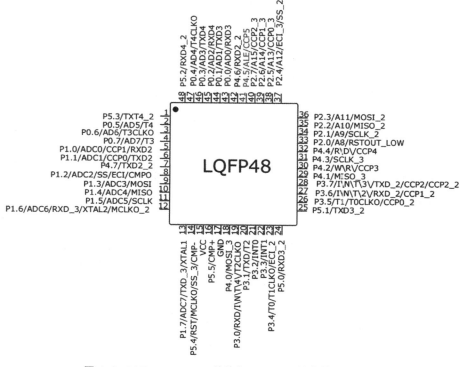

图 1.3　IAP15W4K58S4 单片机 LQFP48 封装的引脚功能

从图中还可以看出，这些引脚的编号都有类似 P0.0、P0.1、…、P0.7 的表示，P0.1～P0.7 都是属于 P0 端口的某一位口线；依此推之，P1.0、P1.1、…、P1.7 属于 P1 端口。在图 1.2 和图 1.3 所示的两种封装中，每个单片机可以有多达 6 个并行端口，分别是 P0、P1、P2、P3、P4 和 P5 端口，其中 P0、P1、P2 和 P3 都有 8 位口线排列，而 P4 和 P5 不一定有完整的 8 位口线，可能只保留其中的几个，在使用的时候要注意看对应单片机的引脚功能图。

下面以 PDIP40 封装为例，总结 P0～P5 端口的引脚及其复用功能[所有端口的引脚都可以作为通用 IO(GPIO)使用，以下不再列出]。

（1）P0 口除访问外部存储器时分时复用为地址线和数据线外，还有以下各种复用功能，见表 1.3。

表 1.3　P0 口的复用功能

P0 端口的复用功能	P0.0	串口 3 的 RxD3
	P0.1	串口 3 的 TxD3
	P0.2	串口 4 的 RxD4
	P0.3	串口 4 的 TxD4
	P0.4	定时器 T3 的时钟输出端，外部计数输入端
	P0.5	PWMFLT_2(PWM 异常停机控制引脚切换端)
	P0.6	PWM 通道 6
	P0.7	PWM 通道 7

（2）P1 口除可以配置为 8 路 A/D 转换的模拟输入通道外，还有以下各种复用功能，见表 1.4。

表 1.4　P1 口的复用功能

P1 端口的复用功能	P1.0	可配置为 CCP1；或者配置为串口 2 的 RxD2
	P1.1	可配置为 CCP0；或者配置为串口 2 的 TxD2
	P1.2	可配置为 SS(SPI 从机选择信号)、ECI(PCA 计数器外部脉冲输入端)；或者配置为 CMPO(比较器结果输出端)
	P1.3	可配置为 MOSI
	P1.4	可配置为 MISO
	P1.5	可配置为 SCLK(SPI 的同步时钟信号线)
	P1.6	串口 3 引脚切换 RxD_3、XTAL2、PWM 通道 6，还可配置为主时钟输出引脚切换端
	P1.7	串口 3 引脚切换 TxD_3、XTAL1、PWM 通道 7

（3）P2 口在访问外部存储器可作为高 8 位地址线。除此以外，还有以下各种复用功能，见表 1.5。

表 1.5　P2 口的复用功能

P2 端口的复用功能	P2.0	可配置为 RSTOUT_LOW，上电复位后输出低电平
	P2.1	可配置为 SPI 同步串行接口的引脚切换端 SCLK_2
	P2.2	可配置为 SPI 同步串行接口的引脚切换端 MISO_2
	P2.3	可配置为 SPI 同步串行接口的引脚切换端 MOSI_2
	P2.4	可配置为 ECI_3(PCA 计数器外部脉冲输入引脚切换端)，或 SS_2，或者 PWMFLT(PWM 异常停机控制端)
	P2.5	可配置为 CCP0_3(CCP 输出通道 0 的切换引脚)
	P2.6	可配置为 CCP1_3(CCP 输出通道 1 切换引脚)
	P2.7	可配置为 PWM2_2(PWM 通道 2 输出引脚切换端)

（4）P3 口有以下各种复用功能，见表 1.6。

表 1.6　P3 口的复用功能

P3 端口的复用功能	P3.0	串口 1 的 RxD、INT4(外部中断 4)，或配置为 T2CLKO，即 T2 定时器时钟输出端
	P3.1	串口 1 的 TxD、定时器 T2 的外部脉冲输入端
	P3.2	INT0(外部中断 0)
	P3.3	INT1(外部中断 1)
	P3.4	定时器 T0 的外部计数脉冲输入端、T1CLKO(定时器 T1 时钟输出端)、ECI_2(PCA 计数器外部计数脉冲输入引脚切换端)
	P3.5	定时器 T1 的外部计数脉冲输入端、T0CLKO(定时器 T0 时钟输出端)、CCP0_2(CCP 通道 0 切换引脚)
	P3.6	INT2(外部中断 2)、CCP 道道 1 的切换引脚
	P3.7	INT3(外部中断 3)、PWM 通道 2 输出端

（5）P4 口有以下各种复用功能见表 1.7。

表 1.7　P4 口的复用功能

P4 端口的复用功能	P4.0	MISO_3(SPI 接口主入从出引脚切换端)，该引脚只有 LQFP44 封装芯才有
	P4.1	MOSI_3(SPI 接口主入从出引脚切换端)
	P4.2	WR(外部数据写信号，低电平有效)，或者配置为 PWM5_2(PWM 通道 5 输出引脚切换端)
	P4.3	SCLK_3(SPI 接口同步时钟信号引脚切换端)，该引脚只有在 LQFP44 封装下有
	P4.4	RD(外部数据读信号，低电平有效)，或配置为 PWM4_2(PWM 通道 4 输出引脚切换端)
	P4.5	ALE(外部数据存储器扩展时低 8 位地址锁存器)，或配置为 PWM3_2(PWM 通道 3 输出引脚切换端)
	P4.6	在 LQFP44 封装下可以配置为 RxD2_2
	P4.7	在 LQFP44 封装下可配置为 TxD2_2

（6）P5 口有以下各种复用功能见表 1.8。

表 1.8　P5 口的复用功能

P5 端口的复用功能	P5.4	RST(复位端)或 MCLKO(主时钟输出可输出不分频、2 分频、 4 分频主时钟)或配置为 SS_3(SPI 接口从机选择信号引脚切换端) 或配置为 CMP-(比较器负极输入端)
	P5.5	CMP+(比较器正极输入)

（7）特殊功能引脚配置：

P1.7 和 P1.6 可以用于外接晶振输入端，它们上电复位后为高阻输入模式。

P5.4/RST 引脚，P5.4 引脚既可以作 IO 口，也可以作复位输入 RST，需要使用 STC-ISP 软件对 P5.4 引脚进行设置。

P2.0/RSTOUT_LOW 引脚，P2.0 引脚在上电复位后可以输出低电平，也可以输出高电平，需要使用 STC-ISP 软件对 P2.0 引脚进行设置。

使用 STC-ISP 软件对 P5.4 和 P2.0 引脚进行设置的位置如图 1.4 所示。

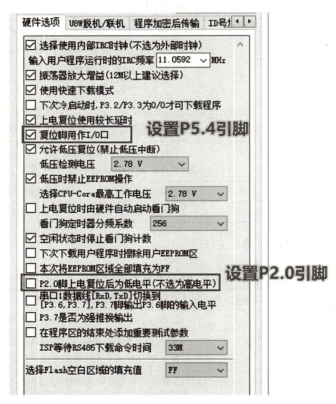

图 1.4　使用 STC-ISP 软件对 P5.4 和 P2.0 引脚进行设置

四、STC15 单片机的命名规则

STC15 系列单片机的每一个具体型号，其名称都比较长，从名称中可以看出这款单片机的很多重要信息，图 1.5 所示为 STC15 单片机的命名规则。

以 IAP15W4K58S4 单片机为例，这款芯片的全称是 IAP15W4K58S4-30I-LQFP48。前

面的"IAP"表示该型号单片机支持用户程序区的 Flash 做 EEPROM 使用，也即支持仿真器功能；"15"表示 15 系列单片机；"W"表示宽电压范围；"4 k"表示 SRAM 空间大小为 4 k＝4 096 字节；"58"表示程序空间大小为 58 k 字节；"S4"表示很多信息，即支持 4 组串口、SPI、内部 EEPROM、A/D 转换、CCP/PWM/PCA 功能。第一个横线"—"分割后面的"30"表示工作频率可到 30 MHz，"I"表示工业级芯片（—40 ℃～85 ℃）；第二个横线"-"分割后面的"LQFP"表示封装类型，最后的"48"表示管脚数为 48 个。

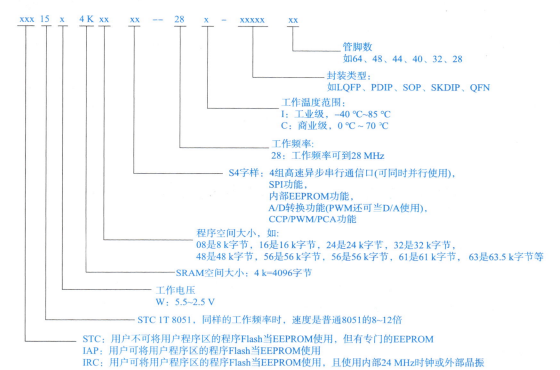

图 1.5　STC15 系列单片机的命名规则

任务实施

　　阅读 STC15 单片机芯片手册，对照 STC15 单片机系统结构，总结各部分的功能和寄存器的作用。归纳总结 STC15 单片机各引脚的复用功能。以"STC15W4K32S4-30I-LQFP64"为例，分析该单片机名称中各部分的含义。

任务总结

知识与技能点	你的理解	掌握情况			
STC15 单片机体系结构		😊	😓	😵	😣
STC15 单片机引脚复用		😊	😓	😵	😣
STC15 单片机命名规则		😊	😓	😵	😣

😊 完全掌握　　😓 基本掌握　　😵 有些不懂　　😣 完全不懂

任务二　　STC15 单片机的存储器结构

任务目标

了解 STC15 单片机的存储器结构；了解程序存储器、数据存储器的布局和地址分布；理解片内 RAM 和片内扩展 XRAM 的区别；理解 Flash 和 EEPROM 的区别。

任务描述

通过了解存储器分布以及程序存储器和数据存储器的不同，进而了解 STC15 系列单片机有 5 个独立的存储器编制空间：片内程序存储器（Flash）、片内基本数据存储器（RAM）、扩展数据存储器（XRAM）、片内掉电不丢失数据存储器（EEPROM）、片外数据存储器空间。所有程序存储器都是片上 Flash 存储器，不能访问外部程序存储器，因为没有访问外部程序存储器的总线。

知识准备

一、程序存储器

程序存储器用于存放用户程序、数据和表格等信息。STC15W4K32S4 单片机内部集成了 32 k 字节的 Flash 程序存储器。STC15W4K 系列各型号单片机的程序存储器地址范围和空间大小如图 1.6 所示。

Type	Program Memory
STC15W4K08S4	0000H~1FFFH（8 k）
STC15W4K16S4	0000H~3FFFH（16 k）
STC15W4K24S4	0000H~5FFFH（24 k）
STC15W4K32S4	0000H~7FFFH（32 k）
STC15W4K40S4	0000H~9FFFH（40 k）
STC15W4K48S4	0000H~OBFFFH（48 k）
STC15W4K56S4	0000H~0DFFFH（56 k）
STC15W4K60S4	0000H~0EFFFH（60 k）
IAP15W4K61S4	0000H~0F3FFH（61 k）

7FFFFH

32 k
Program Flash
Memory

0000H

图 1.6　STC15W4K 系列各型号单片机程序存储器地址范围和空间大小

　　单片机复位后，程序计数器(PC)的内容为 0000H，从 0000H 地址单元开始执行程序。通常的做法是在 0000H 单元存放一条长跳转指令 LJMP，转移到指定地址的用户主程序。在程序存储器中，每个中断有一个固定的入口地址，当中断发生并得到响应后，单片机就会自动跳转到相应的中断入口地址去执行程序。中断入口地址从 0003H 开始，每个中断向量占 8 个地址单元。而 8 个地址单元空间有限，往往不能存放下完整的中断处理程序，所以通常的做法是，在每个中断入口地址处存放一条跳转指令，跳转到用户指定的中断服务程序，这种中断入口地址构成了一张类似检索表格的机制，也被称为中断向量表。

二、数据存储器

　　STC15W4K58S4 单片机内部集成了 4 096 字节的 RAM 内部数据存储器，RAM 可用于存放程序执行的中间结果和过程数据，可分为片内基本 RAM(256 字节)和片内扩展 XRAM(3 840 字节)。

1. 片内基本 RAM

　　片内基本 RAM 的布局如图 1.7(a)所示。片内基本 RAM 共 256 字节，地址范围为 00H-FFH，可将其总体上划分为低 128 字节和高 128 字节。其中，低 128 字节 RAM 也称通用 RAM 区，其地址范围为 00H~7FH。高 128 字节 RAM 的地址范围为 80H~FFH，是在物理上有两块重叠的存储器区域：一块是通用 RAM 区，采用间接寻址进行访问；另一块是特殊功能寄存器区(SFRs)，采用直接寻址进行访问。

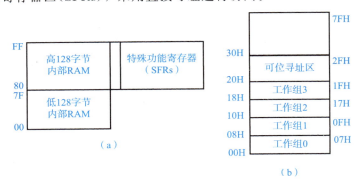

图 1.7　片内基本 RAM 布局和低 128 字节的内容 RAM

(a)片内基本 RAM 布局；(b)低 128 字节的内部 RAM

在低 128 字节的通用 RAM 区，如图 1.7(b)所示，又可分为工作寄存器区(00H～1FH)、可位寻址区(20H～2FH)以及用户 RAM 区和堆栈区(30H～7FH)。工作寄存器区分为 4 组，每组占用 8 个地址单元，称为一个寄存器组，编号标记为 R0～R7，每组包含 8 个 8 位的工作寄存器。CPU 在某一时刻，只能使用其中的一组工作寄存器，选择哪一组寄存器组则由程序状态字寄存器(PSW)中的 RS1 和 RS0 组合决定。可位寻址区地址从 20H～2FH 共 16 个字节，这片区域既可以向普通 RAM 一样按字节存取，也可以按位操作(共有 128 个位)。用户 RAM 区的地址从 30H～FFH，这片内存区域除用户 RAM 区外，还包含堆栈区。

程序状态寄存器(PSW)各位定义见表 1.9。

表 1.9　程序状态寄存器(PSW)各位定义

寄存器名	地址	位	B7	B6	B5	B4	B3	B2	B1	B0
PSW	D0H	名称	CY	AC	F0	RS1	RS0	OV	—	P

RS1、RS0 不同组合对应的工作寄存器组见表 1.10。

表 1.10　RS1、RS0 不同组合对应的工作寄存器组

RS1	RS0	当前使用的工作寄存器组(R0～R7)
0	0	0 组(00H～07H)
0	1	1 组(08H～0FH)
1	0	2 组(10H～17H)
1	1	3 组(18H～1FH)

2. 片内扩展 XRAM

片内扩展 XRAM 共 3 840 字节，地址范围是 0000H～0EFFH。访问片内扩展 XRAM，可使用汇编指令"MOVX @DPTR"或者"MOVX @Ri"。如果使用 C 语言，则可使用 xdata 声明存储类型，如"unsigned char xdata i＝0;"。

可通过特殊功能寄存器 AUXR.EXTRAM 位选择使用片内扩展 XRAM 还是使用片外扩展 RAM，实际应用中应尽量使用片内扩展 XRAM。

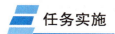
任务实施

查阅 STC15 单片机芯片手册，总结 STC15W4K32S4 单片机程序存储器的作用和地址范围，绘制 STC15W4K32S4 单片机片内 RAM 的空间分布，总结程序状态寄存器 PSW 中 RS1、RS0 的不同组合和作用。

任务总结

知识与技能点	你的理解	掌握情况			
STC15 单片机程序存储器		😊	😌	😵	😫
STC15 单片机数据存储器		😊	😌	😵	😫

😊 完全掌握　　😌 基本掌握　　😵 有些不懂　　😫 完全不懂

任务三　认识 STC15 单片机的时钟和复位

任务目标

了解 STC15 单片机的时钟构成；了解片内 RC 时钟和片外接晶振时钟的两种不同时钟源提供方法；会使用 STC-ISP 软件配置 IRC 频率；理解 STC15 单片机硬件复位和软件复位的区别；了解多种复位方式的用法。

任务描述

通过 STC-ISP 软件设置 STC15 单片机时钟源，设置使用内部时钟，并设置 IRC 的时钟频率；通过 STC-ISP 软件设置单片机复位方式，理解上电复位、手动复位电路的原理。

知识准备

时钟和复位是单片机运行的基础。单片机本质上是一种数字时序电路，需要时钟信号做逻辑处理的驱动。不同于传统的 51 单片机，STC15 单片机的时钟不仅支持外接晶振电路，还提供了内部集成的高精度 RC 时钟。而复位能使单片机处于初始化状态，让单片机能够稳定、正确地从头开始执行程序。

一、STC15 单片机的时钟

STC15 系列单片机有两个时钟源：内部高精度 RC 时钟和外部时钟。而对于 STC15W404S 这类少引脚的单片机，则只有内部高精度 RC 时钟。内部 RC 时钟的精度范围为 $\pm 0.3\%$，常温下温漂仅为 $\pm 0.6\%$（$-20\ ℃ \sim +65\ ℃$），精度可以完全满足一般应用要求。所以，在使用 STC15 构建应用电路设计时，通常可以省去外部晶振电路，既节约成本，又节省 PCB 面积。

STC15 系列单片机内部时钟频率可以通过 STC-ISP 软件进行配置，如图 1.8 所示。如果选择使用内部 RC 振荡器，则 XTAL1 和 XTAL2 可不连接晶振电路，可作为普通 IO 使用。

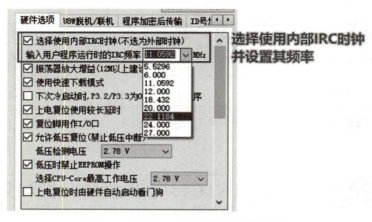

图 1.8　片内 RC 振荡器时钟频率选择

时钟源给出的信号需经过一个可编程时钟分频器再提供给单片机 CPU。片内 RC 振荡器或外接晶振产生的时钟称为主时钟（MCLK），其频率记为 f_{osc}；直接供给单片机 CPU 的时钟称为系统时钟（SysClk），其频率记为 f_{sys}。系统时钟是对主时钟分频后供给 CPU、定时器、串口、SPI、CCP/PWM/PCA、A/D 转换的实际工作时钟。

它们之间的关系是 $f_{sys} = f_{osc}/N$，其中 N 为分频系数，可通过时钟分频寄存器 CLK_DIV 的后三位（CLKS2、CLKS1、CLKS0）进行组合选择。时钟分频寄存器 CLK_DIV 各位的定义见表 1.11。

表 1.11　时钟分频寄存器 CLK_DIV 各位的定义

寄存器名	地址	位	B7	B6	B5	B4	B3	B2	B1	B0
CLK_DIV	97H	名称	MCKO_S1	MCKO_S0	ADRJ	Tx_Rx	MCKO_S2	CLKS_2	CLKS1	CLKS0

CLKS2、CLKS1、CLKS0 共有 8 种不同的组合，对应不同的分频系数，见表 1.12。

表 1.12　CLKS2、CLKS1、CLKS0 组合对应的分频系数

CLKS2	CLKS1	CLKS0	分频系数 N	系统时钟 f_{sys}
0	0	0	1	f_{osc}
0	0	1	2	$f_{osc}/2$
0	1	0	4	$f_{osc}/4$
0	1	1	8	$f_{osc}/8$
1	0	0	16	$f_{osc}/16$
1	0	1	32	$f_{osc}/32$
1	1	0	64	$f_{osc}/64$
1	1	1	128	$f_{osc}/128$

为了方便测量主时钟频率，IAP15W4K58S4 单片机提供了对外输出主时钟的功能。可以通过 IAP15W4K58S4 单片机的 P5.4 引脚（SysClkO）输出分频后的主时钟 f_{osc}，主时钟的输出频率可以是 2 分频、4 分频或不分频，主时钟的输出频率由 CLK_DIV 寄存器中的 MCKO_S1 和 MCKO_S0 两位组合来决定（表 1.13）。

表 1.13　主时钟输出频率

MCKO_S1	MCKO_S0	主时钟输出频率
0	0	主时钟不对外输出时钟
0	1	主时钟对外输出时钟，但不分频，输出频率为 f_{osc}
1	0	主时钟对外输出时钟，为 2 分频，输出频率为 $f_{osc}/2$
1	1	主时钟对外输出时钟，为 4 分频，输出频率为 $f_{osc}/4$

二、STC15 单片机的复位

STC15 系列单片机的复位主要分为硬件复位和软件复位两种。

1. 硬件复位

硬件复位时，所有寄存器的值会复位到初始值，系统会重新读取所有的硬件选项。硬件复位主要包括上电复位、专用复位电路复位、RST 引脚复位等。

（1）上电复位。上电复位是指当电源电压 Vcc 低于上电复位的门槛电压时，单片机内所有的逻辑电路都会复位。当电源电压 Vcc 上升至门槛电压以上时，延时 32 768 个时钟，上电复位结束。

（2）专用复位电路复位。STC15 单片机内部集成了 MAX810 专用复位电路，可以通过 STC-ISP 软件允许，上电复位后再产生约 180 ms 的复位延时，实现稳定复位。

（3）RST 引脚复位。RST 引脚复位是向 RST 引脚施加一定宽度的复位脉冲（高电平复位脉冲，宽度至少维持 24 个系统时钟再加 20 μs），实现单片机的复位。如果要使用 RST 引脚复位，要在 STC-ISP 软件中取消选中"复位脚用作 IO 口"选项，该选项如图 1.9 所示，那么 P5.4 引脚就可以作为芯片复位的输入引脚了。

图 1.10 所示为一种常见的按键复位电路，该电路也带上电复位功能。其实现上电复位的原理：上电瞬间，电容充电电流最大，电容相当于短路，RST 端为高电平，自动复位；电容两端的电压达到电源电压时，电容充电电流为零，电容相当于开路，RST 端为低电平，程序正常运行。其实现按键复位的原理：当按下按键时，按键 RST 两端短接，直接与 Vcc 相连，单片机的复位引脚为高电平，形成复位，同时电解电容被短路放电；按键松开时，Vcc 对电容充电，充电电流在电阻上，RST 依然为高电平，仍然是复位，充电完成后，电容相当于开路，RST 为低电平，正常工作。

2. 软件复位

软件复位是指单片机程序运行过程中，有时根据特殊需要，使单片机通过软件进行复位。STC15 系列单片机特殊功能寄存器 IAP_CONTR 可以实现此功能。用户只需控制 IAP_CONTR 寄存器的 SWBS 和 SWRST 就可以实现软件复位功能。

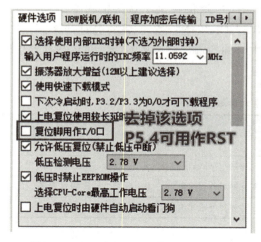

图 1.9　采用外部 RST 复位的引脚设置

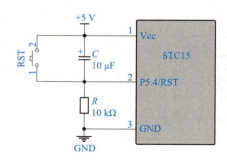

图 1.10　按键复位电路

IAP_CONTR 寄存器各位含义及 SWBS 和 SWRST 定义见表 1.14。

表 1.14　IAP_CONTR 寄存器各位含义及 SWBS 和 SWRST 定义

SFR Name	SFR Address	bit	B7	B6	B5	B4	B3	B2	B1	B0
IAP_CONTR	C7H	name	IAPEN	SWBS	SWRST	CMD_FAIL	—	WT2	WT1	WT0

SWBS：软件复位后程序启动区选择位。当 SWBS＝0 时，从用户程序区启动；当 SWBS＝1 时，从 ISP 监控程序区启动。

SWRST：软件复位触发控制位。当 SWRST＝1 时，单片机触发软件复位；当 SWRST＝0 时，无动作。

除上面介绍的硬件复位和软件复位外，STC15 系列单片机还支持内部低电压检测复位和看门狗复位。

3. 内部低压检测复位

STC15 单片机内部设置了 16 级低压检测门槛电压，当电源电压 V_{cc} 低于内部低压检测（LVD）门槛电压时，可产生复位。可以通过 STC-ISP 软件允许低压检测复位，并设置具体的门槛电压值，如图 1.11 所示。此外，建议在电压偏低时，不要操作 EEPROM，可在 STC-ISP 软件中勾选"低压时禁止 EEPROM 操作"选项。

4. 看门狗复位

在电磁干扰比较强的环境下，单片机程序是有可能"跑飞"的，在航空航天、汽车电子、工业控制等对系统可靠性要求比较高的领域，要防止出现程序"跑飞"导致系统长时间没有响应的情况。看门狗定时器就是单片机系统为了防止出现上述情况而采取的一措施。当启动看门狗定时器以后，就需要程序在规定的时间内"喂狗"，也就是在看门狗定时器溢出之前将其清零。如果程序正常运行，则能够在看门狗定时器溢出前完成"喂狗"操作；如果程序"跑飞"，在规定时间内没有完成"喂狗"操作，看门狗定时器就会产生复位信号，迫使单片机复位。因此，可以利用看门狗监视程序是否正常运行。

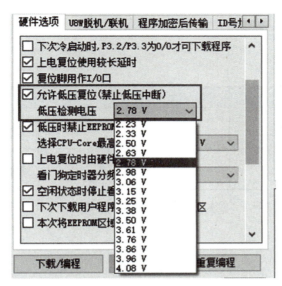

图 1.11　通过 STC-ISP 软件运行低压检测复位并设置门槛电压值

任务实施

　　查阅 STC15 单片机芯片手册，理解 STC15 单片机 f_{sys} 和 f_{osc} 之间的关系，以及输出主时钟频率的方法。绘制上电复位电路，并叙述其复位原理。

任务总结

自我评价

知识与技能点	你的理解	掌握情况
STC15 单片机的时钟		
STC15 单片机的复位		

 完全掌握　　 基本掌握　　 有些不懂　　 完全不懂

项目小结

　　本项目主要介绍 STC15 单片机体系结构。运算器以算术逻辑单元（ALU）为核心，并由累加器（ACC）、暂存寄存器（TMP）和程序状态寄存器（PSW）等组成。控制器包括定时控制逻辑、指令寄存器、指令译码器、程序计数器（PC）、数据指针寄存器（DPTR）、堆栈指针寄存器（SP）等。使用单片机主要是使用单片机的引脚功能，STC15 单片机引脚可以复用多种功能，具体功能的定义可以查看不同封装芯片的引脚图。

　　STC15 单片机存储器分为程序 Flash 存储器、数据 EEPROM 存储器、基本 RAM 存储器及扩展 XRAM 存储器，各存储器布局和功能不同，使用时应注意区别。STC15 单片机可选择使用片内 RC 时钟或外部时钟，使用内部 RC 时钟很方便，可以使用 STC-ISP 软件配置不同的时钟频率。STC15 单片机复位方式有上电复位、专用复位电路复位 RST 引脚复位、软件复位、内部低电压检测复位和看门狗复位，在具体项目开发中可根据应用需要灵活使用。

思考与练习

1. 简述 IAP15W4K58S4 单片机 CPU 的运算器和控制器的主要功能。
2. 画出 IAP15W4K58S4 单片机片内存储器结构图，并简述各部分的主要功能。
3. IAP15W4K58S4 单片机使用内部 RC 时钟源，怎样配置时钟频率？
4. IAP15W4K58S4 单片机有几种复位方式？每种复位方式有什么特点？

项目二　搭建 STC15 单片机开发环境

▶▶ 项目描述

　　下载、安装并配置 Keil C51 集成开发环境；下载、运行并了解 STC-ISP 软件的功能；正确搭建 STC15 单片机开发环境后，创建一个新的工程。

▶▶ 项目分析

　　分别下载 Keil C51 安装包和 STC-ISP 软件压缩包，根据提示步骤完成软件的安装和开发环境的配置。为了验证开发环境是否安装配置正确，可以创建一个工程，查看编译执行结果是否正确。

▶▶ 学习目标

　　掌握 Keil C51 集成开发环境的安装和设置，会使用 STC-ISP 软件向 Keil 添加 STC15 单片机的支持文件，会创建工程。

　　开发环境的安装与搭建实践性较强，可能在安装过程中碰到一些系统报错问题，需要耐心、细致地处理问题，多方查找原因，不可急躁。

任务一　开发环境的搭建

■ 任务目标

　　了解 Keil C51 集成开发软件的下载和安装方法，并能正确配置开发环境。

■ 任务描述

　　下载 Keil C51 集成开发软件最新版本的安装包，完成 STC15 单片机开发环境搭建。

■ 知识准备

　　集成开发环境也称为 IDE（Integrated Development Environment），是用于程序开发环

境的应用程序，一般包括代码编辑器、编译器、调试器和图形用户界面工具，即集成了代码编写功能、分析功能、编译功能、debug 功能等一体化的开发软件套。

STC-ISP 是一款单片机下载编程烧录软件，是针对 STC 系列单片机而设计的，可下载 STC89 系列、12 系列、15 系列、STC8 和 STC32 等系列的 STC 单片机，该软件集成了多种单片机开发常用功能，使用简便。

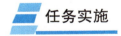任务实施

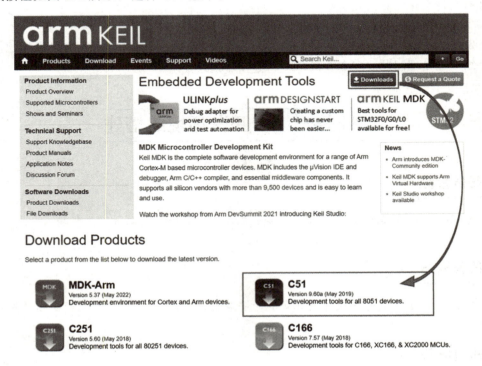

Keil C51 开发环境
的搭建

一、下载并安装 Keil C51 集成开发环境

Keil C51 是美国 Keil Software 公司出品的 51 系列兼容单片机 C 语言软件开发系统。Keil 提供了包括 C 编译器、宏汇编、链接器、库管理和一个功能强大的仿真调试器等在内的完整开发方案，通过一个集成开发环境（μVision）将这些部分组合在一起，为单片机的程序开发与调试提供了很大的方便。

通常的开发过程是使用 Keil 软件编写和编译代码，最后可以生成二进制（.bin）或十六进制（.hex）的可执行文件，借助 STC-ISP 软件可以将这些可执行文件烧录到单片机中。

1. 下载 Keil

打开 Keil 官网 https://www.keil.com/ 下载最新版的 Keil（C51 版本）。官网打开界面和下载按钮如图 2.1 所示，选择 C51 版本。

图 2.1　Keil 官网及下载按钮位置

如果弹出信息提交页面，按实际情况填写即可（地区一定要选，勾选框可以不选），如图 2.2 所示。

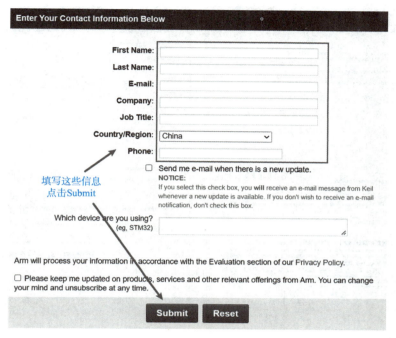

图 2.2　填写并提交信息页面

提交完信息页以后，会出现最新版本的 Keil 下载链接，单击此链接即可开始下载。下载完成后会看到下载好的安装包。该过程如图 2.3 所示。

图 2.3　最新版本的 Keil 下载链接

2. 安装 Keil

双击打开下载好的安装包，按照图 2.4 中的安装步骤进行安装即可。

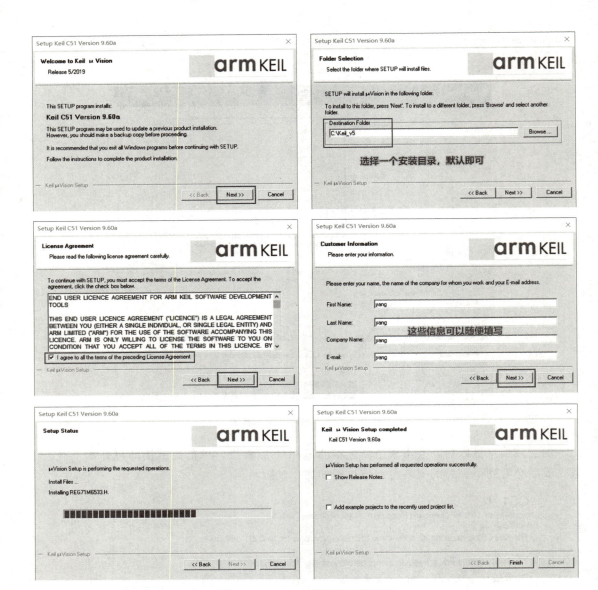

图 2.4　Keil C51 软件的安装步骤

二、下载 STC-ISP 软件并安装 STC15 头文件

打开 STC 官网 http://www.stcmcudata.com/ ，在网站的右侧找到 STC-ISP 下载编程烧录软件，选择最新版本进行下载(图 2.5)。

下载完成后会得到一个压缩包，直接解压即可，STC-ISP 是绿色免安装软件(图 2.6)。

双击该图标，即可打开 STC-ISP 软件。打开软件后，在右侧窗口区选择"Keil 仿真设置"选项，在该界面下，单击左上角的按钮"添加型号和头文件到 Keil 中/添加 STC 仿真器驱动到 Keil 中"(图 2.7)。

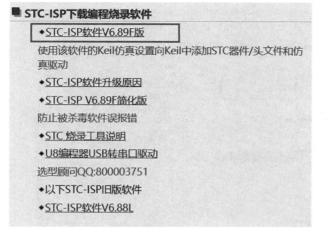

图 2.5 STC-ISP 软件下载 　　　　　　　图 2.6 解压后得到 STC-ISP 可执行文件

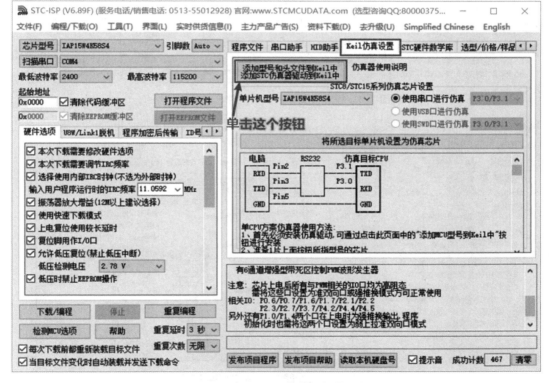

图 2.7 STC-ISP 软件运行界面

单击"添加型号和头文件到 Keil 中/添加 STC 仿真器驱动到 Keil"按钮以后，会弹出一个路径选择菜单，指定 Keil 的安装路径，以便将头文件和驱动文件安装到正确的位置。该路径选择到 Keil 的安装根目录即可，这里选择"Keil_v5"，单击"确定"按钮（图 2.8）。

如果一切顺利，单击"确定"按钮后，即会出现"STC MCU 型号添加成功！"的提示对话框，如图 2.9 所示。

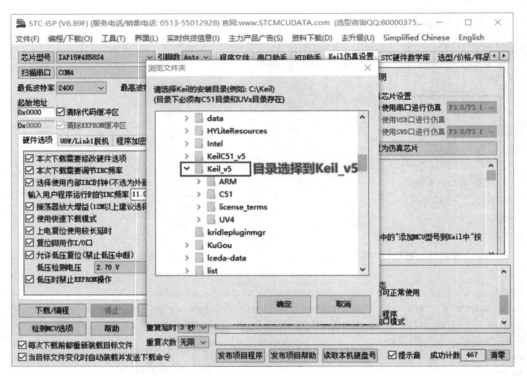

图 2.8　指定头文件和驱动文件的安装路径

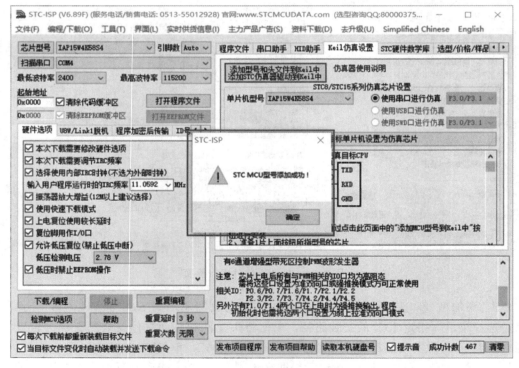

图 2.9　提示 STC MCU 型号添加成功

至此，完成 STC15 单片机开发环境的搭建。

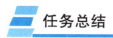
任务总结

自我评价

知识与技能点	你的理解	掌握情况			
下载并安装 Keil C51 软件		😊	😖	😵	😫
下载、解压 STC-ISP 软件		😊	😖	😵	😫
向 Keil 添加 STC MCU 型号		😊	😖	😵	😫

😊 完全掌握   😖 基本掌握   😵 有些不懂   😫 完全不懂

任务二　　Keil 工程的创建

任务目标

掌握 STC15 单片机 Keil 工程的创建方法。

任务描述

完成一个 STC15 单片机 Keil 工程的创建。

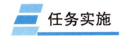

任务实施

一、创建一个 Keil 工程

Keil 安装成功以后，在桌面上会出现 Keil 软件的快捷图标。

打开该软件，执行"Project"→"New μVision Project"命令新建一个工程，如图 2.10 所示。

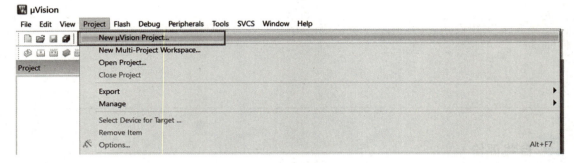

图 2.10　新建工程

选择工程路径，输入工程名（最好新建一个文件夹，以方便工程文件的管理），然后单击"保存"按钮（图 2.11）。

图 2.11　选择新建工程的存放路径

单击"保存"按钮后，会弹出"目标器件选择"对话框。首先选择"STC MCU Database"，则在下面会过滤出所有 STC 单片机型号，在这些型号中选择"STC15W4K32S4 Series"，然后单击"OK"按钮（图 2.12）。

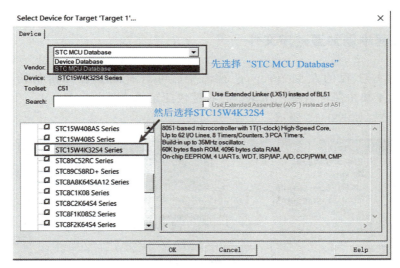

图 2.12　选择新工程所用的单片机型号

在弹出的"Copy 'STARTUP. AS1' to Project Folder and Add File to Project?"对话框中，可以单击"是"按钮，也可以单击"否"按钮，这里单击"是"按钮（图 2.13）。

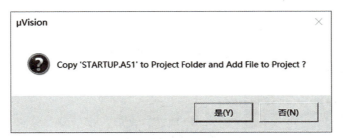

图 2.13　是否添加启动程序

这时，工程已经创建好了，从图 2.14 中可以看到，该工程是一个空的工程，里面并没有源文件。

图 2.14　空工程创建成功

二、向工程中添加源程序文件

在已经创建好工程的左侧"Project"视图中，可以看到工程的树状结构。在 Source Group 1 文件夹上单击鼠标右键，在弹出的右键快捷菜单中选择"Add New Item to Group 'Source Group 1'"，如图 2.15 所示。

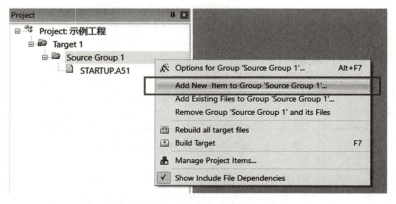

图 2.15 向'Source Group 1'增加源代码文件

在弹出的"文件选择"对话框中选择"C File(.c)"，".c"后缀名表示 C 语言的源程序文件；然后起一个文件名，最后单击"Add"按钮，可以看到 main.c 文件已经添加到工程。至此已完成工程的创建(图 2.16)。

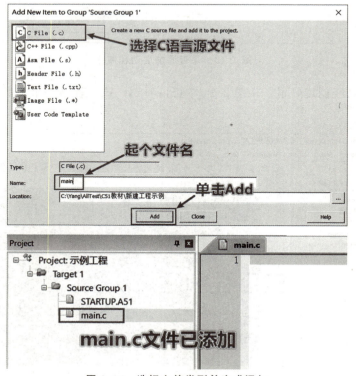

图 2.16 选择文件类型并完成添加

三、验证工程创建是否正确

下面编写一个最简单的程序（一个空循环程序），来测验工程创建得是否正确。在上面工程中的 main.c 文件中，编写如图 2.17 所示的程序，保存文件。然后单击图中的魔法棒按钮。

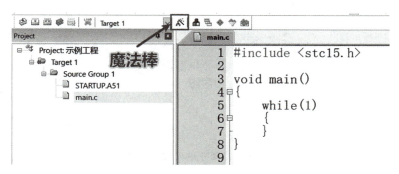

图 2.17　编写一段简单的程序

在弹出的"Options for Target 'Target 1'"对话框中选择"Output"页面，在其中勾选"Create HEX File"，如图 2.18 所示。只有勾选了这个选项才能编译出可以下载到单片机的 HEX 文件。勾选后单击"OK"按钮。

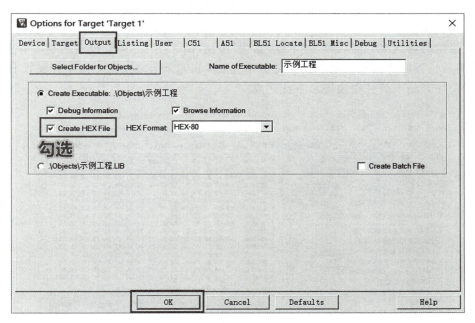

图 2.18　在 Options 设置中勾选 Create HEX File

单击图 2.19 中指示的"Build"按钮，或者按快捷键 F7，编译工程。在 Build Output 窗口中查看编译结果，如果看到"0 Error(s)，0 Warning(s)"字样，表示编译通过，这时在工程目录下的 Objects 目录会自动生成一个 .hex 文件，这个文件就是可以下载到单片机的程序文件。

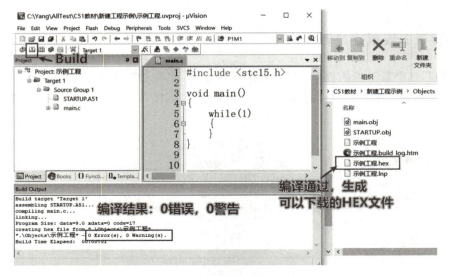

图 2.19　编译并生成 HEX 文件

四、将程序下载到单片机

编译出来的 HEX 文件要在单片机中运行，需要将其下载(烧写)到单片机的程序存储器中，可使用 STC-ISP 软件进行程序的下载。打开软件，将开发板通过 USB 线连接至计算机，在软件上选择正确的串口号，然后单击"打开程序文件"按钮，选择要下载的 HEX 文件，设置系统时钟频率，然后单击"下载/编程"按钮(图 2.20)。需要说明的是，单击"下载/编程"按钮后，程序并没有开始下载，而是等待单片机重新上电复位，按下开发板上的 RST 键，此时程序开始下载并很快提示下载完成。

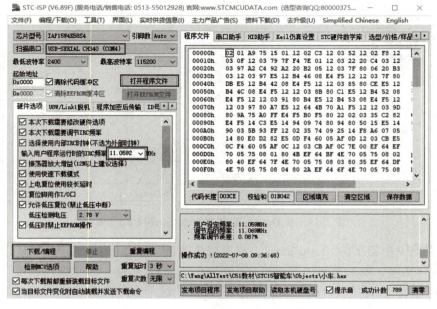

图 2.20　使用 STC-ISP 软件下载程序

任务总结

　

自我评价

知识与技能点	你的理解	掌握情况
创建 Keil 工程		
添加源文件		
编译程序，生成 HEX 文件		

 完全掌握　 基本掌握　有些不懂　完全不懂

 项目小结

　　本项目主要介绍 STC15 单片机开发环境的搭建，包括 Keil C51 的安装，STC-ISP 的下载和添加头文件。搭建好开发环境后，新建 Keil 工程，添加源文件，设置工程能够生成 HEX 文件。编写简单 C 程序，编译工程，查看是否生成 HEX 文件。使用 STC-ISP 软件下载 HEX 文件到单片机。

思考与练习

1. 查看 Keil 工程 Options 窗口中每一个页面的内容，思考都是什么功能？
2. 如何在 Keil 工程中添加一个 C 语言头文件？
3. 如何知道编译是否通过？

项目三 多彩键控 LED

项目描述

本项目通过三个按键对应控制三色 LED 实现不同的点亮组合，实现多彩灯效果。

项目分析

单片机最基本的控制方式就是通过 IO 口读取外部信号，经过内部计算处理，再给出输出信号，也就是常说的输入和输出(Input ＆ Output)。最简单的输入控制就是读取按键状态，最简单的输出控制就是点亮 LED。分别依次读取三个按键的状态，根据每个按键状态的不同，点亮或熄灭对应的三色 LED 中的某一色。根据三原色光混合原理可以实现键控多彩 LED 的控制效果。本项目涉及 LED 的亮灭控制和按键状态的读取控制，其实就是对单片机 IO 口输入、输出的基本应用。

学习目标

理解 STC15 单片机 IO 端口的模式；能根据电路连接方式的不同正确设置端口模式；会编写程序控制单片机 IO 口输出高低电平来控制 LED，会使用 IO 口读取外部输入信号。

单片机 IO 端口是学习单片机的基础，"九层之台，起于累土"，打好基础非常重要；"不积跬步，无以至千里"，在学习中要重视每一个小任务的积累，任何大项目都是由小功能不断累积起来的。

任务一 实现流水灯

任务目标

理解 STC15 单片机 IO 端口的四种不同模式及设置方法，会点亮和熄灭一个 LED，会编写延时函数，能编写程序控制红、绿、蓝三色 LED 间隔 1 s 实现流水点亮效果。

子任务一　点亮 LED

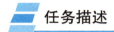

任务描述

完成单灯点亮控制程序。

知识准备

LED 也称为发光二极管，给其阳极接高电平、阴极接低电平，就可以将其点亮；反接则不能点亮(图 3.1)。三色 LED 是将红、绿、蓝三种颜色的三个独立 LED 封装在一起，对外呈现为一个元器件，但是内部的三个 LED 仍然是独立的。

(a)　　　　　　　　　　　　(b)

图 3.1　为常规 LED 和三色 LED

(a)常规 LED；(b)三色 LED

一、IO 端口的工作模式

控制单片机 IO 输出高低电平即可点亮或熄灭 LED。对于传统的 8051 单片机，点亮一个 LED 可以使用类似下面的程序：

sbit led＝P1^0；//假设这个 LED 连接的是 P1.0，并且是以单片机引脚灌电流方式点亮
Led＝0；

与传统 8051 单片机不同的是，IAP15 系列单片机的 IO 口在做 GPIO(General Purpose Input Output)使用前，需要首先配置其工作模式。IAP15W4K58S4 单片机的 IO 端口可以配置为以下四种工作模式：

(1)准双向/弱上拉(兼容传统 8051 模式)；

(2)推挽输出/强上拉；

(3)仅为输入(高阻)；

(4)开漏。

STC15 单片机上电复位后为准双向/弱上拉模式，每个端口的工作模式可以通过两个特殊功能寄存器 PxM1、PxM0(x＝1～5，为 IO 端口编号)中的相应位来进行设置，例如，

P0M1 和 P0M0 用于设置 P0 端口的工作模式，其中 P0M1.0 和 P0M0.0 用于设置 P0.0 引脚，P0M1.7 和 P0M0.7 用于设置 P0.7 引脚。IO 端口的工作模式设置见表 3.1。

表 3.1　IO 端口工作模式设置

PxM1[7：0]	PxM0[7：0]	IO 口工作模式
0	0	准双向口(传统 8051 模式，弱上拉)， 灌电流可达 20 mA，拉电流为 150～270 μA
0	1	推挽输出(强上拉，可达 20 mA，要加限流电阻)
1	0	高阻输入(电流既不能流入也不能流出)
1	1	开漏(Open Drain)，内部上拉电阻断开，要外接上拉电阻才能拉高， 该模式可用于 5 V 器件与 4 V 器件的电平转换

STC15 单片机每个 IO 口的弱上拉、强推挽输出和开漏模式都可以承受 20 mA 的灌电流，推挽输出能输出 20 mA 的拉电流。对于传统的 8051 单片机，由于其 IO 只有准双向一种模式，所以只能采用灌电流的方式驱动 LED 等器件。对于 STC15 单片机，不仅可以设计成灌电流的方式，还可以设计成拉电流的方式，这时将相应的 IO 口设置为推挽模式即可。

另外要注意的是，虽然 STC15 单片机每个 IO 口的驱动能力可达到 20 mA，但这并不意味着单片机的所有引脚都可以同时工作在 20 mA 的驱动状态，因为芯片本身也有一个最大电流的承受能力，对于 40 引脚以上的单片机，整个芯片不超过 120 mA；而对于 20 引脚以上、32 引脚以下的单片机，整个芯片电流承受能力不超过 90 mA 的。

二、LED 硬件电路分析

了解了 IO 端口的工作模式，就可以开始编写程序先点亮一个 LED。给单片机编程离不开硬件电路，所以，先来看一下电路原理图上的三色 LED 是怎样连接的，如图 3.2 所示，该电路图中的 J10 为 3×2 排针，需要使用三个跳线帽进行短接。

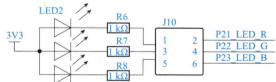

图 3.2　三色 LED 电路原理图

(图中 3V3 表示 3.3 V)

从电路图中可以看到，三色 LED 的阳极一起接到 3.3 V(电源)，阴极分别连接到单片机的 IO 引脚，具体连接方式：红色 LED 的阴极连接单片机的 P2.1 引脚，绿色 LED 的阴极连接单片机的 P2.2 引脚，蓝色 LED 的阴极连接单片机的 P2.3 引脚。从这种连接方式还可以判断出，该电路的驱动方式为灌电流驱动，也就是当单片机的引脚输出低电平时，对应的 LED 点亮，电流方向从外流入单片机(好像在向单片机里"灌"电流)；当单片机的引脚输出高电平时，对应的 LED 熄灭。

对于灌电流的驱动方式，IO 口的工作模式可以设置为准双向模式，也可以设置为推挽模式，但通常设置为准双向模式。

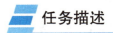 **任务实施**

根据上面分析，以点亮红色 LED 为例，可以写出如下程序：

```
#include <stc15.h>
sbitled_red=P2^1;
void main()
{
    P2M1=0x00;              //设置 IO 口模式
    P2M0=0x00;
    Led_red=0;              //点亮 LED
    while(1)
    {
    }
}
```

在上面的程序中，关键字 sbit 是 Keil C51 编译器对 ANSI C 语言的扩展语法，该关键字用于定义可独立寻址访问的位变量，简称可位寻址变量。使用"sbit led_red＝P2^1"；即表示将 P2.1 引脚定义为一个位变量名字叫作 led_red，后面的程序可以直接对 led_red 这个位变量赋值 0 或 1，即相当于操作 P2.1 引脚输出高电平或低电平。

新建一个 Keil 工程，在其中编写上述的程序，编译并将程序下载到单片机中，可以看到红色 LED 已经点亮。

子任务二　单灯闪烁控制

 **任务描述**

编写程序控制三色 LED 中一个颜色的 LED 以 1s 为间隔进行亮灭闪烁。

单灯闪烁

知识准备

闪烁就是 LED 点亮一会儿，熄灭一会儿。这里的"一会儿"就是延时。程序的控制流程为：单片机上电后，首先进行 GPIO 的初始化，也就是设置 IO 端口模式；然后进入主循环，在主循环中，首先点亮 LED，延时一会儿，之后熄灭 LED，再延时一会儿，之后开始下一次循环，重复执行该过程，就可以实现单灯闪烁控制效果。该程序流程图如图 3.3 所示。

在图 3.3 所示的流程图中，"延时 1 s"功能需要编写一个延时函数。所谓延时函数就是单纯为了消耗时间在函数中设置一些空操作，动作结束了，就会跳出延时函数继续做其他事情，从而起到延时作用。延时函数通常用来等待某个操作的完成或等待某个事件的发生，在单片机开发中应用广泛。那么，怎样编写一个能够延时 1 s 的延时函数呢？

使用 STC-ISP 软件可以非常方便地自动生成指定时间的延时函数，如图 3.4 所示，在该软件的右侧找到"软件延时计算器"选项，系统频率选择当前单片机的时钟频率；定时长度有

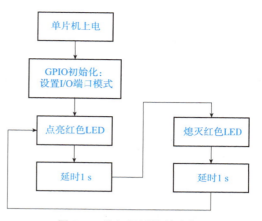

图 3.3　单灯闪烁控制流程

"微秒"和"毫秒"两种单位，根据要延时的时间长短进行选择，这里选择"毫秒"，由于要延时的时间 1 s＝1 000 ms，所以，定时长度填写 1 000；8051 指令集选择"STC-Y5"；然后单击下面的"生成 C 代码"按钮，会自动生成在当前设置下延时 1 s 的延时函数；然后单击"复制代码"按钮，会将上面生成的延时函数复制到剪贴板，最后将其粘贴到程序中即可。

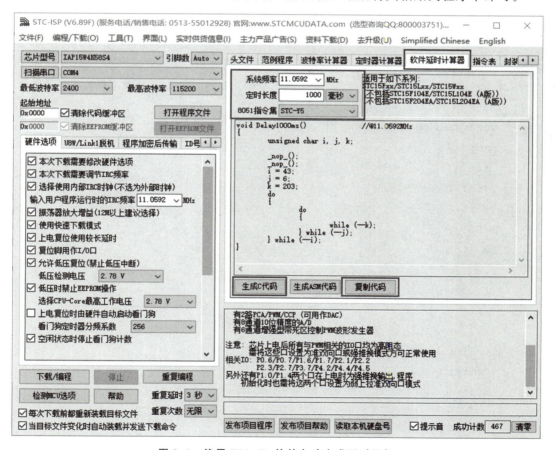

图 3.4　使用 STC-ISP 软件自动生成延时函数

根据以上分析，可编写以下单灯闪烁控制程序：

```c
#include <stc15.h>
sbitled_red=P2^1;
void Delay1000ms();              //@11.059 2 MHz，函数声明
void main()
{
    P2M1=0x00;                   //设置 IO 口模式
    P2M0=0x00;
    while(1)
    {
        Led_red=0;               //点亮 LED
        Delay1000ms();
        Led_red=1;               //熄灭 LED
        Delay1000ms();
    }
}
void Delay1000ms()               //@11.059 2 MHz，STC-ISP 自动生成的 1 s 延时函数
{
    unsigned char i,j,k;
    _nop_();
    _nop_();
    i=43;
    j=6;
    k=203;
    do
    {
        do
        {
            while(--k);
        } while(--j);
    } while(--i);
}
```

子任务三　三色流水灯控制

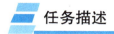 **任务描述**

编写程序控制三色 LED 实现三色流水灯效果。

三色流水

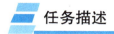 **知识准备**

在三色 LED 上实现流水灯，其效果可以是这样：首先点亮红色 LED，延时 1 s 将其熄灭，这样红色 LED 点亮了 1 s；熄灭红色 LED 的同时再将绿色 LED 点亮，同样延时 1 s 将其熄灭，这样绿色 LED 点亮了 1 s；熄灭绿色 LED 的同时再将蓝色 LED 点亮，同样延时 1 s 将其熄灭，这样蓝色 LED 点亮了 1 s；熄灭蓝色 LED 的同时再将红色 LED 点亮，延时 1 s……；如此循环，就形成了间隔 1 s 的流水灯效果。三色 LED 流水灯控制的流程如图 3.5 所示。

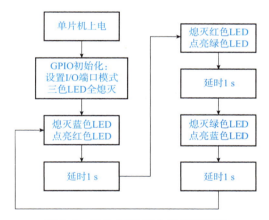

图 3.5　三色 LED 流水灯控制流程

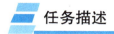 **任务实施**

根据流程图，可以编写程序实现三色 LED 流水灯效果：

```
#include <stc15.h>
sbit led_red=P2^1;
sbit led_green=P2^2;
sbit led_blue=P2^3;
void Delay1000ms();        // @11.059 2 MHz, 函数声明
void main()
{
```

```
        P2M1=0x00;                      //设置端口模式为准双向模式
        P2M0=0x00;

                                        //首先熄灭所以 LED
        led_red=1;
        led_green=1;
        led_blue=1;
        while(1)
        {                               //在 while(1)循环中实现流水灯效果
            led_blue=1;
            led_red=0;
            Delay1000ms();
            led_red=1;
            led_green=0;
            Delay1000ms();
            led_green=1;
            led_blue=0;
            Delay1000ms();
        }
}
void Delay1000ms()                      //@11.059 2 MHz，STC-ISP 自动生成的 1 s 延时函数
{
    unsigned char i,j,k;
    _nop_();
    _nop_();
    i=43;
    j=6;
    k=203;
    do
    {
        do
        {
            while(--k);
        } while(--j);
    } while(--i);
}
```

子任务四　七色流水灯控制

七色光流水

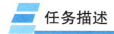
编写程序，利用三色光的混合效果，控制三色 LED 实现七色流水灯效果。

知识准备

利用三色 LED 中三种颜色不同的组合，可以呈现出七色颜色。光的混合遵循加法三原色规律，而颜料的混合遵循减法三原色规律，如图 3.6 所示。

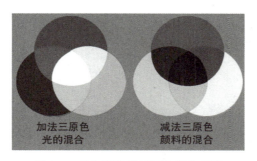

彩图 3-6

图 3.6　光和颜料的三原色混合规律

开发板上的三色 LED 单独点亮分别为红、绿、蓝三种颜色，这三种颜色的不同组合可以调配出如下七种颜色的光，参见表 3.2，可实现七色流水灯效果。

表 3.2　开发板上三色 LED 的混合效果

混合效果	P2.1/红色 LED	P2.2/绿色 LED	P2.3/蓝色 LED
红色	0	1	1
绿色	1	0	1
蓝色	1	1	0
黄色	0	0	1
青色	1	0	0
紫色	0	1	0
白色	0	0	0

任务实施

参考前面的三色流水灯设计思路，七色流水灯控制程序可编写如下：

```
#include "stc15.h"
```

```c
#include <intrins.h>
sbit led_red=P2^1;
sbit led_green=P2^2;
sbit led_blue=P2^3;
void Delay500ms();          // @11.059 2 MHz
void main()
{
    P2M1=0x00;
    P2M0=0x00;
    while(1)
    {                           //红色
        led_red=0;
        led_green=1;
        led_blue=1;
        Delay500ms();

                                //绿色
        led_red=1;
        led_green=0;
        led_blue=1;
        Delay500ms();

                                //蓝色
        led_red=1;
        led_green=1;
        led_blue=0;
        Delay500ms();

                                //黄色
        led_red=0;
        led_green=0;
        led_blue=1;
        Delay500ms();

                                //青色
        led_red=1;
        led_green=0;
        led_blue=0;
        Delay500ms();

                                //紫色
        led_red=0;
        led_green=1;
        led_blue=0;
        Delay500ms();
```

```
                          //白色
        led_red=0;
        led_green=0;
        led_blue=0;
        Delay500ms();
    }
}
void Delay500ms()          //@11.0592MHz
{
    unsigned char i,j,k;
    _nop_();
    _nop_();
    i=22;
    j=3;
    k=227;
    do
    {
        do
        {
            while(--k);
        } while(--j);
    } while(--i);
}
```

任务总结

知识与技能点	你的理解	掌握情况
单片机 IO 口模式及设置		
点亮一个 LED		
单灯闪烁		
三色流水灯程序		
七色流水灯程序		

 完全掌握　 基本掌握　　有些不懂　　完全不懂

任务二　　实现呼吸灯

■ 任务目标

呼吸灯是一个很有意思的小特性，很多电子产品，如手机、鼠标、键盘、无人机等都有呼吸灯的效果。本任务使用单片机 IO 口实现呼吸灯控制效果。

■ 任务描述

编写程序实现呼吸灯控制效果。

呼吸灯

■ 知识准备

呼吸灯就是利用 PWM 调节 LED 光亮度的方法，不断改变驱动 LED 的 PWM 占空比，实现 LED 的亮度平滑地从熄灭开始逐渐变亮，再变亮，直到最亮；然后逐渐变暗，再变暗，直到熄灭，并不断重复这个过程，形成类似呼吸的效果。

脉冲宽度调制（Pulse Width Modulation，PWM）是通过对一系列脉冲的宽度进行调制，等效出所需要的波形（包含形状以及幅值），对模拟信号电平进行数字编码，也就是说通过调节占空比的变化来调节信号、能量等的变化。占空比是指在一个周期内，信号处于高电平的时间占据整个信号周期的百分比，如方波的占空比就是 50%。

根据三色 LED 电路设计，给对应的 IO 引脚以低电平，点亮 LED；给对应的 IO 引脚以高电平，熄灭 LED。如果以很快的速度切换 IO 的高低电平，则对应的 LED 也将在亮灭状态快速切换，呈现频闪效果。如果速度足够快，那么人眼就会分辨不出频闪，而是会看到 LED 一直亮，但是其亮度比正常亮度要暗。每一次高低电平的变化可以看作一个周期，在这一个周期内，不断调整高电平与低电平所占比例，就可以得到不同的电压有效值，从而使 LED 呈现出不同的亮度，如图 3.7 所示。

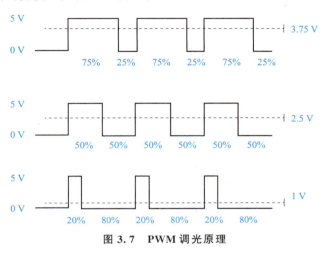

图 3.7　PWM 调光原理

以上所描述的过程就是 PWM 调光技术，调整 PWM 的占空比，就可以调整 LED 的亮度。STC15 单片机有独立的硬件 PWM 控制器，可以很方便地生成 PWM 信号。硬件 PWM 将在后续任务进行介绍，本任务通过 IO 引脚模拟 PWM 信号。

任务实施

根据上面的分析，可以编写如下呼吸灯控制程序：

```
#include "stc15.h"
#include <intrins.h>
sbit led_red=P2^1;
void Delay10us();              // @11.059 2 MHz
void DelayN10us(int N);
void main()
{
    int DutyRatio=0;
    int cnt=0;
    bit flag=1;
    P2M1=0x00;
    P2M0=0x00;
    while(1)
    {
```

```c
            led_red=0;
            DelayN10us(DutyRatio);
            led_red=1;
            DelayN10us(255- DutyRatio);
            if(flag)
            {
                    cnt++ ;
                    if(cnt==15)
                    {
                        cnt=0;
                        DutyRatio +=5;
                    }
                    if(DutyRatio >=255)
                    {
                        DutyRatio=255;
                        flag= ~flag;
                    }
            }
            else
            {
                cnt++ ;
                if(cnt==15)
                {
                    cnt=0;
                    DutyRatio -=5;
                }
                if(DutyRatio <=0)
                {
                    DutyRatio=0;
                    flag= ~flag;
                }
            }
        }
    }
void Delay10us()          // @11. 059 2 MHz
{
    unsigned char i;
    _nop_();
    i= 25;
    while(--i);
```

```
    }
void DelayN10us(int N)
{
    while(N--)
        Delay10us();
}
```

在这段程序中，定义了一个 10 μs 的延时函数 Delay10us()，并在这个函数外面又包了一个函数 DelayN10us(int N)，这样可以方便地实现任意 N 个 10 μs 的延时。位变量 flag 用来标识当前 LED 是处于"呼"的过程还是"吸"的过程。整型变量 DutyRatio 是每一次呼吸过程占空比变化的步长，也可以认为是 LED 亮度变化的步长。整型变量 cnt 的作用是微小延时，以便让 DutyRatio 能够在一个数值上停留一小段时间，避免其变化太快。与前面相比，这个程序相对复杂，需要认真思考，实际编写程序，下载、运行并观察效果，才能理解其要义。

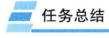 **任务总结**

自我评价

知识与技能点	你的理解	掌握情况			
PWM 调光原理		😊	😣	😵	😫
呼吸灯程序设计		😊	😣	😵	😫

 完全掌握　 基本掌握　 有些不懂　　完全不懂

任务三　　按键控制 LED 亮灭

任务目标

　　理解按键电路原理，掌握单片机读取按键状态的方法，会编写软件去抖程序。能编写程序实现按键控制 LED 亮灭的功能。具体而言，分别实现以下两个子任务：

（1）按键按下 LED 点亮，按键抬起 LED 熄灭。

（2）每次按键按下，LED 的亮灭状态发生切换。

子任务一　按键按下 LED 点亮，按键抬起 LED 熄灭

任务描述

　　使用一个按键和一个 LED，完成以下控制功能：按键按下时（保持按下的状态，没抬起来）LED 亮，按键抬起来以后 LED 熄灭。这应该是最简单的按键功能了，也就是 LED 的状态跟随按键的状态，用 LED 的亮灭指示按键按下或抬起。

知识准备

　　按键也称为轻触开关，是电子电路中常用的输入器件，它的工作方式是通过不同的操作力和操作方向来实现电路的导通与断开，通常利用按键的接通和断开产生高低电平的变化来产生一个输入信号。常用按键的总结分类如图 3.8 所示。

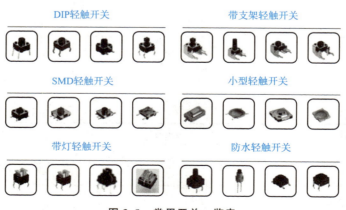

DIP轻触开关　　　　带支架轻触开关

SMD轻触开关　　　　小型轻触开关

带灯轻触开关　　　　防水轻触开关

图 3.8　常用开关一览表

根据按键电路的设计，判定当按键按下和抬起时，按键电路产生的高低电平信号，使用单片机 IO 引脚实时读取该信号，即为按键状态的检测。根据按键状态的不同，相应地控制 LED 的亮灭。

三色 LED 电路和按键电路如图 3.9 所示，图中的 J10、J12 是 3×2 排针，需要使用跳线帽进行短接。三色 LED 电路在上一个任务中已经有所介绍，从下面的按键电路可以看到，三个按键 K1、K2、K3 分别通过跳线帽连接到单片机的 P3.2、P3.3 和 P3.7 引脚。

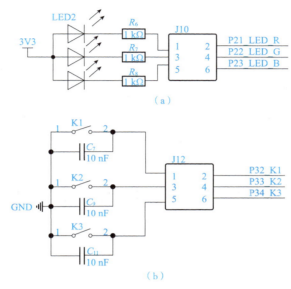

图 3.9　三色 LED 电路和按键电路

（a）三色 LED 电路；（b）按键电路

以按键 K1 为例进行分析，当按键 K1 按下（开关闭合）时，K1 两端的 1、2 引脚短接，P3.2 引脚将短接到 GND，说明当前的电路设计中，按键按下去后，单片机 P3.2 引脚将读取到低电平。当按键 K1 抬起时，P3.2 引脚悬空，如果其处于准双向模式将通过其内部的弱上拉读取到高电平。

在本实验中，使用按键 K1 来控制绿色 LED，那么需要用到的 IO 口：P3.2 引脚做输入，用来读取按键值；P2.2 引脚做输出，用来驱动 LED。控制逻辑：当 P3.2 读取到低电平（0）（表示按键处于按下不放的状态）时，应控制 P2.2 引脚输出低电平（0）以点亮 LED；当 P3.2 读取到高电平（1）（表示按键处于抬起状态）时，应控制 P2.2 引脚输出高电平（1）以熄灭 LED。

任务实施

根据以上分析，可参考下面程序完成本任务。

```
#include <stc15.h>
sbit led_green=P2^2;
sbit btn=P3^2;
void main()
```

```
{
    P2M1=0x00;
    P2M0=0x00;
    P3M1=0x00;
    P3M0=0x00;
    while(1)
    {
        led_green=btn;                    //直接将btn赋值给led_green
    }
}
```

在程序中，btn为读取到的按键值(0，1)，直接将btn赋值给位变量led_green，也就相当于把0或1直接赋值给了led_green，在循环中不断检测按键，将按键值赋给P2.2引脚做输出，这样就可以实现绿色LED的状态始终指示按键的按下、抬起状态了。

子任务二　每次按键按下，LED的亮灭状态发生切换

任务描述

使用一个按键和一个LED，完成以下控制功能：每次按键按下，LED的亮灭状态发生切换。"亮灭状态切换"是指：如果当前LED为熄灭状态，当按键按下(可以是按下以后即刻抬起)，则LED点亮；如果当前LED为点亮状态，当按键按下，则LED熄灭。

知识准备

根据上一子任务的分析，当按键按下，则单片机引脚读取到0，可以在程序中判断P3.2引脚是否为0，以此来决定是否切换LED状态。循着这样的思路，该程序的主逻辑可以这样写：

```
while(1)
{
    if(btn==0)
    {
        led_green=~led_green;
    }
}
```

但是这个程序会存在一问题：当按键按下，LED并不会精准地从亮到灭或从灭到亮，而是状态不确定。产生这个问题的根源是按键存在抖动。按键所用开关为机械弹性开关，

当机械触点断开、闭合时，由于机械触点的弹性作用，一个按键开关在闭合时不会马上稳定地接通，在断开时也不会一下子断开，因而在闭合及断开的瞬间均伴随一连串的抖动。抖动时间的长短由按键的机械特性决定，一般为 5～10 ms(图 3.10)。抖动会引起一次按键被误读多次，这时因为单片机程序执行的速度非常快，当按键按下去后，即使 5 ms 的抖动，在 while(1)循环检测中，已经被单片机检测了很多次，每当检测到一次低电平，都会翻转 LED 状态，最终一共翻转多少次是随机的，所以，LED 最终的亮灭状态是不确定的。

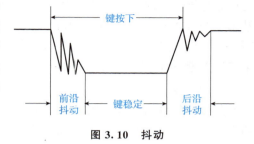

图 3.10 抖动

■ 任务实施

1. 软件去抖

解决按键抖动的方法可以采用软件延时法：当第一次检测到按键按下，延时 10 ms，再次检测，就可以将抖动波形滤掉。改进后的完整程序如下：

```
#include <stc15.h>
sbit led_green=P2^2;
sbit btn=P3^2;
void main()
{
    P2M1=0x00;
    P2M0=0x00;
    P3M1=0x00;
    P3M0=0x00;
    while(1)
    {
        if(btn==0)                    //第一次判断 btn==0
        {
            Delay10ms();
            If(btn==0)                //第二次判断 btn==0
            {
                led_green= ~led_green;
                while(btn==0);        //等待按键抬起
            }
        }
    }
}
```

在该程序中，首先判断 btn 是否等于 0，如果等于 0，说明按键按下；延时 10 ms，滤掉抖动波形，再次检测 btn 是否为 0，如果是，则执行 LED 翻转操作，并通过 while(btn==0)

等待按键抬起。等待按键抬起的操作是不可少的，可以想象，如果不等待按键抬起，则按键处于低电平的这段时间，仍然会被单片机循环检测到很多次，会被误判为很多次按键按下。第二次判断 btn==0 的操作也是不可少的，可以想象，当等待到按键抬起后，紧接着的就是按键抬起时可能发生的抖动，然后才是稳定的高电平，在这段抖动区内，就可能又被第一个 if(btn==0) 语句检测到低电平，然后是延时 10 ms 滤波，这时就是需要第二次判断 btn==0 的时候，因为按键抬起的抖动后面是高电平，判断失败，不会执行 LED 翻转，第二次判断 btn==0 正是为了处理这种情况。

2. 硬件去抖

除使用软件去抖外，还可以采用硬件去抖。按键电路如图 3.11 所示，可见在按键 K1 两端并联了一个电容 C_7，在按键两端并联电容，正是利用了电容两端电压不突变的特性，平滑按键抖动的波形起到硬件去抖动的作用。

如果使用了硬件去抖，则程序可以简化很多：

```
#include <stc15.h>
sbit led_green=P2^2;
sbit btn=P3^2;
void main()
{
    P2M1=0x00;
    P2M0=0x00;
    P3M1=0x00;
    P3M0=0x00;
    while(1)
    {
        if(btn==0)        //判断一次，不用延时
        {
            led_green=~led_green;
            while(btn==0);     //等待按键抬起还是需要的
        }
    }
}
```

图 3.11　按键电路

任务总结

自我评价

知识与技能点	你的理解	掌握情况			
检测按键状态					
按键的软件去抖					
按键的硬件去抖					
按键控制 LED 程序					

 完全掌握 　基本掌握 　有些不懂 　完全不懂

项目小结

　　本项目是对 STC15 单片机 GPIO 的综合应用，使用输出功能控制 LED，使用输入功能读取按键的状态。STC15 单片机的 IO 端口可以设置为四种模式，常用的模式为准双向模式和推挽模式。在使用按键过程中要注意，按键是有抖动的，可以采用软件去抖和硬件去抖方法。按键的处理流程包括第一次检测、第二次检测、等待按键抬起，初学时会感觉不容易记忆，只有多写程序、多思考、多练习，才能熟练记忆、灵活运用。

思考与练习

　　1. STC15 单片机 IO 端口的四种模式都是什么？单片机复位后，默认模式是哪一种？

　　2. 在软件程序中怎样配置 IO 端口的模式？

　　3. 编写程序实现三色 LED 流水效果，延时 500 ms。

　　4. 编写程序实现按键切换三色 LED 效果：K1 按下，只有红色 LED 亮；再次按下，只有绿色 LED 亮；再次按下，只有蓝色 LED 亮；如此循环。

　　5. 编写程序，实现三个按键控制三色 LED 实现混色效果：按键 K1 控制红色 LED 的亮灭，按键 K2 控制绿色 LED 的亮灭，按键 K3 控制蓝色 LED 的亮灭。任何一个按键按下，对应 LED 亮灭切换，观察混色 LED 效果。

项目四　中断键控彩灯

>> **项目描述**

使用外部中断的方式处理按键，实现中断键控彩灯的控制效果。

>> **项目分析**

该项目需要用到 LED 控制和外部中断两部分内容，LED 控制在前面项目已经学习过。对于外部中断，需在理解中断请求和中断处理等概念的前提下，了解 STC15 单片机的中断系统，在此基础上了解外部中断相关寄存器和中断服务函数的编写方法，搭建起中断处理的程序框架后，就可以进一步研究业务逻辑，根据项目的功能要求，编写应用代码。

>> **学习目标**

理解单片机中断的概念；理解 STC15 单片机中断系统结构；理解中断请求、中断响应、中断服务函数、中断优先级等概念；会设置外部中断相关寄存器；会编写外部中断服务函数。

单片机中断系统跳出了程序只能顺序、分支、循环执行的三种模式，以中断响应的方式实现了快速高效的处理。在遇到问题时，应全方位、多角度思考问题，快速高效地解决主要矛盾及矛盾的主要方面。

任务一　　理解中断

■ 任务目标

理解中断的概念；理解 STC15 单片机中断系统的结构。

■ 任务描述

理解中断是一种运行机制，是单片机处理事件的一种机制。理解中断和中断系统，对于编写单片机程序非常有帮助。利用中断来解决和处理前台和后台的程序；理解中断在单片机开发中经常使用的编程思路和编程方法。

一、查询方式与中断方式

单片机与外部设备之间的数据交换有查询方式和中断方式两种。前面任务所介绍的按键检测可以看作一种查询方式，因为单片机要通过循环不断读取按键的状态。查询方式的优点是简单、通用性好；缺点是需要不断地查询，CPU 在等待查询期间不能长时间处理其他操作，否则可能会遗漏掉信号，且降低效率。

与查询方式相对应的是中断方式。中断是为了使 CPU 具有对外界紧急事件处理的实施能力而设置的一种处理机制。中断方式可以有效提高单片机工作效率，适合实时检测、实时处理，且更为常用。本项目就采用外部中断的方式实现键控彩灯功能，并且在实现过程中，对 STC15 单片机的中断系统进行详细的介绍。

当 CPU 正在执行主程序或处理某事件时，某时刻外部发生的某一事件(如电平改变、脉冲边沿跳变、定时器溢出等)请求 CPU 快速处理，于是 CPU 暂时中断当前的工作，转而执行中断处理程序，处理完成后再回到被中断的位置继续执行原程序，这样的过程称为中断(图 4.1)。

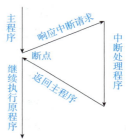

图 4.1　中断

在这个处理过程中，产生中断的请求称为中断源；中断源向 CPU 发出中断申请，CPU 暂停当前工作去处理中断源事件称为中断响应；被中断的原程序位置称为断点；处理中断事件的程序称为中断处理程序(或中断服务程序)；中断处理完返回被中断的地方称为中断返回。

类比日常生活中的一些紧要和非紧要事务的处理过程，可以帮助理解中断的概念。一个常见的例子：当你在读书的时候，电话响起，你放下书本，将书签夹在当前读的页码，然后接起电话……打完电话以后，回到书签的位置继续读书。这其实就是日常生活中的中断处理例子：读书是主程序流程；电话响起是中断请求，是需要处理的紧急事件；夹书签是保存断点；接起电话是响应中断，开始处理中断事件；打完电话回到书签位置继续读书则是中断返回。中断系统是单片机的重要组成部分。实时控制、故障自动处理、单片机与外围器件间的数据传送往往采用中断系统。中断系统的应用大大提高了计算机的效率。

二、STC15 单片机的中断系统

STC15W4K32S4 单片机提供了 21 个中断源，它们分别是外部中断 0(INT0)、定时器 0 中断、外部中断 1(INT1)、定时器 1 中断、串口 1 中断、A/D 转换中断、低压检测(LVD) 中断、CCP/PWM/PCA 中断、串口 2 中断、SPI 中断、外部中断 2(INT2)、外部中断 3 (INT3)、定时器 2 中断、外部中断 4(INT4)、串口 3 中断、串口 4 中断、定时器 3 中断、定时器 4 中断、比较器中断、PWM 中断及 PWM 异常检测中断。除外部中断 2(INT2)、外部中断 3(INT3)、定时器 2 中断、串口 3 中断、串口 4 中断、定时器 3 中断、定时器 4 中断及比较器中断固定是最低优先级中断外，其他的中断都具有 2 个中断优先级。

IAP15W4K58S4 单片机的中断系统结构如图 4.2 所示。

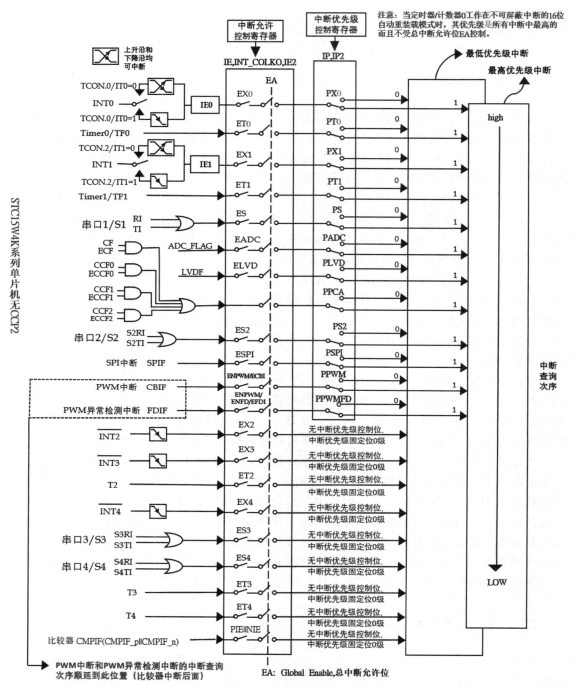

图 4.2 IAP15W4K32S4 单片机的中断系统结构

从图 4.2 中可以看出，IAP15W4K32S4 单片机共有 21 个中断源，中断系统结构图已经按照这些中断优先级的顺序由高到低进行了排序。能看懂这张图，就可以理解和使用单片机中断系统了。图中最上面的(也就是优先级最高的)中断源是外部中断 0(INT0)，既可以设置为下降沿触发，也可以设置为上升沿和下降沿都触发，通过设置 TCON.0/IT0 寄存器来选择不同的触发模式；当外部中断 0 中断触发后，中断标志位 IE0 会被置位，而当外部中断服务程序被响应后，中断标志位 IE0 会自动清零。EX0 是外部中断 0 的中断允许位，EA 是中断总允许位，在图中它们被绘制成了"开关"，其功能也正如开关，当 EX0＝1，且 EA＝1 时，这两个"开关"闭合，外部中断源发出的中断请求才能够被系统响应，否则该中断将被屏蔽。

INT0 中断的下面是 Timer0，即定时器 0 中断，定时器 0 的中断请求标志位是 TF0。当定时器 0 寄存器 TH0、TL0 溢出时，溢出标志位 TF0 被置位，如果定时器 0 的中断打开（ET0＝1，EA＝1），则定时器 0 中断发生。单片机执行定时器 0 中断处理程序时，其溢出标志位 TF0 会被硬件自动清除。

INT1 是外部中断 1，其中断处理的结构与 INT0 完全相同，区别在于寄存器的名称和编号不同。Timer1 是定时器 1 中断，其中断处理的结构与 Timer0 完全相同，所不同的也仅在于寄存器的名称和编号。

外部中断 2(INT2)、外部中断 3(INT3)和外部中断 4(INT4)都只能下降沿触发，其中断请求标志位也不可见，当相应的中断服务程序被响应后，或者当 EXn＝0(n＝2，3，4)时，这些中断请求标志位会自动清零。

定时器 2、3、4 对系统时钟或者外部输入脉冲进行计数，当计数溢出时申请中断，但中断请求标志位也不可见，当相应的中断服务程序被响应后，或者 ET2＝0/ET3＝0/ET4＝0 时，该中断请求标志位会自动清零。

串口中断有 4 个。当串口 1 发送或接收完成时，其中断请求标志位 TI 或 RI 就会被置位，如果串口 1 中断被打开，单片机将执行串口 1 的中断，TI、RI 需软件清零。串口 2、串口 3、串口 4 的中断处理过程与串口 1 类似，区别仅在于寄存器 TI 和 RI 分别换成了 S2TI 和 S2RI，S3TI 和 S3RI，S4TI 和 S4RI。

以上介绍的中断源是在开发智能车过程会用到的中断源，其他中断源暂时还用不到，所以不再详细介绍。如果想进一步研究，可以阅读 STC15 单片机手册了解相关内容。中断源触发对照表见表 4.1。

表 4.1　中断源触发对照表

中断源	触发行为
INT0(外部中断 0)	IT0＝1：下降沿触发；IT0＝0：上升沿和下降沿均可触发
Timer0	定时器 0 溢出
INT1(外部中断 1)	IT1＝1：下降沿触发；IT1＝0：上升沿和下降沿均可触发
Timer1	定时器 1 溢出
UART1	串口 1 发送或者接收中断
ADC	A/D 转换完成
LVD	电源电压下降到低于 LVD 检测电压
UART2	串口 2 发送或者接收中断
SPI	SPI 数据传输完成
INT2(外部中断 2)	下降沿
INT3(外部中断 3)	下降沿

中断源	触发行为
Timer2	定时器 2 溢出
INT4(外部中断 4)	下降沿
UART3	串口 3 发送或者接收完成
UART4	串口 4 发送或者接收完成
Timer3	定时器 3 溢出
Timer4	定时器 4 溢出
Comparator(比较器)	比较器比较结果由 LOW 变成 HIGH 或由 HIGH 变成 LOW

三、中断相关寄存器

1. IE：中断允许寄存器(可位寻址)

IE：中断允许寄存器(可位寻址)如图 4.3 所示。

寄存器名	地址	B7	B6	B5	B4	B3	B2	B1	B0
IE	A8H	EA	ELVD	EADC	ES	ET1	EX1	ET0	EX0

图 4.3　IE：中断允许寄存器(可位寻址)

EA：CPU 的总中断允许位。EA＝1，CPU 开放中断；EA＝0，CPU 屏蔽所有的中断申请。EA 的作用是使中断允许形成多级控制，即各中断源首先受 EA 控制，其次受各中断源自己的中断允许控制位控制。

ELVD：低压检测中断允许位。ELVD＝1，允许低压检测中断；ELVD＝0，禁止低压检测中断。

EADC：A/D 转换中断允许位。EADC＝1，允许 A/D 转换中断；EADC＝0，禁止 A/D 转换中断。

ES：串行口 1 中断允许位。ES＝1，允许串行口 1 中断；ES＝0，禁止串行口 1 中断。

ET1：定时/计数器 T1 的溢出中断允许位，ET1＝1，允许 T1 中断；ET1＝0，禁止 T1 中断。

EX1：外部中断 1 中断允许位。EX1＝1，允许外部中断 1 中断；EX1＝0，禁止外部中断 1 中断。

ET0：T0 的溢出中断允许位。ET0＝1，允许 T0 中断；ET0＝0，禁止 T0 中断。

EX0：外部中断 0 中断允许位。EX0＝1 允许中断；EX0＝0，禁止中断。

2. IE2：中断允许寄存器(不可位寻址)

IE2：中断允许寄存器(不可位寻址)如图 4.4 所示。

寄存器名	地址	B7	B6	B5	B4	B3	B2	B1	B0
IE2	AFH	—	ET4	ET3	ES4	ES3	ET2	ESPI	ES2

图 4.4　IE2：中断允许寄存器(不可位寻址)

ET4：定时器 4 的中断允许位。ET4＝1，允许定时器 4 产生中断；ET4＝0，禁止定时器 4 产生中断。

ET3：定时器 3 的中断允许位。ET3＝1，允许定时器 3 产生中断；ET3＝0，禁止定时器 3 产生中断。

ES4：串行口 4 中断允许位。ES4＝1，允许串行口 4 中断；ES4＝0，禁止串行口 4 中断。

ES3：串行口 3 中断允许位。ES3＝1，允许串行口 3 中断；ES3＝0，禁止串行口 3 中断。

ET2：定时器 2 的中断允许位。ET2＝1，允许定时器 2 产生中断；ET2＝0，禁止定时器 2 产生中断。

ESPI：SPI 中断允许位。ESPI＝1，允许 SPI 中断；ESPI＝0，禁止 SPI 中断。

ES2：串行口 2 中断允许位。ES2＝1，允许串行口 2 中断；ES2＝0，禁止串行口中断。

3. INT＿CLKO(AUXR2)：外部中断允许和时钟输出寄存器

INT＿CLKO(AUXR2)：外部中断允许和时钟输出寄存器如图 4.5 所示。

寄存器名	地址	B7	B6	B5	B4	B3	B2	B1	B0
INT＿CLKO	8FH	—	EX4	EX3	EX2	-	T2CLKO	T1CLKO	T0CLKO

图 4.5　INT＿CLKO(AUXR2)：外部中断允许和时钟输出寄存器

EX4：外部中断 4 中断允许位。EX4＝1，允许中断；EX4＝0，禁止中断。只能下降沿触发。

EX3：外部中断 3 中断允许位。EX3＝1，允许中断；EX3＝0，禁止中断。只能下降沿触发。

EX2：外部中断 2 中断允许位。EX2＝1，允许中断；EX2＝0，禁止中断。只能下降沿触发。

4. 中断优先级控制寄存器 IP

中断优先级控制寄存器 IP 如图 4.6 所示。

寄存器名	地址	B7	B6	B5	B4	B3	B2	B1	B0
IP	B8H	PPCA	PLVD	PADC	PS	PT1	PX1	PT0	PX0

图 4.6　中断优先级控制寄存器 IP

当对应控制位置 0 时，该位对应中断为最低级中断(优先级 0)；

当对应控制位置 1 时，该位对应中断为最高级中断(优先级 1)。

中断优先级的两条基本规则如下：

(1)低优先级中断可被高优先级中断所中断，反之不能。

(2)任何一种中断(无论是高级还是低级)，一旦得到响应，不会被它的同级中断所中断。

5. 定时器/计数器控制寄存器 TCON(可位寻址)

定时器/计数器控制寄存器 TCON(可位寻址)如图 4.7 所示。

寄存器名	地址	B7	B6	B5	B4	B3	B2	B1	B0
TCON	88H	TF1	TR1	TF0	TR0	IE1	IT1	IE0	IT0

图 4.7　定时器/计数器控制寄存器 TCON(可位寻址)

TF1：T1 溢出中断标志。T1 被允许计数以后，从初值开始加 1 计数。当产生溢出时，由硬件置"1"TF1，向 CPU 请求中断，一直保持到 CPU 响应中断时，才由硬件清"零"（也可由查询软件清"零"）。

TR1：定时器 1 的运行控制位。

TF0：T0 溢出中断标志。T0 被允许计数以后，从初值开始加 1 计数，当产生溢出时，由硬件置"1"TF0，向 CPU 请求中断，一直保持 CPU 响应中断时，才由硬件清"零"（也可由查询软件清"零"）。

TR0：定时器 0 的运行控制位。

IE1：外部中断 1（INT1/P3.3）中断请求标志。IE1＝1，外部中断向 CPU 请求中断，当 CPU 响应该中断时，由硬件清"零"IE1。

IT1：外部中断 1 中断源类型选择位。IT1＝0，INT1/P3.3 引脚上的上升沿或下降沿信号均可触发外部中断 1。IT1＝1，外部中断 1 为下降沿触发方式。

IE0：外部中断 0（INT0/P3.2）中断请求标志位。IE0＝1，外部中断 0 向 CPU 请求中断，当 CPU 响应外部中断时，由硬件清"零"IE0。

IT0：外部中断 0 中断源类型选择位。IT0＝0，INT0/P3.2 引脚的上升沿或下降沿均可触发外部中断。IT0＝1，外部中断 0 为下降沿触发方式。

6. 串行口 1 控制寄存器 SCON（可位寻址）

串行口 1 控制寄存器 SCON（可位寻址）如图 4.8 所示。

寄存器名	地址	B7	B6	B5	B4	B3	B2	B1	B0
SCON	98H	SM0/FE	SM1	SM2	REN	TB8	RB8	TI	RI

图 4.8　串行口 1 控制寄存器 SCON（可位寻址）

RI：串行口 1 接收中断标志。若串行口 1 允许接收且以方式 0 工作，则每当接收到第 8 位数据时置 1；若以方式 1、2、3 工作且 SM2＝0，则每当接收到停止位的中间时置 1；若串行口以方式 2 或方式 3 工作且 SM2＝1，则仅当接收到的第 9 位数据 RB8 为 1，同时接收到停止位的中间时置 1。RI 为 1 时表示串行口 1 正在向 CPU 申请中断（接收中断），RI 必须由用户的中断服务程序清零。

TI：串行口 1 发送中断标志。串行口 1 以方式 0 发送时，每当发送完 8 位数据时，由硬件置 1；若以方式 1、方式 2 或方式 3 发送，则在发送停止位的开始时置 1。TI＝1 表示串行口 1 正在向 CPU 申请中断（发送中断）。值得注意的是，CPU 响应发送中断请求，转向执行中断服务程序时并不将 TI 清零，TI 必须由用户在中断服务程序中清零。

7. 低压检测中断相关寄存器

低压检测中断相关寄存器如图 4.9 所示。

寄存器名	地址	B7	B6	B5	B4	B3	B2	B1	B0
PCON	87H	SMOD	SMOD0	LVDF	POF	GF1	GF0	PD	IDL

图 4.9　低压检测中断相关寄存器

LVDF：低压检测标志位，同时也是低压检测中断请求标志位。

8. A/D 转换控制寄存器 ADC ＿ CONTR

A/D 转换控制寄存器 ADC ＿ CONTR 如图 4.10 所示。

寄存器名	地址	B7	B6	B5	B4	B3	B2	B1	B0
ADC_CONTR	BCH	ADC_POER	SPEED1	SPEED0	ADC_FLAG	ADC_START	CHS2	CHS1	CHS0

图 4.10　A/D 转换控制寄存器 ADC _ CONTR

POWER：ADC 电源控制位。当 ADC_POWER＝0 时，关闭 ADC 电源；当 ADC_POWER＝1 时，打开 ADC 电源。

ADC_FLAG：ADC 电源控制位，可用于请求 A/D 转换的中断。当 A/D 转换完成后，ADC_FLAG＝1，要用软件清零。无论是 A/D 转换完成后由该位申请产生中断，还是由软件查询该 A/D 转换是否结束，当 A/D 转换完成后，ADC_FLAG＝1，一定要用软件清零。

ADC_START：ADC 转换启动控制位，设置为"1"时，开始转换，转换结束后为 0。

四、中断号与中断处理程序

当某个中断源向 CPU 发出中断申请时，其中断标志位被置 1，当总中断允许位 EA＝1 且该中断源的相应允许位也为 1，CPU 才可以响应该中断。单片机各中断源的入口地址是固定的，响应中断时 CPU 跳转到相应中断源的入口地址处开始执行。STC15W4K58S4 单片机中断源与中断号的对应关系见表 4.2。

表 4.2　中断源、中断入口地址与中断号对照表

中断源	中断入口地址	中断号
外部中断 0	0003H	0
定时器 T0 中断	000BH	1
外部中断 1	0013H	2
定时器 T1 中断	001BH	3
串口 1 中断	0023H	4
A/D 转换中断	002BH	5
LVD 中断	0033H	6
PCA 中断	003BH	7
串口 2 中断	0043H	8
SPI 中断	004BH	9
外部中断 2	0053H	10
外部中断 3	005BH	11
定时器 T2 中断	0063H	12
预留中断	006BH、0073H、007BH	13、14、15
外部中断 4	0083H	16
串口 3 中断	008BH	17
串口 4 中断	0093H	18
定时器 T3 中断	008BH	19
定时器 T4 中断	00A3H	20
比较器中断	00ABH	21
PWM 中断	00B3H	22
PWM 异常中断	00BBH	23

编写中断服务函数时，需要参考中断号。C51 编译器支持在 C 语言程序中直接编写 8051 单片机的中断服务函数程序，一般形式如下：

void 中断服务函数名(void) interrupt n [using m]

关键字 interrupt 后面的 n 的取值就是表 4.2 的中断号，编译器是通过中断号定位到该中断服务函数的地址，而不是通过中断服务函数的函数名，所以，原则上中断服务函数的函数名可以随意命名(要遵循 C 语言语法的命名规范)，但最好也要起一个有意义的名字。

以外部中断 0 为例，其中断服务函数的形式如下：

```
void Int0_Isr(void) interrupt 0
{
        // do something in ISR
}
```

8051 单片机可以在片内 RAM 中使用 4 个不同的工作寄存器组，每个寄存器组中包含 8 个工作寄存器(R0～R7)。C51 编译器通过扩展关键字 using 来选择工作寄存器组。using 后面的 m 可以有 0、1、2、3 四种选择，分别对应 4 个不同的工作寄存器组。在定义中断服务函数时，using 是一个可选项，如果省略它，则编译器会自动选择一个工作寄存器组。

8051 单片机的中断服务函数不能传递参数，也没有返回值。中断服务函数不能由其他程序显式调用，否则会产生编译错误。中断服务函数应尽量简短，快进快出，通常可在中断服务函数中置标志，然后剩下的事情交给主程序处理，中断服务函数中尽量不要使用延时。

 任务实施

查阅 STC15 单片机芯片手册，深入理解以下概念：中断源、中断申请、中断响应、断点、中断服务程序、中断返回。归纳总结在 STC15 单片机中断系统中，共有多少个中断源？默认的中断优先级顺序是怎样的？总中断允许位 EA 有什么作用？总结与外部中断 0 和外部中断 1 的中断相关寄存器有哪些？在中断服务函数中 interrupt 和 using 各起什么作用？

任务总结

自我评价

知识与技能点	你的理解	掌握情况
中断相关概念		
中断系统结构		
中断相关寄存器		
中断服务程序		

😊 完全掌握　　😐 基本掌握　　😵 有些不懂　　😫 完全不懂

任务二　中断键控彩灯的实现

任务目标

采用 STC15 单片机外部中断实现键控彩灯效果。具体任务要求：单片机上电后，三色 LED 中绿色以间隔 1 s 开始闪烁；任何时候按下按键 K1，三色 LED 以 500 ms 延时做三次流水效果；然后绿色 LED 继续以间隔 1 s 闪烁。

任务描述

编写程序，以中断方式检测按键，实现键控彩灯控制效果。

中断键控彩灯

知识准备

STC15W4K58S4 单片机有 5 个外部中断源，其中 INT0、INT1 可以设置为下降沿触发或上升沿下降沿都触发，INT2、INT3 和 INT4 只支持下降沿触发，STC15 单片机所有的外部中断都不支持电平触发。

要实现任务描述中所要求的键控彩灯功能，需观察按键与 LED 电路连接图（图 4.11），该任务涉及三色 LED 和三个按键，三色 LED 的红、绿、蓝三个引脚连接到单片机的 P2.1、P2.2 和 P2.3 引脚；按键 K1、K2、K3 分别连接到单片机的 P3.2、P3.3 和 P3.7 引脚。从芯片引脚图可以查到，P3.2 引脚可以复用为外部中断 0（INT0），P3.3 引脚可以复用为外部中断 1（INT1），P3.7 引脚可以复用为外部中断 3（INT3）。

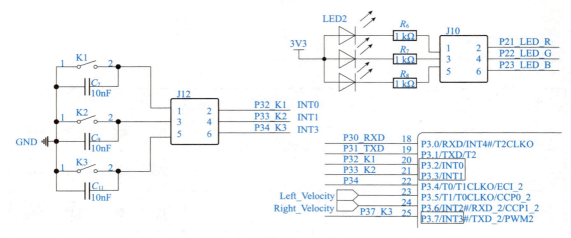

图 4.11　按键与 LED 电路连接图

　　一种常见的错误思路是尝试使用检测按键的方式实现该任务要求，比如以下程序片段。在该程序中，使用全局变量 keydown 来标识当前按键是否按下，如果按下，则 keydown＝1；在 while(1)不断检测 keydown 的值，如果为 0，则正常闪烁红色 LED；如果为 1，则再做一次三色流水灯效果，并将 keydown 清零。

```
unsigned char keydown=0;
void main()
{
    while(1)
    {
        if(keydown==0)
        {                                    //按键没有按下,红色 LED 间隔
                                               1 s 闪烁
            led_green=~led_green;
            Delay500ms();Delay500ms();
        }
        else
        {                                    //按键按下了,做三次三色流水灯
                                               效果
            led_red=1; led_green=1; led_blue=1;
            for(i=0;i<3;i++)
            {
                led_red=0;
                Delay500ms();
                led_red=1;
                led_green=0;
                Delay500ms();
                led_green=1;
                led_blue=0;
```

```
            Delay500ms();
            led_blue=1;
        }
        keydown=0;
    }
                                    //检测按键
    if(K1==0)
    {
        Delay10ms();
        if(K1==0)
        {
            keydown=1;
            while(K1==0);
        }
    }
   }
}
```

当把上面程序下载到单片机后会发现，该程序很多时候并不能准确检测到按键按下事件，有时按键虽然按下抬起了，但是程序并没有做三色流水灯效果。原因在于，该程序将按键检测放在 while(1)循环中，这个循环中还有延时函数，当程序正好处于延时函数中且延时还没结束，如果此时发生按键按下并抬起的事件，程序是检测不到的。以上是单片机初学者经常会犯的错误，他们没有深刻理解单片机运行的机制，单片机之所以能够做按键检测，是因为单片机的执行速度要远远快于按键按下的速度，也就是在正常情况下，只要按键按下（无论抬起得有多快），其电平的变化都一定会被单片机检测到；但如果在单片机的检测流程中加了延时，在延时这段时间内，单片机做不了任何事，就可能错过按键事件。

解决的方法有两种：一种是将主循环中的软件延时拿出去，由定时器中断实现延时，主循环中只做按键检测；另一种是将主循环中的按键检测拿出去，改用外部中断实现按键检测，在主循环中继续用延时函数做 LED 闪烁。下面以第二种方法为例，使用外部中断来实现按键检测，并实现中断键控彩灯功能。

任务实施

采用外部中断方式检测按键，实现键控彩灯的参考程序如下。

```
#include <stc15.h>
#include <intrins.h>
sbit led_red=P2^1;
sbit led_green=P2^2;
sbit led_blue=P2^3;
sbit K1=P3^2;
unsigned char keydown=0;
```

```
void Delay500ms()                          // @11.059 2 MHz
{
    unsigned char i,j,k;
    _nop_();
    _nop_();
    i=22;
    j=3;
    k=227;
    do
    {
        do
        {
            while(--k);
        } while(--j);
    } while(--i);
}
void main()
{
    unsigned char i;
    P2M1=0x00;
    P2M0=0x00;
    IT0=1;                                  // 设置 INT0 为下降沿触发
    EX0=1;                                  // 开启 INT0 中断
    EA=1;                                   // 开启全局中断
        while(1)
    {
        if(keydown==0)
        {                                   // 按键没有按下,红色 LED 间隔 1 s 闪烁
            led_green= ~led_green;
            Delay500ms();Delay500ms();
        }
        else
        {                                   // 按键按下了,做一次三色流水灯效果
            for(i=0;i<3;i++)
            {
                led_blue=1;
                led_red=0;
                Delay500ms();
                led_red=1;
                led_green=0;
```

```
            Delay500ms();
            led_green=1;
            led_blue=0;
            Delay500ms();
        }
        keydown=0;
        led_blue=1;
    }
}
                                    // INT0 的中断服务函数
void INT0_Isr() interrupt 0
{
    keydown=1;
}
```

在这个程序中，首先设置了 P2 端口的模式，然后初始化外部中断 0，设置外部中断为下降沿触发，并开启中断允许标志位。定义了一个全局标识变量 keydown，当按键按下，会触发外部中断 0，程序进入中断服务函数，将 keydown 置 1，旋即退出中断。该标识变量在主程序循环中进行检测，如果其值为 0，说明当前没有按键按下，那么执行红色 LED 间隔 1 s 闪烁程序；如果 keydown 值为 1，说明已有按键按下，那么执行一次三色 LED 流水程序，并将 keydown 重新置 0，以便能够检测下一次按键按下事件。整个程序通过一个全局变量关联起主函数和中断服务函数，中断服务函数中仅置标识，快进快出，剩下的功能操作都由主程序来执行。

任务扩展

（1）扩展训练：使用外部中断 1(INT1，电路上连接的是 K1 按键)，重新实现上述功能，注意外部中断寄存器的初始化、INT1 中断服务函数的编写。

（2）扩展训练：使用外部中断 3(INT3，电路上连接的是 K2 按键)，重新实现上述功能，注意外部中断寄存器的初始化、INT3 中断服务函数的编写。

任务总结

自我评价

知识与技能点	你的理解	掌握情况			
外部中断相关寄存器的初始化					
外部中断服务程序					
中断键控彩灯程序					

 完全掌握　　 基本掌握　　 有些不懂　　 完全不懂

项目小结

　　本项目首先介绍了中断的概念及 STC15 单片机的中断系统构成；进而介绍了与中断相关的特殊功能寄存器。详细介绍了中断响应及中断入口地址、中断号及中断服务程序的编写方法。以中断键控彩灯任务为例，分析了在主循环中如果有延时，会检测不到按键的原因，进而引出使用外部中断检测按键的解决方法。通过相关任务的完成，重点学习外部中断相关寄存器的初识化（触发方式的选择、开启中断源中断允许位、开启全局中断允许位）以及中断服务程序的编写方法。应学会知识的迁移运用，触类旁通，参考外部中断 0 的键控彩灯程序，应可改写出外部中断 1～4 的键控彩灯程序。

思考与练习

　　1. 什么是中断？常见的中断类型有哪几种？

　　2. 单片机的中断系统要完成哪些任务？

　　3. 与外部中断相关的寄存器都有哪些？

　　4. 简述 IAP15W4K58S4 单片机的中断响应过程。

　　5. 编写程序实现以下功能：单片机上电后三色 LED 以间隔 1 s 的时间流水点亮；按键 K1 使延时时间变长，每按一次 K1，延时时间增加 50 ms；按键 K2 使延时时间变短，每按一次 K2，延时时间减少 50 ms。（提示：可先做一个 50 ms 的延时函数，并在其外面再包一个函数，并传一个参数，这个参数表示当前延时多少个 50 ms）

项目五　定时器实现简易时钟

项目描述

前面项目在做间隔 1 s 流水灯效果时，1 s 的时间定时是靠软件延时程序完成的。软件延时虽然简单方便，但是定时时间不够精确，且在软件延时过程中，CPU 处于等待状态，其他什么操作也执行不了，非常浪费 CPU 资源。

能够实现精准定时，是单片机的一项"基本技能"，具备这项技能所依靠的就是定时器。在本项目中，首先了解定时器的逻辑结构，了解定时器相关寄存器的用法，使用定时器实现一个简易的时钟效果。

项目分析

完成该项目首先要理解单片机定时器的逻辑结构，设置定时器的工作方式，根据需要定时的时间设置定时器的初始值。定时器定时时间到了会触发中断，需要正确编写中断服务函数，正确计量时间，完成时钟效果。

学习目标

理解 STC15 单片机定时器的逻辑结构，掌握定时器相关特殊功能寄存器的用法、定时器工作方式、初始值计算方法，会编写定时器中断服务函数。

单片机定时器定时准确，非常守时。在生活和工作中，也应该守时守信，诚信处事。现在对待学习不拖延、不怠慢；将来对待工作也要做到按时、按计划完成项目和任务，做时间管理的强者。

任务一　　理解定时器

任务目标

理解定时器和计数器的本质区别就是脉冲来源的不同；理解单片机定时器的概念和定时器的逻辑结构；理解与定时器相关的寄存器各位功能和作用；了解定时器的四种工作方式及其区别，根据定时时间计算定时器初始值。

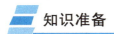
首先理解定时器和计数器的区别；熟悉寄存器 TMOD、TCON、AUXR 等各控制位的功能；理解定时器的四种工作方式，重点掌握工作方式 0；熟悉定时器的初始化步骤；学会定时器初值的计算方法。

知识准备

一、定时器的逻辑结构

单片机实现定时的原理很简单：首先，单片机内部有一个计数器，该计数器能够对特定的脉冲进行计数，每来一个脉冲，计数器加 1，通过统计所计的脉冲个数就可以知道所经过的时间。例如，脉冲的频率是 1 kHz，那么其周期就是 1 ms，对这个脉冲进行计数，计到 1 000，则正好经过了 1 s 的时间。对于单片机的定时器，这个脉冲通常是源于系统时钟，或者系统时钟的某个分频；而如果这个脉冲是由外部输入的，则可以实现计数器功能。

STC15 单片机内部集成了 5 个 16 位的定时器/计数器，分别记为 T0、T1、T2、T3、T4。在本项目中主要介绍定时器的使用方法，所以，后面简称为定时器。STC15 单片机的核心部件是一个 16 位的加法计数器（由低 8 位 TL 和高 8 位 TH 组成），用于对脉冲进行计数，当计数器加满溢出时，溢出标志位 TF 置 1，并向 CPU 申请中断。对于 STC15 单片机的定时器，其时钟来源有 1T 和 12T 两种方式，如果这个脉冲直接源于系统时钟脉冲，则成为 1T 方式；如果这个脉冲源于系统时钟脉冲的 12 分频，则成为 12T 方式。如果脉冲来源于 Tx 引脚，则为计数方式。STC15 单片机定时器/计数器的逻辑结构如图 5.1 所示。

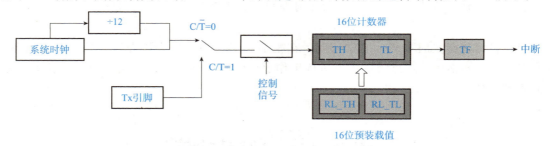

图 5.1 STC15 单片机定时器/计数器逻辑结构

图 5.1 中的预装载值也是由两个 8 位寄存器组合构成的 16 位寄存器。预装载值是指在定时器开始计数前，向预装载值寄存器中存放一个数值，当定时器开始工作时，16 位计数器将在该预装载值的基础上继续计数。我们知道 16 位的计数器最大能存放的数是 $2^{16}-1=65\,535$，超过这个值（一旦达到 65 536）将发生溢出，也就是定时时间到会触发中断。如果在定时器工作前，向预装载值寄存器存入数值 20 000，则此时该定时器能够累计的最大脉冲数就是 65 535—20 000，再多计 1 个脉冲就会发生中断，所以，定时器的定时时间为（65 536—20 000）×脉冲周期。

可以将 51 单片机定时器的结构类比为一个正在一滴一滴注水的水桶，时钟脉冲可以类比为一个给水桶注水的水龙头（这个水龙头只能以特定频率一滴一滴地给水桶注水），16 位计数器类比为这个水桶的容量，由于计数器是 16 位，所以，最大能计 65 535 个数，也就是水桶的容量是能装下 65 535 个水滴，当第 65 536 个水滴到来时，水桶将溢出。现假设向水桶预装载 20 000 个水滴，然后水龙头开始每隔 1 ms 向桶里滴下一个水滴，那么水桶能够承装水滴的容量就是 65 535－20 000＝45 535（个）水滴，也就是当累计 45 536 个水滴时水桶将溢出，触发中断（图 5.2）。而当前水龙头滴水的周期是 1 ms（相当于频率是 1 kHz 的脉冲），所以，定时时间为 45 536×1 ms＝45.536（s）。

图 5.2　定时器原理类比水桶

这正是 51 单片机定时器的工作原理。而实际的定时器，它的时钟脉冲可不是 1 kHz 这么慢，而是系统时钟（如 12 MHz）或是系统时钟的 12 分频（如 1 MHz）。以系统时钟的 12 分频为例，供给定时器的时钟源频率为 1 MHz，周期即 1 μs，45 536 个脉冲对应的时间是 45.536 ms；如果预装载值为 0，最大能累计 65 536 个脉冲，对应的定时时间为 65.536 ms，这基本可以认为是 51 单片机定时器的每次最大定时时间了。

二、定时器相关寄存器

STC15 单片机定时器相关寄存器有 TMOD、TCON、AUXR、T4T3M、INT_CLKO 等，下面依次对每个寄存器进行介绍。

1. TMOD

TMOD 为定时/计数器方式寄存器，该寄存器不能位寻址（图 5.3）。

寄存器名	地址	B7	B6	B5	B4	B3	B2	B1	B0
TMOD	89H	GATE	C/$\overline{\text{T}}$	M1	M0	GATE	C/$\overline{\text{T}}$	M1	M0

定时器 T1　　　　　　　　　　定时器 T0

图 5.3　定时计/时器方式寄存器

GATE：门控位，用于外部引脚控制定时器的启动与停止。

　　0：每当 TR0/TR1 置 1 时，就启动定时器工作。

　　1：外部引脚 INT0/INT1 为高电平且 TR0/TR1 置 1 时，启动定时器工作。

GATE：门控位，它是通过外部引脚辅助启动控制位，实际中很少用到，都直接设为 0。在定时计数器 T2、T3、T4 已去掉了 GATE 门控位。

C/$\overline{\text{T}}$：设为 0 用于内部定时，设为 1 用于外部计数。

M1M0：这两位的组合确定定时器的工作方式，见表 5.1。

2. TCON

TCON 为运行控制寄存器（图 5.4）。

表 5.1　定时器 T0、T1 的工作方式选择

M1 M0	工作方式	功能说明
0　0	方式 0	16 位自动重装初值的定时器
0　1	方式 1	16 位非自动重装初值的定时器
1　0	方式 2	8 位自动重装初值的定时器
1　1	方式 3	T0 为不可屏蔽中断的 16 位自动重装初值定时器；该模式对 T1 无效

寄存器名	地址	B7	B6	B5	B4	B3	B2	B1	B0
TCON	88H	TF1	TR1	TF0	TR0	IE1	IT1	IE0	IT0

定时器　　　　　　　　　　　中断

图 5.4　运行控制寄存器

TF1：T1 溢出标志位。计数器溢出时此位自动置 1，进入相应中断函数后则由硬件清零，若没编写中断函数则必须由软件清零。

TF0：T0 溢出标志位。功能与 TF1 类似。

TR1：T1 运行控制位。置 1 启动定时器，置 0 关闭定时器。

TR0：T0 运行控制位。置 1 启动定时器，置 0 关闭定时器。

3. AUXR

AUXR 为辅助寄存器(图 5.5)。

寄存器名	地址	B7	B6	B5	B4	B3	B2	B1	B0
AUXR	8EH	T0x12	T1x12	UART_M0x6	T2R	T2_C/$\overline{\text{T}}$	T2x12	EXTRAM	S1ST2

图 5.5　辅助寄存器

T0x12：定时器 0 速度控制位。T0x12＝0：12 分频；T0x12＝1：不分频。

T1x12：定时器 1 速度控制位。T1x12＝0：12 分频；T1x12＝1：不分频。

T2R：定时器 2 运行控制位。置 1 启动，置 0 关闭。

T2_C/$\overline{\text{T}}$：定时器 T2 的定时/计时方式选择位。置 1 为计数器模式，清零为定时器模式。

T2x12：定时器 T2 的脉冲分频系数设置位。置 1 将系统时钟作为 T2 的计数脉冲(1T 方式)，清零将系统时钟的 12 分频作为 T2 的计数脉冲(12T 方式)。

4. T4T3M

T4T3M 为定时器 T3、T4 控制寄存器(图 5.6)。

寄存器名	地址	B7	B6	B5	B4	B3	B2	B1	B0
T4T3M	D1H	T4R	T4_C/$\overline{\text{T}}$	T4x12	T4CLKO	T3R	T3_C/$\overline{\text{T}}$	T3x12	T3CLKO

定时器 T4　　　　　　　　　　定时器 T3

图 5.6　定时器 T3、T3 控制寄存器

T4R：定时器 4 运行控制位。置 1 启动定时器，置 0 关闭定时器。

T4_C/$\overline{\text{T}}$：选择定时器 4 用作定时器或计数器。设为 0 用于内部定时，设为 1 用于外部计数(引脚 T4/P0.7)。

T4x12：定时器 4 速度控制位。0：12 分频（默认值），1：不分频 。

T4CLKO：定时器 T4 的可编程时钟输出控制位。置 1 允许将引脚 P0.6 作为 T4 的可编程时钟输出端，清零禁止将引脚 P0.6 作为 T4 的可编程时钟输出端

T3R：定时器 3 运行控制位。置 1 启动定时器，置 0 关闭定时器。

T3_C/$\overline{T}$：选择定时器 3 用作定时器或计数器。设为 0 用于内部定时，设为 1 用于外部计数（引脚 T3/P0.5）。

T3x12：定时器 3 速度控制位。0：12 分频（默认值），1：不分频 。

T3CLKO：定时器 T3 的可编程时钟输出控制位。置 1 允许将引脚 P0.4 作为 T3 的可编程时钟输出端，清零禁止将引脚 P0.4 作为 T3 的可编程时钟输出端。

5. INT_CLKO

INT_CLKO 为可编程时钟输出寄存器（图 5.7）

寄存器名	地址	B7	B6	B5	B4	B3	B2	B1	B0
INT_CLKO	8FH	—	EX4	EX3	EX2	—	T2CLKO	T1CLKO	T0CLKO

图 5.7　可编程时钟输出寄存器

T2CLKO：定时器 T2 的可编程时钟输出控制位。置 1 允许将引脚 P3.0 作为 T2 的可编程时钟输出端，清零禁止将引脚 P3.0 作为 T2 的可编程时钟输出端。

T1CLKO：定时器 T1 的可编程时钟输出控制位。置 1 允许将引脚 P3.4 作为 T1 的可编程时钟输出端，清零禁止将引脚 P3.4 作为 T1 的可编程时钟输出端。

T0CLKO：定时器 T0 的可编程时钟输出控制位。置 1 允许将引脚 P3.5 作为 T0 的可编程时钟输出端，清零禁止将引脚 P3.5 作为 T0 的可编程时钟输出端。

三、定时器的工作方式

如前所述，STC15 单片机定时器 T0、T1 有四种工作方式：工作方式 0 为 16 位自动重装初值模式；工作方式 1 为 16 位非自动重装初值模式；工作方式 2 为 8 位自动重装初值模式；工作方式 3 为 T0 不可屏蔽中断 16 位自动重装初值模式。定时器 T2、T3、T4 的工作方式固定为 16 位自动重装初值模式。本处仅介绍 16 位自动重装初值模式（该模式为最常使用的工作方式），该工作方式的逻辑结构如图 5.8 所示。

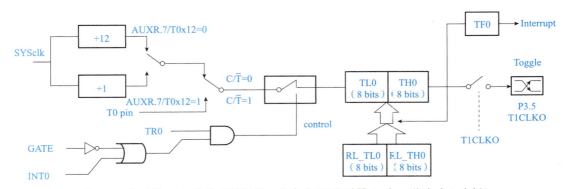

图 5.8　定时器 16 位自动重装初值工作方式（以定时器 T0 的工作方式 0 为例）

以定时器 T0 的工作方式 0 为例，该模式由 TL0、TH0 组成 16 位加法计数器，并有两个隐藏的重装初值寄存器 RL_TL0、RL_TH0(RL_TL0、RL_TH0 与 TL0、TH0 共用同一个的地址)。当 16 位加法计数器从 TL0、TH0 中的初值开始计数到溢出时，溢出标志位 TF0 置 1，并向 CPU 申请中断，同时自动将 RL_TL0、RL_TH0 中的初值重新装入 TL0、TH0 中，并在此值基础上重新开始计数。

当 TR0＝0 时，定时器停止工作，向 TL0、TH0 写入的初值会同时写入 RL_TL0、RL_TH0；当 TR0＝1 时，定时器开始工作，此时再向 TL0、TH0 写入初值只能写入 RL_TL0、RL_TH0，不会影响当前 T0 的正常计数，当本次计数溢出后，会向 TL0、TH0 重新加载新的初值。

当 T0x12＝0 时，定时器中的加法计数器对系统时钟的 12 分频计数，即 12T 模式；当 T0x12＝1 时，定时器中的加法计数器对系统时钟计数，即 1T 模式。

当 C/$\overline{T}$＝0 时，选择为定时器模式；当 C/$\overline{T}$＝1 时，选择为计数器模式。

通过 T0CLKO 可实现定时器 0 的可编程时钟输出功能，可从 P3.5 引脚量测输出的时钟信号。

定时器的 16 位自动重装初值工作方式可以满足大部分定时器应用设计需要，所以，本任务仅介绍该模式。定时器 T1 的工作方式 0 及定时器 T2、T3、T4 的工作方式也都是 16 位自动重装初值模式。它们的工作方式与上面介绍的定时器 T0 的工作方式 0 相同，不同之处仅在于对应位置的寄存器不同。定时器 T1 的工作方式 0 及定时器 T2、T3、T4 的工作方式逻辑结构图如图 5.9～图 5.12 所示，当用到这些定时器时，通过这些图查找对应寄存器和引脚即可。

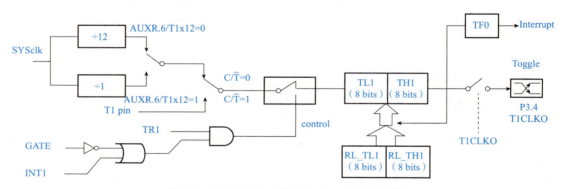

图 5.9　定时器 T1 的工作方式 0 逻辑结构图

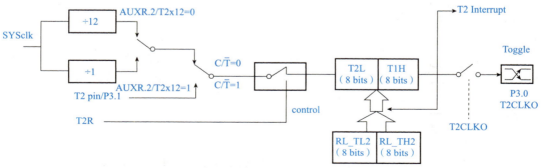

图 5.10　定时器 T2 工作方式逻辑结构图

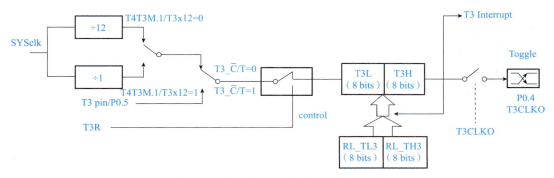

图 5.11 定时器 T3 工作方式逻辑结构图

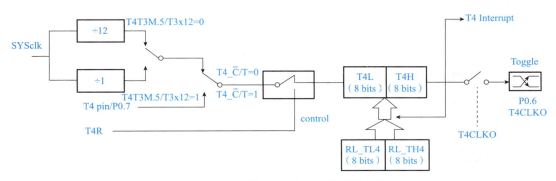

图 5.12 定时器 T4 工作方式逻辑结构图

任务实施

　　查阅 STC15 单片机芯片手册，归纳总结定时器 T0 的工作方式和特点。STC15 单片机的定时器/计数器通过哪一个寄存器可以设置定时模式和计数模式？STC15 单片机定时器逻辑结构中的重装载值寄存器有什么作用？什么是 1T 模式？什么是 12T 模式？

任务总结

知识与技能点	你的理解	掌握情况
定时器的工作方式		😫
定时器相关寄存器		😊 😣 😵 😫
定时器的逻辑结构		😊 😣 😵 😫

😊 完全掌握　　😣 基本掌握　　😵 有些不懂　　😫 完全不懂

任务二　　使用定时器 T0 产生 1 kHz 方波

■ 任务目标

STC15 单片机的系统时钟设置为 12 MHz，使用定时器 T0，通过单片机任一引脚输出频率为 1 kHz 的方波信号。

■ 任务描述

根据要输出的方波信号频率，计算出信号的周期，进而计算出定时器的定时时间。根据定时器的定时时间，以及系统的时钟频率（具体还要考虑 1T 或者 12T 工作方式），计算定时器中计数器需要计数的个数。根据计数个数，计算出定时器预装载值。

■ 知识准备

定时器 1T 方式是指计数器直接对系统时钟脉冲计数，12T 是指计数器对系统时钟脉冲的 12 分频计数。定时器 T0 开始工作前，需要配置其定时/计数工作模式、工作方式，设置预装载值，并开启对应的定时器中断。

根据任务描述，需配置系统时钟为 12 MHz（图 5.13），使用 STC15 单片机的 T0 定时器，在开发板的外扩引脚上输出频率为 1 kHz 的方波信号。配置系统时钟频率可以使用 STC-ISP 软件在下载程序的同时完成。下面重点分析怎样产生 1 kHz 的方波信号。

首先，产生特定频率方波信号的方法很简单，只需要在单片机任一引脚上先输出高电平，延时方波周期的一半时间，再输出低电平，延时方波周期的一半时间，如此循环，就可以在这个引脚上输出特定频率的方波。对于引脚的选择，可以使用开发板上任何一个外扩的 IO 引脚，此处选择 P4.0 引脚，此引脚可以设置为准双向模式或推挽模式。方波信号的频率为 1 kHz，对应的周期是 1 ms，只要编写程序控制 P4.0 引脚不断地给出 0.5 ms 高电平，再给出 0.5 ms 低电平，即可输出要求的信号（图 5.14）。可使用单片机定时器产生 0.5 ms 定时中断，在中断服务函数中翻转 P4.0 引脚的电平即可。

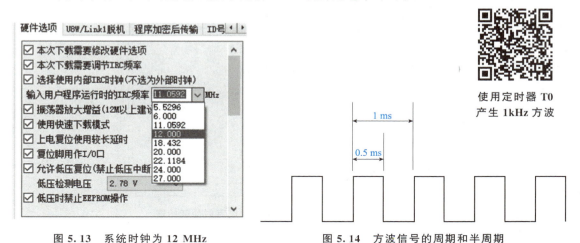

图 5.13　系统时钟为 12 MHz　　　　　图 5.14　方波信号的周期和半周期

用定时器 T0 产生 0.5 ms 的定时中断，可分四步进行处理：①根据定时时间，计算预装载值；②定时器初始化；③编写定时器中断服务函数；④开启对应中断允许位。下面依次完成：

1. 计算预装载值

计算预装载值之前，需要确定选择 1T 方式还是 12T 方式，可以先尝试一下 1T 方式是否能满足定时的时间长度要求，如果不能满足，则可以使用 12T 方式。根据前面的分析，1T 方式的时钟频率为 12 MHz（假设当前系统时钟为 12 MHz），主将预装载值设为 0 时，定时器能够做最长定时时间，最大计数个数为 65 536，那么在 1T 方式下最长的定时时间为 65 536/12 M＝5.43(ms)；而在 12T 方式下（对系统时钟进行 12 分频），最长的定时时间为 65 536/1 M＝65.5(ms)。知道了每种情况的最长定时时间，即可根据应用要求灵活选用。

当前的任务要定时 0.5 ms，那么可以选择 1T 方式。然后需要计算在 12 MHz 的时钟频率下，定时 0.5 ms 所对应的脉冲个数，计算方法为 $0.5 \text{ ms} \times 12 \text{ MHz} = 0.5 \times 10^{-3} \times 12 \times 10^{6} = 6\ 000$。预装载值为 65 536－6 000＝59 536，将这个结果转换为 16 进制数为 E890 H，将这个 16 进制数的高 8 位赋给 TH0，低 8 位赋给 TL0，装载初始值的程序语句可以这样写：

```
TH0=0xE8;
TL0=0x90;
```

以上计算过程能够帮助大家理解定时器初始值（预装载值）的计算方法。在实际应用中还可以使用更为简便的方法，如使用 STC-ISP 软件自动生成定时器的初始值，如图 5.15 所示，在软件中选择"定时器计算器"页面，左侧对应选择"系统频率""定时长度"（注意当前选择的是 500 μs，也就是 0.5 ms），右侧"选择定时器"选择"定时器 0"，默认"定时器模式"为"16 位自动重载"，选择"定时器时钟"为"1T"，单击"生成 C 代码"按钮，可以看到自动生成了定时器 T0 的初始化程序，定时器的初始值也在其中，其自动生成的值与上面计算结果是相同的。

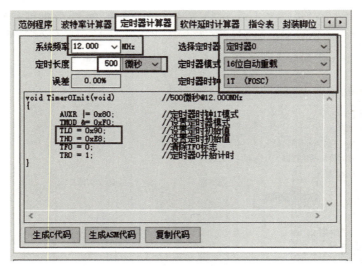

图 5.15　使用 STC-ISP 软件自动生成定时器初始值

2. 定时器初始化

定时器的初始化包括定时和计数的选择、1T 和 12T 模式的选择、定时器工作方式的选择、设置初始值以及处理一些标志位。可以对照图 5.15 中自动生成的初始化程序和图 5.16 定时器 T0 的工作方式结构图及 AUXR、TMOD、TCON 寄存器相关位定义来设置相关寄存器(图 5.17～图 5.19)。

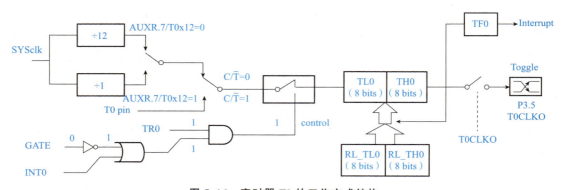

图 5.16　定时器 T0 的工作方式结构

寄存器名	地址	B7	B6	B5	B4	B3	B2	B1	B0
AUXR	8EH	T0x12	T1x12	UART_M0x6	T2R	T2_C/$\overline{\text{T}}$	T2x12	EXTRAM	S1ST2

图 5.17　寄存器 AUXR

寄存器名	地址	B7	B6	B5	B4	B3	B2	B1	B0
TMOD	89H	GATE	C/$\overline{\text{T}}$	M1	M0	GATE	C/$\overline{\text{T}}$	M1	M0

图 5.18　寄存器 TMOD

寄存器名	地址	B7	B6	B5	B4	B3	B2	B1	B0
TCON	88H	TF1	TR1	TF0	TR0	IE1	IT1	IE0	IT0

图 5.19　寄存器 TCON

首先程序的第一行 AUXR |＝0x80。0x80 即二进制 1000 0000，相当于对 AUXR 寄存器执行了如下操作：AUXR＝AUXR ｜ 1000 0000，AUXR 的最高位与 1 进行或运算，结果为 1，低 7 位与 0 进行或运算，结果保持原值不变，所以，第一行程序的作用是对 AUXR 的最高位置 1。对照 AUXR 寄存器表，其最高位是 T0x12，将 T0x12 置 1 的结果就是选择了 T0 的 1T 模式。

程序的第二行 TMOD &＝0xF0。TMOD 寄存器的高 4 位对 1111 进行与运算，结果保持不变；低 4 位对 0000 进行与运算，结果是 TMOD 的低 4 位全部清零。对照 TMOD 寄存器表，其高 4 位控制 T1，低 4 位控制 T0，低 4 位清零后定时器 T0 的 GATE＝0，表示不启动外部引脚触发；C/T＝0 时表示选择为定时器模式；M1M0＝00，选择为工作方式 0。

程序的第三行和第四行为向 TH0 和 TL0 寄存器装载初始值，初始值的计算和装载方法前面已介绍，此处不再赘述。

程序的第五行 TF0＝1。清零定时器 T0 的标志位，为定时器开始工作做准备。

程序的第六行 TR0＝1。启动定时器，由于 GATE 位已设置为 0，经过反相器为 1，再经过或门输出也为 1，只要 TR0＝1，下一级与门输出也为 1，可控制开关闭合，将时钟脉冲与计数器相连，定时器开始工作。

3. 编写定时器中断服务函数

编写定时器 T0 的中断服务函数，首先要知道对应的中断号。查找表 4.2 可以看到定时器 T0 的中断号是 1。在中断服务函数中，只需要执行一个操作，就是翻转 P4.0 引脚的电平。

```
void Timer0_Isr(void) interrupt 0
{
    P40=～P40;
}
```

4. 开启对应中断允许位

最后要开启定时器 T0 的中断允许位，通过查看中断系统结构图 4.2 可以看到，定时器 T0 的中断允许位是 ET0，将其置 1；此外，还需要开启总中断允许位，即将 EA 置 1。

任务实施

综合以上分析，可参考以下程序实现 1 kHz 波形的输出。在编程配置单片机寄存器时，经常会用到置位与复位的运算技巧。在 C 语言中，｜＝运算符可以对寄存器的某个位进行置 1 操作，&＝运算符可以对寄存器的某个位进行清零操作。

```
#include "stc15.h"
void Timer0Init(void);      //500 μs@12.000 MHz
void main()
{
    P4M1=0x00;
    P4M0=0x00;
    Timer0Init();
```

```
        ET0=1;
        EA=1;
        while(1);
    }
    void Timer0Init(void)         //500 μs@12.000 MHz
    {
        AUXR |=0x80;              //定时器时钟1T模式
        TMOD &=0xF0;              //设置定时器模式
        TL0=0x90;                 //设置定时初始值
        TH0=0xE8;                 //设置定时初始值
        TF0=0;                    //清除TF0标志
        TR0=1;                    //定时器0开始计时
    }
    void Timer0_Isr(void) interrupt 1
    {
        P40=~ P40;
    }
```

将上面程序编译下载到开发板，使用示波器量程 P4.0 引脚，可测量出以下波形。从示波器的测量结果可以看出，当前方波信号的周期是 1 ms，频率是 1 kHz（图 5.20）。

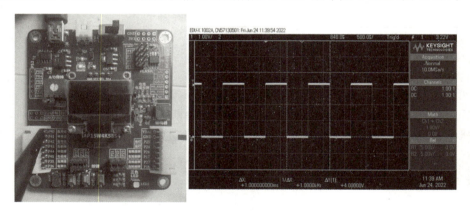

图 5.20　使用示波器测量波形

 任务总结

知识与技能点	你的理解	掌握情况			
T1 相关寄存器		😊	😖	😵	😫
定时器初始值的计算		😊	😖	😵	😫
使用定时器产生方波信号程序		😊	😖	😵	😫

😊 完全掌握　　😖 基本掌握　　😵 有些不懂　　😫 完全不懂

任务三　　使用定时器 T2 实现三色流水灯效果

任务目标

STC15 单片机的系统时钟设置为 12 MHz，使用定时器 T2，实现三色流水灯效果，流水灯延时间隔 500 ms。

任务描述

根据三色流水灯的延时间隔，计算定时器的初始值，查询定时器 T2 相关寄存器，完成 T2 的初始化程序；编写定时器 T2 的中断服务函数；主循环中根据不同的状态，点亮不同颜色的 LED。

使用定时器 T2 实现
三色流水灯效果

知识准备

定时器 T2 的使用方法比定时器 T0、T1 简单，因为它只有 16 位自动重装初值的工作方式。其内部 16 位加法计数器由寄存器 T2L、T2H 组成，隐含的重装初值寄存器是 RL_TL2、RL_TH2。当 16 位加法计数器从 T2L、T2H 中的初值开始计数直到溢出时，溢出标志位 TF2 置 1，并向 CPU 发出中断申请，同时自动将 RL_TL2、RL_TH2 中的初值重新装入 T2L、T2H，以便下一次计数。要注意的是定时器 T2 的相关寄存器有些是不能位寻址的，可以使用 &=、|= 运算符对其中某些位清零或者置 1。

根据上一任务介绍的定时器程序四步骤处理过程，下面依次完成以下工作。

一、根据定时时间，计算预装载值

本任务要求定时时间为 500 ms，系统时钟频率仍然为 12 MHz。如果采用 12T 模式（12T 的最大定时时间比 1T 长），加法计数器的计数个数为 500 ms×1 MHz＝500 000，定时器最大能计数 65 536，可以发现计数个数已经超过定时器的最大计数容量，这也就意味着采用一次定时中断是无法实现 500 ms 定时时间的。

那么怎样才能实现 500 ms 定时呢？可以先做 50 ms 定时，并在中断服务函数中累计中断次数，累计 10 次正好就是 500 ms。按此方法，加法计数器的计数个数为 50 ms×1 MHz＝50 000。那么，预装载值就是 65 536－50 000＝15 536，对应的 16 进制数为 3CB0H。

定义一个全局变量，每次进入定时器中断服务函数，将这个全局变量加 1。当其值等于 10 时，表示 500 ms 时间已到。要注意这个变量一定是全局变量，或者是中断服务函数内定义的静态变量（static），而不能是在中断服务函数内定义的局部变量。

二、定时器初始化

定时器初始化程序可以使用 STC-ISP 软件自动生成，如图 5.21 所示。下面详细介绍该程序中的每一行功能。

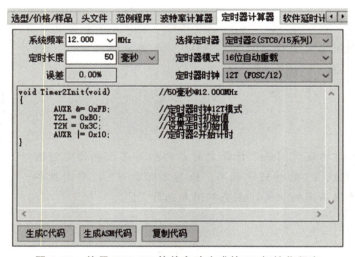

图 5.21　使用 STC-ISP 软件自动生成的 T2 初始化程序

第一行 AUXR &=0xFB。&= 运算可对寄存器的某些位清零。这一行程序设置 AUXR 寄存器，0xFB 对应的二进制为 1111 1011，该行程序的执行结果是对 AUXR 寄存器的 B2 位（T2x12）清零，选择 T2 使用 12T 模式（图 5.22）。

寄存器名	地址	B7	B6	B5	B4	B3	B2	B1	B0
AUXR	8EH	T0x12	T1x12	UART_M0x6	T2R	T2_C/$\overline{\text{T}}$	T2x12	EXTRAM	S1ST2

图 5.22　寄存器 AUXR

第二行和第三行是设置定时器 T2 的初始值。

第四行 AUXR |＝0x10。|＝运算可对寄存器的某些位置 1。这一行还是设置 AUXR 寄存器，0x10 对应的二进制为 00010 000，该行程序的执行结果是对 AUXR 寄存器的 B4 位（T2R）置 1，即启动定时器 T2。

三、编写定时器中断服务函数

首先查询到定时器 T2 的中断号为 12。在中断服务函数外定义一个全局变量，如 int Cnt＝0。在中断服务函数中，首先执行 Cnt++，然后判断 Cnt 是否等于 10，如果是，则说明 500 ms 时间到，三色流水灯可切换为下一个颜色灯亮。

四、开启对应中断允许位

通过查阅图 4.2 可知定时器 T2 的中断允许标志位是 ET2，总中断允许位是 EA。将它们分别置 1 即可开启 T2 中断。但是要注意的是，ET2 是不能位寻址的，也就是不能直接写 ET2＝1，这样编译会不通过。ET2 是 IE2 寄存器的 B2 位，可通过 IE2 |＝0x04 将其置 1（图 5.23）。

寄存器名	地址	B7	B6	B5	B4	B3	B2	B1	B0
IE2	AFH	—	ET4	ET3	ES4	ES3	ET2	ESPI	ES2

图 5.23　寄存器 IE2

最后还剩下流水灯功能。根据三色 LED 电路图，分别连接到 P2.1、P2.2 和 P2.3 引脚。可以按照前面项目介绍的方法，分别对每个引脚单独控制，但考虑到这三个引脚都接到单片机的相同端口，并且引脚号相连，故也可以使用端口值移位的方法来实现流水灯。例如先给 P2 端口赋值为 xxxx 110x（二进制数，x 表示 0/1 任意值），可以电点亮红色 LED；赋值为 xxxx 101x，可以点亮绿色 LED；赋值为 xxxx 011x，可以点亮蓝色 LED（图 5.24）。

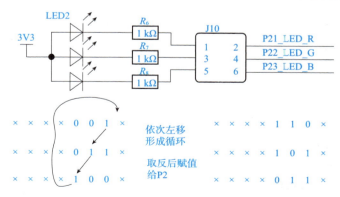

图 5.24　三色 LED 流水的循环移位控制示意

具体实现方式：定义一个全局无符号字节型变量 val，初识值为 0x02。每 500 ms 将 val 的值左移一位，当其移位后变为 0x10 时，说明已超过移位的左端点，可重新将其赋值为 0x02。在主循环中，对 val 取反后赋值给端口 P2 即可。

任务实施

综合以上分析，可参考以下程序完成本任务的功能要求。

```c
#include "stc15.h"
void Timer2Init(void);                  //500 μs@ 12.000 MHz
unsigned char Cnt=0;
unsigned char val=0x02;
void main()
{
    P2M1=0x00;
    P2M0=0x00;

    Timer2Init();
    IE2 |=0x04;
    EA=1;
    while(1)
    {
        P2=~val;
    }
}
void Timer2Init(void)                   //50 ms@12.000 MHz
{
    AUXR &=0xFB;                        //定时器时钟 12T 模式
    T2L=0xB0;                           //设置定时初始值
    T2H=0x3C;                           //设置定时初始值
    AUXR |=0x10;                        //定时器 2 开始计时
}
void Timer2_Isr(void) interrupt 12
{
    if(++Cnt==10)
    {
        Cnt=0;
        val <<=1;
        if(val==0x10)
            val=0x02;
    }
}
```

将以上程序编译后下载到开发板，可以看到三色 LED 以 500 ms 时间间隔开始流水。

 **任务总结**

自我评价

知识与技能点	你的理解	掌握情况
T2 相关寄存器		
定时器初始值的计算		
定时器流水灯程序		

😊 完全掌握　😐 基本掌握　😵 有些不懂　😣 完全不懂

任务四　使用定时器 T3 实现简易时钟

任务目标

　　STC15 单片机的系统时钟设置为 12 MHz，使用定时器 T3，利用三色 LED，实现简易时钟效果。蓝色 LED 为秒钟指示灯，1 s 一闪烁；绿色 LED 为分钟指示灯，1 min 一闪烁；红色 LED 为小时指示灯，1 h 一闪烁。

任务描述

　　根据任务要求，需要编写程序实现 1 s 定时。可先定时 20 ms，计 50 次，即为 1 s；1 s 计 60 次，即为 1 min；1 min 计 60 次，即为 1 h。按 20 ms 定时计算定时器的初始值，查询定时器 T3 相关寄存器，完成 T3 的初始化程序；编写定时器 T3 的中断服务函数，完成秒钟、分钟、小时的累计。主程序主要完成定时器和 IO 端口的初始化工作。

定时器 T3 的工作方式固定为 16 位自动重装初值方式，要注意的是定时器 T3 的相关寄存器有些是不能位寻址的，可以使用 &=、|= 运算符对其中某些位清零或者置 1。定时器 T3 的中断号是 19。

定时器 T3 的启动运行由特殊功能寄存器 T4T3M 控制，当 T4T3M 寄存器中的 T3_C/$\overline{\text{T}}$=0 时，T3 工作于定时器模式。当 T3x12=0 时，为 12T 模式；当 T3x12=1 时，为 1T 模式。当 T3R=1 时，定时器 T3 启动；当 T3R=0 时，定时器 T3 停止(图 5.25)。

寄存器名	地址	B7	B6	B5	B4	B3	B2	B1	B0
T4T3M	D1H	T4R	T4_C/$\overline{\text{T}}$	T4x12	T4CLKO	T3R	T3_C/$\overline{\text{T}}$	T3x12	T3CLKO

图 5.25　寄存器 T4T3M

一、定时器 T3 的初始化程序

当系统时钟为 12 MHz，使用 1T 模式无法产生 20 ms 的定时时间，所以，需要设置 T3 为 12T 模式。根据前面介绍的定时器初始值计算方法，可计算出定时时间 20 ms 的初始值，并配置 T4T3M 寄存器初始化定时器 T3。为方便起见，此处直接使用 STC-ISP 软件生成 T3 的初始化程序：

```
void Timer3Init(void)          //20 ms@12.000 MHz
{
    T4T3M &=0xFD;              //定时器时钟 12T 模式
    T3L=0xE0;                  //设置定时初始值
    T3H=0xB1;                  //设置定时初始值
    T4T3M |=0x08;             //定时器 3 开始计时
}
```

第一行 T4T3M &=0xFD。0xFD 对应的二进制数是 1111 1101，用这个数与 T4T3M 进行与运算，作用是对 T4T3M 的 B1 位(T3x12)清零，即选择 12 模式。

第二行和第三行设置定时器初始值。

第四行 T4T3M |=0x08。0x08 对应的二进制数是 0000 1000，用这个数与 T4T3M 进行或运算，作用是对 T4T3M 的 B3 位(T3R)置 1，即定时器 T3 开始计时。

二、定时器 T3 中断服务函数

查看定时器 T3 的中断号为 19，可编写 T3 的中断服务函数。定义全局变量 sec、min、hour，用来标识当前的小时、分钟、秒钟。由于定时器定时时间为 20 ms，所以，在中断服务函数中累计进入 50 次即表示 1 s，对 sec 加 1；当 sec 加到 60 时，对 min 加 1，同时给 sec

清零；当 min 加到 60 时，对 hour 加 1，同时给 min 清零。在小时、分钟、秒钟变化的时刻，翻转对应颜色的 LED，即可实现简易时钟效果。

三、开启定时器 T3 中断允许位

查看图 4.2 中断系统结构图可知，T3 的中断允许位是 ET3，这也是一个不可位寻址的寄存器，ET3 是 IE2 寄存器的 B5 位，如果将其置 1，可使用以下语句：IE2 |＝0x20。最后将 EA 置 1，开启总中断允许位(图 5.26)。

寄存器名	地址	B7	B6	B5	B4	B3	B2	B1	B0
IE2	AFH	—	ET4	ET3	ES4	ES3	ET2	ESPI	ES2

图 5.26　寄存器 IE2

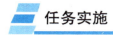 **任务实施**

综上分析，可参考以下程序实现本任务的功能要求。

```
#include "stc15.h"
void Timer3Init(void);                   //20 ms@12.000 MHz
unsigned char sec=0,min=0,hour=0;
unsigned char cnt=0;
sbit led_red=P2^1;
sbit led_green=P2^2;
sbit led_blue=P2^3;
void main()
{
    P2M1=0x00;
    P2M0=0x00;

    Timer3Init();
    IE2 |=0x20;
    EA=1;
    while(1)
    {

    }
}
void Timer3Init(void)                     //20 ms@12.000 MHz
{
    T4T3M &=0xFD;                         //定时器时钟 12T 模式
```

```
            T3L=0xE0;                 //设置定时初始值
            T3H=0xB1;                 //设置定时初始值
            T4T3M |=0x08;             //定时器3开始计时
    }
    void Timer3_Isr(void) interrupt 19
    {
        if(++cnt==50)
        {                             //1 s 时间到
            cnt=0;
            led_blue=~led_blue;
            if(++sec==60)
            {                         //1 min 时间到
                sec=0;
                led_green=~led_green;
                if(++min==60)
                {                     //1 h 时间到
                    min=0;
                    led_red=~led_red;
                    if(++hour==24)
                    {
                        hour=0;
                    }
                }
            }
        }
    }
```

将以上程序编译后下载到开发板，可以看到蓝色 LED 以 1 s 一闪烁绿色 LED 以 1 min 一闪烁，红色 LED 以 1 h 一闪烁。

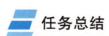 **任务总结**

知识与技能点	你的理解	掌握情况
T3 相关寄存器		
简易时钟程序		
T3 中断服务程序		

 完全掌握   基本掌握 有些不懂 完全不懂

任务五　使用 T1 的 CLKO 功能输出可编程时钟

■ 任务目标

使用定时器 T1 的可编程时钟输出（CLKO）功能，输出频率为 115.2 kHz 的时钟信号，并使用示波器观察波形情况。

■ 任务描述

初始化定时器 T1，设置初始值，配置 T1CLKO 功能，使其能够通过 P3.4 引脚输出可编程时钟。

■ 知识准备

STC15 单片机增加了 5 个可编程时钟输出引脚 T0CLKO（P3.5）、T1CLKO（P3.4）、T2CLKO（P3.0）、T3CLKO（P0.4）、T4CLKO（P0.6）。可编程时钟输出由特殊功能寄存器 INT_CLKO 中的 T0CLKO、T1CLKO、T2CLKO 位和 T4T3M 寄存器中的 T3CLKO、T4CLKO 位控制，相应位置 1 表示开始可编程时钟输出，清零表示禁止可编程时钟输出。可编程时钟输出频率为定时器溢出频率的 2 分频。即如果定时器的定时时间为 T，则可编程时钟输出信号的周期为 2T，周期变为定时时间的 2 倍，频率变为定时器溢出率的 1/2。

本任务使用定时器 T1 完成可编程时钟输出功能。定时器 T1 的相关寄存器包括 TMOD、AUXR、TH1、TL1、INT_CLKO。定时器 T1 的可编程输出对应的引脚是 P3.4。

根据要产生的可编程时钟输出的频率，可以反推出定时器的初始值：

$$1T \text{ 方式定时器 } T_x \text{ 初始值} = 65\ 536 - f_{sys}/(2 \times \text{CLKOUT})$$

$$12T\text{方式定时器 } T_x \text{初始值} = 65\,536 - (f_{sys}/12)/(2\times\text{CLKOUT})$$

式中，f_{sys} 为系统时钟，CLKOUT 为可编程输出时钟的频率。

一、计算初始值

根据任务描述的要求，使用定时器 T1 的可编程时钟输出（CLKO）功能，输出频率为 115.2 kHz 的时钟信号。115.2 kHz 就是 CLKOUT 的值，将其代入上式，可计算出定时器 T4 的初始值。假设当前为 1T 方式，那么

T4 初始值 $= 65\,536 - 12\,\text{M}/(2\times115.2\,\text{k}) = 65\,536 - 12\,000\,000/(2\times115\,200) = 65\,484$

该初始值对应的 16 进制数为 FFCCH，即 T4H＝0xFF，T4L＝0xCC。

二、初始化定时器 T1

首先设置 T1 为工作方式 0，TMOD＝0x00（图 5.27）。

寄存器名	地址	B7	B6	B5	B4	B3	B2	B1	B0
TMOD	89H	GATE	C/$\overline{\text{T}}$	M1	M0	GATE	C/$\overline{\text{T}}$	M1	M0

定时器 T1   定时器 T0

图 5.27　寄存器 TMOD

设置 T1 为 1T 工作方式，AUXR |＝0x40（图 5.28）。

寄存器名	地址	B7	B6	B5	B4	B3	B2	B1	B0
AUXR	8EH	T0x12	T1x12	UART_M0x6	T2R	T2_C/$\overline{\text{T}}$	T2x12	EXTRAM	S1ST2

图 5.28　寄存器 AUXR

设置 T1 的初始值，TH1＝0xFF，TL1＝0xCC。

三、使能可编程输出

设置定时器 T1 为可编程输出模式，INT_CLKO |＝0x02（图 5.29）。

寄存器名	地址	B7	B6	B5	B4	B3	B2	B1	B0
INT_CLKO	8FH	—	EX4	EX3	EX2	—	T2CLKO	T1CLKO	T0CLKO

图 5.29　寄存器 INT _ CLKO

启动定时器 T1，TR1＝1。

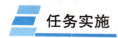 **任务实施**

通过以上分析，可参考以下程序实现本任务的功能要求。

```
# include "stc15.h"
void main()
{
    TMOD=0x00;
    AUXR |=0x40;
    TH1=0xFF;
    TL1=0xCC;
    INT_CLKO |=0x02;
    TR1=1;
    while(1);
}
```

编译并下载以上程序，可以通过示波器量测 P3.4 引脚输出的波形，如图 5.30 所示。从示波器显示的波形可以看出，该信号的频率是 115.21 kHz，符合任务要求。

图 5.30 使用示波器量测 T1CLKO 引脚 P3.4 输出的波形

 任务扩展

使用定时器 T3CLKO 功能，从 P0.4 引脚输出频率为 51.2 kHz 的时钟信号。

任务总结

自我评价

知识与技能点	你的理解	掌握情况
T1CLKO 相关寄存器配置		
可编程时钟输出的初值计算		
T1CLKO 输出 115.2 kHz 时钟信号		

 完全掌握　　　 基本掌握　　　 有些不懂　　　 完全不懂

项目小结

　　本项目首先介绍了定时器的概念及 STC15 单片机定时器的逻辑构成，进而介绍了与定时器相关的特殊功能寄存器，详细介绍了定时器的工作方式、1T 与 12T 模式，以及与之相关的寄存器配置、51 单片机定时器的原理、定时器初值的计算方法。通过多个任务的实施，练习了定时器的基本用法和可编程时钟输出用法，完成了基于定时器的综合设计任务。

思考与练习

　　1. 简述 STC15 单片机内部定时器的四种工作方式，并简述它们各自的特点。

　　2. 假设 STC15 单片机的系统时钟频率为 12 MHz，若要求定时值分别为 0.1 ms、1 ms 和 10 ms，定时器 0 的工作方式为 0，其初始值各是多少？

　　3. 假设 STC15 单片机的系统时钟频率为 12 MHz，试用定时器中断方式实现从 P0.2 引脚输出周期为 2 ms 的方波。

　　4. 假设 STC15 单片机的系统时钟频率为 12 MHz，编程实现从 P4.0 引脚输出频率为 100 Hz，占空比为 20% 的矩形波信号。

项目六　串口时钟

项目描述

本项目综合使用串口和定时器完成串口时钟的设计与开发。在前一个项目的任务中完成了定时器简易时钟的项目，秒钟、分钟和小时的变化是通过三色 LED 的亮灭翻转来显示的，从显示效果来讲并不十分理想。本项目在此基础上，引入串口通信，单片机将当前时间通过串口发送到计算机端的串口调试助手，并增加设置时间的功能，让时钟的功能更加完善。

项目分析

时钟计时功能可由前面介绍的定时器实现方法实现，主要是实现 1 s、1 min 和 1 h 的定时。本项目的重点是理解并会使用串口通信的收发功能，将当前的时间通过串口不断发送到计算机端串口调试助手上。为串口时钟增加时间设置功能，可以使用串口调试助手发送一个包含时间的字符串对时钟进行设置。

学习目标

理解单片机串口通信概念；重点理解串口 1 相关的特殊功能寄存器及串口 1 的工作方式；了解串行通信数据帧的概念和定义；理解波特率的概念并会计算串口波特率；会编写程序实现单片机串口收发数据；会定义简单的串口应用传输协议(定长和不定长)；能完成串口相关的应用程序设计。

串口通信能够实现就是通信双方要事先约定好通信的协议、规范，其高效的沟通也要建立在相同的频道上。通信相关的程序调试起来会比较复杂，遇到问题应先认真分析，找出问题的根本原因，逐个解决，统筹优化。

任务一　理解串行通信

任务目标

理解串口通信的概念、串行与并行的区别、同步与异步的区别；了解什么是单工通信、半双工通信和全双工通信；了解异步串行通信的数据帧格式。

重点理解串口 1 相关的特殊功能寄存器的用法及串口 1 的工作方式，理解波特率的概念，会计算波特率。

理解串口通信的相关概念；理解串口数据帧格式的意义和作用；类比日常生活的通信过程，深刻理解串口的数据帧结构和其通信的实现原理。

■■ 知识准备

九针串口即 RS-232 接口，个人计算机上的通信接口之一，其是由电子工业协会（Electronic Industries Association，EIA）所制定的异步传输标准接口。通常 RS-232 接口以 9 个引脚（DB9）（图 6.1）或是 25 个引脚（DB25）的形态出现，在以前的台式机上常会配备 1~2 个 RS-232 接口，分别称为 COM1 和 COM2，而在当今的个人计算机上难觅踪影，在一些工控机上广泛存在。

图 6.1　DB9 串口

一、串行通信的一般概念

在单片机与单片机之间或单片机与外部设备之间交换数据时，有串行通信和并行通信两种方式（图 6.2）。

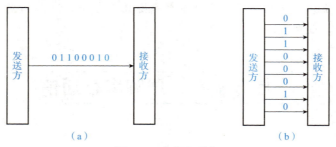

图 6.2　串行与并行
（a）串行；（b）并行

（1）串行通信。串行通信是指数据一位一位按顺序传输，其特点是通过一根数据线就可以进行数据的传输，虽然传输速率比并行通信慢，但是成本低、稳定性高，适合较远距离的传输。通信方式的总体分类如图 6.3 所示。

串行通信又分为同步传输和异步传输。

1）同步传输。同步传输是指在主机端（Master）与设备端（Slave）之间共享一个同步的时钟信号，时钟信号通常是由主机端发送给设备端，在同步时钟信号的协调下，发送方可以连续发送字符数据块，接收方也可以连续接收字符数据块，字符与字符之间没有间隙，通信效率较高。比如在单片机与外设之间常用的 SPI 通信协议就是一种同步串行通信。

2）异步传输。异步传输在进行通信的两端没有同步时钟信号的传输，取而代之的是发送方和接收方都有自己的内部时钟。异步传输时，数据在线路上是以数据帧的形式进行传输的。各帧之间存在空闲位，而不是连续传输。异步通信的双方必须约定好数据帧的格式，以便接收方能够辨认何时是一个新数据帧的开始、何时是数据帧的结束，并能够从中解析传输的数据。

（2）并行通信是指多位数据通过并行线同时进行传输，这样数据传送速度大大提高，但并行传送的线路长度受到限制，因为长度增加，干扰就会增加，数据也就容易出错。并行通信常用于计算机内部数据传输。

通信方式的总体分类如图 6.3 所示。

串口通信就是一种异步串行通信。串行通信仅用一根接收线和一根发送线就能将数据以位进行传输，典型的串口通信使用 3 根线完成，分别是地线、发送、接收串口通信的线路构成如图 6.4 所示。

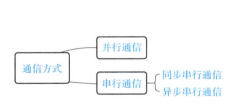

图 6.3 通信方式的总体分类

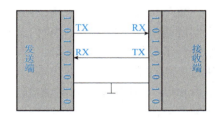

图 6.4 串口通信的线路构成

从串口通信的数据传输方向划分，可以分为单工、半双工和全双工三种通信模式。单工通信是指数据只能在一个方向上传输，不能实现双向通信，类似收听广播。半双工通信是指数据可以在两个方向上传输，但是同一时间数据只能在一个方向上传输，其本质就是切换方向的单工通信，类似对讲机。全双工通信是指数据在两个方向上可以同时传输，类似手机通话。三种通信模式的区别如图 6.5 所示。

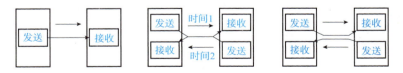

图 6.5 单工、半双工与全双工通信

二、串口通信的数据帧

1. 串口通信数据帧的格式

串口通信的数据帧通常由起始位、数据位、奇偶校验位和停止位四部分组成。在两个数据帧之间还会有若干个空闲位。一个数据帧的格式如图 6.6 所示。

（1）起始位：起始位必须是持续一个比特时间的逻辑 0 电平，标志传输一个字符的开始，接收方可用起始位使自己的接收时钟与发送方的数据同步。

（2）数据位：数据位紧跟在起始位之后，是通信中的真正有效信息。数据位的位数可以由通信双方共同约定。传输数据时先传送字符的低位，后传送字符的高位。

（3）奇偶校验位：奇偶校验位仅占一位，用于进行奇校验或偶校验，奇偶检验位不是必须有的。如果是奇校验，则需要保证传输的数据总共有奇数个逻辑高位；如果是偶校验，则需要保证传输的数据总共有偶数个逻辑高位。

（4）停止位：停止位可以是 1 位、1.5 位或 2 位，可以由软件设定。它一定是逻辑 1 电平，标志着传输一个字符的结束。

空闲位：空闲位是指从一个字符的停止位结束到下一个字符的起始位开始，表示线路处于空闲状态，必须由高电平来填充。

2. 竹竿通信模型

现假设有甲、乙两位同学在操场上做异步串行通信的实验，他们之间只能通过一根竹竿进行通信，而不能通过其他方式（当然也不能通过喊话、打电话等方式）。为了简化模型，假设通信的方向是由甲到乙，即甲通过竹竿发送一个字节数据给乙，乙仅接收数据。那么怎样利用这一根竹竿实现数据传输呢？

为了实现竹竿传数据，甲、乙两位同学需要首先解决一些问题，或者做一些约定。

第一个问题是甲同学提出的："我们怎样用一个竹竿表示数据呢？"

乙同学进行了分析并给出了方案："我们要传输的是二进制数据，也就是 1 和 0 两种可能。可以用竹竿相对地面的高、低代表 1 和 0。数据由你（甲）发送，由我（乙）接收，所以，竹竿的高低由你（甲）控制。当你（甲）抬起竹竿时表示 1，当你（甲）放下竹竿时表示 0。"

第一个问题解决了怎样用竹竿（物理层）调制二进制数据的问题（图 6.7）。

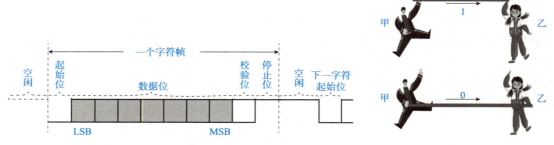

图 6.6　串口通信数据帧格式　　　　图 6.7　用一根竹竿发送数据

甲同学表示认同，但是继续追问："那么对于每个数据 1 或 0，我相应地将竹竿置高或置低多长时间呢？由于没有第三个同学帮我们喊口令（同步时钟），我们必须自己约定好每个码元的时间长度，这样才能做到收发同步啊。"

乙同学说："你想得真周到，确实需要考虑这个问题。我们就这样约定吧：每个码元（0，1）的时间长度为 1 s，你每隔 1 s 发送一个码元，我每隔 1 s 看（检测）一下竹竿的高低，这样我们之间就可以做到收发同步了。"——此处将引出一个重要的概念——波特率，将在下面详细介绍。

乙同学又提出："可是，我怎样知道你要开始传输数据呢？"

甲同学想了想，给出了解决方案："首先，我们不可能一直传输数据，当不传输数据时（也就是空闲时），我始终将竹竿抬高。当某一时刻我将竹竿放低了，你就知道我要开始给你传输数据了。"——此处解决了开始发送数据的同步问题，也就是串口通信数据帧的起始位。

甲同学继续说："表示完开始传输以后，我就开始给你发送数据了。正如同第一个问题的解决办法，当我（甲）这边要发送数据 1 时，我会置高竹竿；当我这边要发送数据 0 时，我会置低竹竿。你（乙）从竹竿的高、低状态就可以知道我发送的是什么数据啦。"——此处对应的正是数据帧里的数据位。

甲同学继续说："发送完数据后，我就将竹竿置高，表示本次发送结束。"——此处对应的就是数据帧里的停止位。

甲同学说："好啦，我们已经制定好了传输规则，做了必要的约定，下面可以开始实验了。"

乙同学想了想："稍等，我总感觉还有哪里少了点什么……嗯，我怎么确定我接收到的数据和你发送的数据是一致的呢？如果竹竿很长，并且刮起大风（数据传输中存在电磁干扰），竹竿的高低状态就可能被外部干扰改变啊！"

甲同学认真地想了很久："嗯，这倒真是一个问题。我们在数据帧中再增加一个校验位吧。"

乙同学问："那校验规则是什么呢？"

甲同学答："奇偶校验。我们提前约定好是采用奇校验还是偶校验。如果采用奇校验，我就先统计数据位中所有 1 的个数是奇数还是偶数，如果数据位中 1 的个数是奇数，我就在校验位处发 0；如果数据位中 1 的个数是偶数，我就在校验位处发 1。总之，我保证我发给你的数据帧中，数据位中 1 的个数加上校验位里 1 的个数之和是奇数。偶校验与之类似，在我发给你的数据帧中，数据位中 1 的个数加上校验位里 1 的个数之和是偶数。"

乙同学大悟："好主意！我接收到一个完整的数据帧后，我也来统计一遍数据位和校验位中 1 的个数，看是奇数还是偶数，与我们约定的校验方式是否符合。如果符合，我就可以认为数据在一定程度上（注意是一定程度上，奇偶校验只是在一定程度上的检验，也不能保证数据 100% 完全正确，如果恰巧当外部干扰翻转了数据位中两个位的状态，奇偶校验就检验不出来了）是可以认为正确的；如果不符合，则数据一定出错。"——此处对应的就是数据帧里的奇偶校验位。

以上通过一根竹竿建立了简化的异步串行通信的通信模型。竹竿对应着串口通信中的数据线，竹竿的高低状态正对应着串口通信中数据线上电平的高低状态，甲、乙两位同学对话过程中所做的各种约定，也道出了串口通信数据帧格式的意义。数据帧可以理解为在物理层的基础上又做了链路层的定义。

以异步串行通信发送一字节数据 0x55 为例，并采用奇校验，可知该数据帧内容如图 6.8 所示。

3. 波特率

串行通信有个重要的概念叫作波特率。它定义为每秒钟传输码元的个数，对于二进制数据每一位就是一个码元，所以，单片机串口的波特率也等于每秒钟传输二进制数据的位数，其单位是位/秒（bit/s，bps）。在前面的竹竿串行传输例子中，每秒传输 1 位数据，所以在竹竿模型中，其波特率为 1 bps。在实际的异步串行通信中波特率为每秒传输的字符数与每个字符位数的乘积。例如,每秒传输960个字符,每个字符包括10位(1个起始位,8数据位,不使用校验位,1个停止位),则波特率为960字符/秒×10位/字符=9 600(bps)。

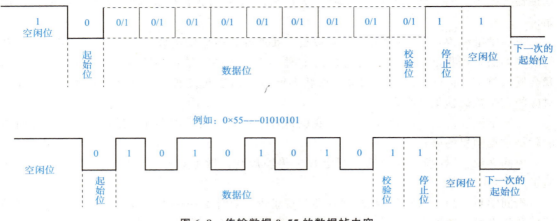

例如: 0×55——01010101

图 6.8   传输数据 0x55 的数据帧内容

任务实施

查阅 STC15 单片机芯片手册,仔细阅读串口相关内容的介绍,深入理解什么是串行通信、什么是并行通信,以及两者的区别;理解什么是单工通信、半双工通信、全双工通信;理解串口通信数据帧格式是怎样的,包括哪些位;理解波特率的概念。

任务总结

知识与技能点	你的理解	掌握情况
通信方式的分类		😊 😐 😵 😣
串口数据帧的格式和作用		😊 😐 😵 😣
波特率的概念		😊 😐 😵 😣

😊 完全掌握　😐 基本掌握　😵 有些不懂　😣 完全不懂

任务二　串口 1 相关寄存器和工作方式

任务目标

理解和掌握串口 1 相关的特殊功能寄存器，包括 SBUF、SCON、PCON、AUXR、CLK_DIV、P_SW1 和 P_SW2；理解和掌握串口 1 的工作方式。

任务描述

了解串口 1 相关寄存器的功能和工作方式，正确配置串口的相关寄存器。理解串口 1 的四种工作方式，为后面正确使用串口进行应用程序设计打好基础。

知识准备

单片机串口也叫作 UART（Universal Asychronous Receiver/Transmitter）。STC15W4K58S4 单片机具有 4 个串口，其工作方式支持全双工异步串行通信。每个串口由 2 个数据缓冲器、1 个移位寄存器、1 个串行控制寄存器和 1 个波特率发生器组成。

一、串口 1 相关寄存器

1. 串口 1 数据缓冲寄存器 SBUF

STC15 系列单片机串口 1 数据缓冲寄存器为 SBUF，其地址是 99H（图 6.9）。

寄存器名	地址	B7	B6	B5	B4	B3	B2	B1	B0
SBUF	99H	串口 1 数据收发缓冲器							

图 6.9　串口 1 数据缓冲寄存器 SBUF

SBUF 实际是 2 个缓冲器,用作串口 1 的发送和接收数据。写 SBUF 的操作将触发数据的发送,读 SBUF 的操作可获得已接收到的数据。两个操作的对象名称都是 SBUF,但分别对应两个不同的寄存器,1 个是只写寄存器,1 个是只读寄存器。

2. 串口 1 控制寄存器 SCON

串口 1 控制寄存器 SCON 用于选择串行通信的工作方式和某些控制功能,其格式如图 6.10 所示。

寄存器名	地址	B7	B6	B5	B4	B3	B2	B1	B0
SCON	98H	SM0/FE	SM1	SM2	REN	TB8	RB8	TI	RI

图 6.10　串口 1 控制寄存器 SCON

SM0/FE:当 PCON 寄存器中的 SMOD0/PCON.6 位为 1 时,该位(指 FE 功能)用于帧错误检测。当检测到一个无效停止位时,通过 UART 接收器设置该位。它必须由软件清零。当 PCON 寄存器中的 SMOD0/PCON.6 位为 0 时,该位(指 SM0 功能)和 SM1 一起指定串口 1 的工作方式。其中 SM0、SM1 按下列组合确定串口 1 的工作方式(表 6.1)。

表 6.1　串口 1 工作方式

SM0	SM1	工作方式	功能说明
0	0	方式 0	8 位同步串行移位寄存器,波特率为 $f_{sys}/12$ 或者 $f_{sys}/2$
0	1	方式 1	8 位 UART,波特率可变
1	0	方式 2	9 位 UART,波特率固定为 $f_{sys}/64$ 或者 $2\times f_{sys}/64$
1	1	方式 3	9 位 UART,波特率可变(取决于 T1 或者 T2 的溢出率)

SM2:工作方式 2 和工作方式 3 的多机通信控制位。方式 1 和方式 0 是非多机通信方式,当使用两种方式时,要设置 SM2 应为 0。

REN:允许/禁止串行接收控制位。由软件置位 REN,即 REN=1 为允许串行接收状态,可启动串行接收器 RxD,开始接收信息;软件复位 REN,即 REN=0,则禁止接收。

TB8:在方式 2 或方式 3,它为要发送的第 9 位数据,按需要由软件置位或清零。例如,可用作数据的校验位或多机通信中表示地址帧/数据帧的标志位。在方式 0 和方式 1 中,该位不用。

RB8:在方式 2 或方式 3,是接收到的第 9 位数据,作为奇偶校验位或地址帧/数据帧的标志位。方式 0 中不用 RB8(置 SM2=0),方式 1 中也不用 RB8(置 SM2=0,RB8 是接收到的停止位)。

TI:发送中断请求标志位。在方式 0 中,当串行发送数据第 8 位结束时,由内部硬件自动置位,即 TI=1,向主机请求中断,响应中断后 TI 必须用软件清零,即 TI=0。在其他方式中,则在停止位开始发送时由内部硬件置位,即 TI=1,响应中断后 TI 必须用软件清零。

RI:接收中断请求标志位。在方式 0 中,当串行接收到第 8 位结束时由内部硬件自动置位 RI=1,向主机请求中断,响应中断后 RI 必须用软件清零,即 RI=0。在其他方式中,串行接收到停止位的中间时刻由内部硬件置位,即 RI=1,向 CPU 发中断申请,响应中断后 RI 必须由软件清零。

SCON 的所有位可通过整机复位信号复位为全"0"。SCON 的字节地址为 98H，可位寻址，各位地址为 98H~9FH，可用软件实现位设置。

3. 电源控制寄存器 PCON

电源控制寄存器 PCONV 如图 6.11 所示。

寄存器名	地址	B7	B6	B5	B4	B3	B2	B1	B0
PCON	87H	SMOD	SMOD0	LVDF	POF	GF1	GF0	PD	IDL

图 6.11　电源控制寄存器 PCON

PCON 寄存器中只有高两位(B7、B6)与串口 1 相关：

SMOD：波特率选择位。当用软件置位 SMOD，即 SMOD=1，则使串行通信方式 1、2、3 的波特率加倍；SMOD=0，则各工作方式的波特率不加倍。复位时 SMOD=0。

SMOD0：帧错误检测有效控制位。当 SMOD0=1 时，SCON 寄存器中的 SM0/FE 位用于 FE(帧错误检测)功能；当 SMOD0=0 时，SCON 寄存器中的 SMO/FE 位用于 SM0 功能，和 SM1 一起指定串口的工作方式。复位时 SMOD0=0。

4. 辅助寄存器 AUXR

辅助寄存器 AUXR 如图 6.12 所示。

寄存器名	地址	B7	B6	B5	B4	B3	B2	B1	B0
AUXR	8EH	T0x12	T1x12	UART_M0x6	T2R	T2_C/$\overline{\text{T}}$	T2x12	EXTRAM	S1ST2

图 6.12　辅助寄存器 AUXR

AUXR 寄存器中只有 B5 位与串口 1 相关：

UART_M0x16：该位仅作用于串口 1 模式 0，为串口 1 模式 0 的通信速度设置位。当 UART_M0x16=0 时，串口 1 模式 0 的波特率为 $f_{sys}/12$；当 UART_M0x16=1 时，串口 1 模式 0 的波特率为 $f_{sys}/2$。

二、串口 1 的工作方式

1. 工作方式 0——串/并转换

串口 1 工作方式 0 相当于一个并入串出(发送)或者串入并出(接收)的同步移位寄存器，串行数据从 P3.0 引脚(RXD)输入或者输出，而 P3.1 引脚(TXD)则专用于输出同步移位脉冲给外部移位寄存器。发送与接收的是 8 位数据，低位在前、高位在后。

工作方式 0 的波特率由 AUXR. UART_M0x16 寄存器决定，当 UART_M0x16=0 时，串口 1 模式 0 的波特率为 $f_{sys}/12$；当 UART_M0x16=1 时，串口 1 模式 0 的波特率为 $f_{sys}/2$，其中的 f_{sys} 为系统时钟频率。

2. 工作方式 1——最常用的串行通信方式

串行口 1 工作模式 1 为 8 位 UART，波特率可变。当软件设置 SCON 的 SM0、SM1 为"01"时，串行口 1 则以模式 1 工作。此模式为 8 位 UART 格式，一帧信息为 10 位，即 1 位起始位、8 位数据位(低位在先)和 1 位停止位。波特率可变，即可根据需要进行设置。

P3.1(TXD)为发送信息，P3.0(RXD)为接收端接收信息，串行口为全双工接受/发送串行口（图6.13）。

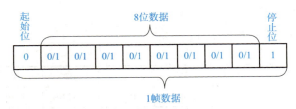

图 6.13　串口 1 方式 1 的 8 位数据帧

方式1的发送过程：当发送中断标志 TI＝0 时，由主机执行一条写"SBUF"的指令就启动数据发送，数据由串口的 TXD 引脚输出。当一帧数据发送完毕后，由硬件将发送中断标志位 TI 置 1。

方式1的接收过程：当接收允许标志位 REN（在 SCON 中的 B4 位，由软件设置）为 1 时，接收器不断采样串口接收端引脚 RXD，当检测到 RXD 从"1"＞"0"的负跳变时（起始位），开始接收一帧数据，并把接收到的数据一位一位地送入接收移位寄存器。接收过程需满足以下两个条件：

RI＝0；

SM2＝0 或者接收到的停止位为 1。

满足这两个条件，所接收到的数据才是有效的。数据装载入 SBUF，停止位进入 RB8，置位 RI，即 RI＝1，向主机请求中断。若接收有效，在响应中断后，必须由软件清零，即 RI＝0。若上述两条件不能同时满足，则接收到的数据作废并丢失。无论条件满足与否，接收器重又检测 RXD 从"1"＞"0"的负跳变，继续下一帧的接收。

通常情况下，串行通信工作于模式1时，SM2 设置为"0"。

3. 工作方式 2、3

工作方式2和方式3是9位UART，一帧数据有11位：1位起始位、8位数据位、第9位数据、1位停止位。发送时，串口将 SCON 中的 TB8 填充到数据帧中的第 9 位；接收时，数据帧中的第9位数据来自 SCON 中的 RB8。串口 1 方式 2 和方式 3 的数据帧结构如图 6.14 所示。

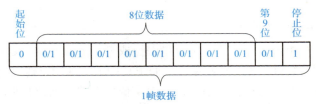

图 6.14　串口 1 方式 2 和方式 3 的数据帧结构

工作方式2和方式3只是比方式1多了第9位数据，但对于该位数据的用途，串口并不做具体规定，完全由用户自定义，可以用作校验数据，也可以用作其他控制位。

三、波特率的计算

串口1的四种工作方式，其波特率的计算公式各有不同。方式0和方式2是固定波特率，方式 1 和方式 3 是可变波特率。以下波特率表达式中 f_{sys} 为系统的时钟频率。

1. 方式 0 的波特率

方式 0 是固定波特率，取值由 AUXR 寄存器中的 UART_M0x6 位决定：

当 UART_M0x6＝0 时，波特率＝$f_{sys}/12$。

当 UART_M0x6＝1 时，波特率＝$f_{sys}/2$。

2. 方式 2 的波特率

方式 2 也是固定波特率，取值由 PCON 寄存器中的 SMOD 位决定：

$$波特率 = \frac{2^{SMOD}}{64} \times f_{sys}$$

从波特率的表达式可以看出，SMOD 的作用是当 SMOD＝1 时使波特率加倍。

3. 方式 1 和方式 3 的波特率

方式 1 和方式 3 都是可变波特率，其波特率发生器可选择定时器 T1 或 T2，波特率值由定时器 T1 或 T2 的溢出率决定。通过 AUXR 寄存器的最后一位 S1ST2 来选择 T1 和 T2，当 S1ST2＝0 时，选择 T1 作为波特率发生器；当 S1ST2＝1 时，选择 T2 作为波特率发生器。

当选择 T1 和 T2 时，请注意以下细节：定时器 T1 可以工作为 16 位自动重装模式（定时器的工作方式 0）或者 8 位自动重装模式（定时器的工作方式 2）；而定时器 T2 只有 16 位自动重装载模式。

(1)当使用定时器 T1 或 T2 且为 16 位自动重装载模式的波特率为

$$波特率 = (T1 或者 T2 的溢出率)/4，$$

式中，定时器 T1 或 T2 的溢出率 $= \dfrac{f_{sys}/x}{2^{16} - T1 或 T2 的初值}$，其中，$x$ 表示是否对系统时钟进行 12 分频，即定时器是 1T 还是 12T 模式。其取值由 AUXR 寄存器的 T1x12 决定，当 T1x12＝1 时，$x=1$；当 T1x12＝0 时，$x=12$。

将定时器溢出率的表达式代入波特率表达式中，可以得到方式 1 和方式 3 的波特率计算公式为

$$波特率 = \frac{1}{4} \times \left(\frac{f_{sys}/x}{2^{16} - T1 或 T2 的初值} \right) \quad （注意：此时波特率与 SMOD 无关）$$

(2)当使用定时器 T1 的 8 位自动重装载模式，波特率为

$$波特率 = \frac{2^{SMOD}}{32} \times (定时器 T1 的溢出率)，$$

式中，SMOD 为 PCON 寄存器的 B7 位，SMOD 的作用是当 SMOD＝1 时使波特率加倍。

8 位自动重装载模式下定时器 T1 的溢出率为

$$定时器 T1 溢出率 = \frac{f_{sys}/x}{2^8 - T1 的初值}$$

式中，x 表示是否对系统时钟进行 12 分频，即定时器是 1T 还是 12T 模式。其取值由 AUXR 寄存器的 T1x12 决定，当 T1x12＝1 时，$x=1$；当 T1x12＝0 时，$x=12$。

将定时器溢出率的表达式代入波特率表达式中，可以得到方式 1 和方式 3 的波特率计算公式为

$$波特率 = \frac{2^{SMOD}}{32} \times \left(\frac{f_{sys}/x}{2^8 - T1 的初值} \right)$$

需要注意的是，当使用定时器 T1 或 T2 作为波特率发生器时，该定时器不能再用于其

他定时，且应屏蔽其中断。

 任务实施

查阅 STC15 单片机芯片手册，详细了解串口相关知识和用法。总结与串口 1 相关的寄存器都有哪些，其各位的功能是什么。总结串口 1 的四种工作方式各是什么，在串口 1 的四种工作方式中，哪两种是固定波特率，哪两种是可变波特率？波特率发生器可以选择哪个定时器？

任务总结

自我评价

知识与技能点	你的理解	掌握情况			
串口相关寄存器的功能		😊	😐	😵	😣
串口 1 的四种工作方式		😊	😐	😵	😣
波特率的计算		😊	😐	😵	😣

 完全掌握　　 基本掌握　　 有些不懂　　 完全不懂

任务三　　串口 1 收发数据

任务目标

使用串口 1 实现单片机与计算机之间的数据发送与接收功能。会编写程序首先实现数

104

据发送功能，单片机通过串口将1～100数字发送到计算机；然后实现收据接收功能，计算机通过串口发送一个数据给单片机，单片机在接收到此数据后，立即将此数据发回计算机。

串口1收发数据

子任务一 单片机通过串口发送数字给计算机

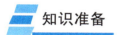 **任务描述**

编写串口程序，使其能够发送数字给计算机，计算机端通过串口调试助手接收并显示该数字。

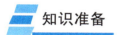 **知识准备**

一、串口调试助手

串口调试助手是一种可以在计算机上操纵串口的软件，在单片机开发领域离不开串口调试助手。STC-ISP软件内集成了串口调试助手的功能，选择"串口助手"选项，可以看到串口调试助手界面，如图6.15所示。首先在左侧选择正确的串口号，然后单击右侧"打开串口"按钮即可开始进行串口调试了。

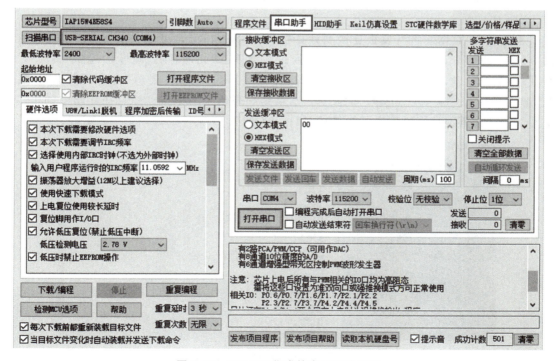

图 6.15 STC-ISP 集成的串口调试助手

105

二、USB 转虚拟串口

虽然串口的传统硬件接口是 DB9，但是由于现在大部分 PC 已不再提供 DB9 接口，在进行单片机与 PC 的串口通信实验时，通常使用 USB 转串口的方式。使用 USB 转串口芯片，可以将 PC 上面的 USB 接口虚拟成一个串口，所以也称虚拟串口。一种常见的 USB 转串口电路设计方案如图 6.16 所示。

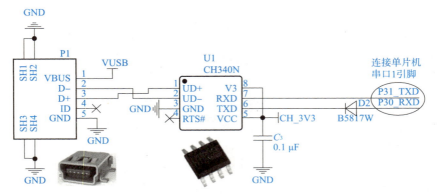

图 6.16　USB 转串口电路设计方案

该电路中 CH340N 是国产的 USB 转串口芯片，芯片的 1、2 脚为 UD＋和 UD－，连接开发板上 USB 接口（开发板上使用的是 Mini-USB）的 D＋和 D－引脚，6 脚和 7 脚为转换后的串口 TXD、RXD，与单片机串口引脚相连。连接时要注意串口的两根引脚要"交叉连接"，即 CH340N 的 TXD 连接单片机串口的 RXD(P3.0)，CH340 的 RXD 连接单片机串口的 TXD(P3.1)。

通过 USB 数据线将开发板连接到计算机的 USB 接口上，可以在设备管理器窗口查看到虚拟串口的串口号，如图 6.17 所示，通过右键单击"此计算机"图标，选择"属性"，可打开"设置"窗口，在该窗口中打开"设备管理器"，并打开"端口"项，可以看到名为"USB-SERIAL CH340(COM4)"的设备，这就是虚拟出来的串口。注意在此图中的串口号是 COM4，在其他计算机上也可能是 COM1、COM2、…具体的编码是不确定的。

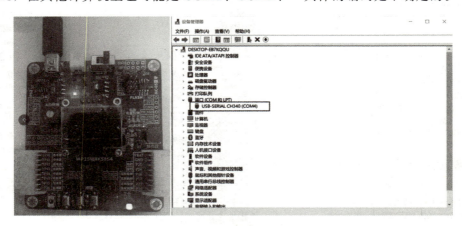

图 6.17　通过设备管理器查看虚拟串口号

三、串口初始化程序

首先实现单片机串口给计算机发送数据。具体功能要求：单片机不断地给计算机发送 $1\sim100$ 数字，每次发送间隔 200 ms。编写串口相关程序，首先要进行串口的初始化。初始化过程主要包括以下步骤：

(1)设置串口的工作方式；

(2)选择 T1 或者 T2 作为波特率发生器；

(3)设置波特率发生器的定时器为 1T 或者 12T 方式；

(4)设置波特率；

(5)启动定时器；

(6)开中断。

前五步都可以通过 STC-ISP 软件自动生成：打开软件，选择"波特率计算器"界面，在其中对所用串口的相关参数进行配置(图 6.18)。例如，系统频率选择为 11.059 2 MHz，波特率设定为 9 600；UART 选择串口 1，UART 数据位选择 8 位数据，选择定时器 T1 作为波特率发生器，且 T1 为 16 位自动重载模式，定时器时钟设置为 1T 模式。配置好以后，单击"生成 C 代码"按钮，就会根据上面的设置自动生成串口初始化程序。单击"复制代码"钮键，可以复制当前生成的程序，并将其粘贴到 Keil 工程文件中。

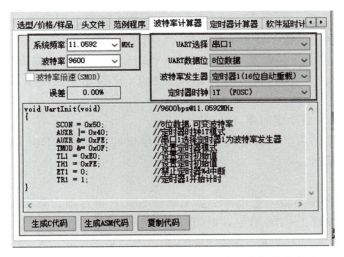

图 6.18　使用 STC-ISP 软件自动生成串口的初始化程序

下面详细分析这段自动生成的程序中每一行的作用。

第一行 SCON＝0x50。将 SCON 寄存器直接赋值为 0x50，也就是二进制数 0101 0000，对照 SCON 寄存器各位的定义，可知这一行程序将 SM0、SM1 设置为 0 和 1，SM2 为 0。当 SM0、SM1 的组合为 01 时，表示工作方式 1，8 位 UART，波特率可变(图 6.19)。

寄存器名	地址	B7	B6	B5	B4	B3	B2	B1	B0
SCON	98H	SM0/FE	SM1	SM2	REN	TB8	RB8	TI	RI

图 6.19　寄存器 SCON

第二行 AUXR |=0x40。0x40 的二进制数为 0100 0000，AUXR 与之相或的结果是对 B6 位置 1，即 T1x12 位设置为 1，选择为 1T 模式（图 6.20）。

寄存器名	地址	B7	B6	B5	B4	B3	B2	B1	B0
AUXR	8EH	T0x12	T1x12	UART_M0x6	T2R	T2_C/$\overline{\text{T}}$	T2x12	EXTRAM	S1ST2

图 6.20　寄存器 AUXR

第三行 AUXR &=0xFE。仍然是对 AUXR 寄存器的操作，0xFE 的二进制数为 1111 1110，AUXR 与之相与的结果是对 B0 位清零，即 S1ST2 位被清零。在"波特率计算"内容曾介绍过，当 S1ST2=0 时，选择 T1 作为波特率发生器。

第四行 TMOD &=0x0F。设置定时器 T1 的工作模式。0x0F 的二进制数是 0000 1111，TMOD 与之相与，结果是高 4 位清零，将 T1 设置为 16 则为自动重载模式（图 6.21）。

寄存器名	地址	B7	B6	B5	B4	B3	B2	B1	B0
TMOD	89H	GATE	C/$\overline{\text{T}}$	M1	M0	GATE	C/$\overline{\text{T}}$	M1	M0

图 6.21　寄存器 TMOD

第五行 TL1=0xE0，第六行 TH1=0xFE，为设置定时器初始值。由于选定波特率为 9 600，当前时钟频率为 11.059 2 MHz，1T 模式（$x=1$），根据波特率计算公式

$$\text{波特率}=\frac{1}{4}\times\left(\frac{f_{\text{sys}}/x}{2^{16}-\text{T1 或者 T2 的值}}\right)$$

可以反推出定时器的初始值。将相关参数带入，可求得 T1 的初值为 65 248，其对应的十六进制数为 FEE0H，将低 8 位赋给 TL1，将高 8 位赋给 TH1，完成定时器初始值的设置。

第七行 ET1=0。禁止定时器 T1 中断，因为 T1 已被用作波特率发生器，故不需要中断功能。

第八行 TR1=1。启动定时器 T1。

在主程序中首先调用串口初始化函数，完成串口的初始化工作，然后就可以使用如下语句通过串口发送数据：

SBUF＝x；

x 为 unsigned char 类型，直接将变量 x 赋给 SBUF 寄存器，就可以触发单片机串口 1 发送数据；如果要发送 1～100 数字，时可以使用一个循环。

任务实施

综合以上分析，可编写如下程序，实现单片机通过串口向计算机发送数字功能。

```
#include <stc15.h>
#include <intrins.h>
void UartInit(void);      // 9 600 bps@11.059 2 MHz
void Delay200ms();        // @11.059 2 MHz
void main()
{
```

```c
        unsigned char x;
        UartInit();
        while(1)
        {
            for(x=1; x <=100; x++)
            {
                SBUF=x;
                Delay200ms();
            }
        }
}
void UartInit(void)                 //9 600 bps@11.059 2 MHz
{
        SCON=0x50;                  //8 位数据,可变波特率
        AUXR |=0x40;                //定时器时钟 1T 模式
        AUXR &=0xFE;                //串口 1 选择定时器 1 为波特率发生器
        TMOD &=0x0F;                //设置定时器模式
        TL1=0xE0;                   //设置定时初始值
        TH1=0xFE;                   //设置定时初始值
        ET1=0;                      //禁止定时器% d 中断
        TR1=1;                      //定时器 1 开始计时
}
void Delay200 ms()                  //@11.059 2 MHz
{
        unsigned char i,j,k;
        _nop_();
        _nop_();
        i=9;
        j=104;
        k=139;
        do
        {
            do
            {
                while(--k);
            } while(--j);
        } while(--i);
}
```

在 Keil 工程中编译上面程序,并下载到单片机开发板。计算机端开发 STC-ISP 软件的
串口助手功能页,接收缓冲区选择"HEX 模式",串口选择开发板虚拟出来的串口号(当前

是"COM4"，不同的计算机可能不一样），波特率选择 9 600，单击"打开串口"按钮（单击后按钮文本自动变为"关闭串口"），复位单片机，可以看到在串口助手的接收缓冲区内陆续收到一串数字"01 02 03 04 ……62 63 64 01……"，这些数字是以十六进制的形式显示的，0x64 对应的十进制就是 100。

程序运行效果如图 6.22 所示。

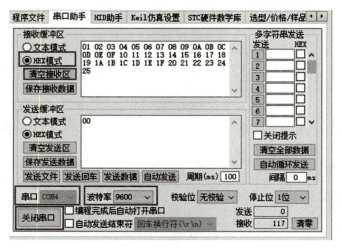

图 6.22　程序运行效果

子任务二　单片机通过串口发送字符给计算机

任务描述

编写串口程序，使其能够发送字符给计算机，计算机端通过串口调试助手接收并显示该字符。

知识准备

在上一个子任务程序中，单片机不断循环发送 0～100 数字给计算机端，计算机端的串口助手需要选择"HEX 模式"才能正确显示这些数字，并且是以十六进制的形式显示。单片机除可以发送数字外，还可以发送字符，也就是以 ASCII 形式发送数据。数据在计算机端被接收后，也是以 ASCII 形式被解析。

任务实施

任务要求：单片机给计算机发送'a''b''c'…'z'数字，每次发送间隔 200 ms，且不断循环发送。程序只需要做简单修改即可：

```c
#include <stc15.h>
#include <intrins.h>
void UartInit(void);            //9 600 bps@11.059 2 MHz
void Delay200ms();              //@11.059 2 MHz
void main()
{
    unsigned char x;
    UartInit();
    while(1)
    {                           //注意这里,用字符'a'和字符'z'作为循环的边界
        for(x='a'; x<='z'; x++)
        {
            SBUF=x;
            Delay200ms();
        }
    }
}
void UartInit(void)             //9 600 bps@11.059 2 MHz
{
    SCON=0x50;                  //8位数据,可变波特率
    AUXR |=0x40;                //定时器时钟 1T 模式
    AUXR &=0xFE;                //串口 1 选择定时器 1 为波特率发生器
    TMOD &=0x0F;                //设置定时器模式
    TL1=0xE0;                   //设置定时初始值
    TH1=0xFE;                   //设置定时初始值
    ET1=0;                      //禁止定时器%d 中断
    TR1=1;                      //定时器 1 开始计时
}
void Delay200ms()               //@11.059 2 MHz
{
    unsigned char i,j,k;
    _nop_();
    _nop_();
    i=9;
    j=104;
    k=139;
    do
    {
      do
      {
```

```
        while(--k);
    } while(--j);
} while(--i);
}
```

重新编译程序并下载，注意：这次要在STC-ISP软件串口助手的接收缓冲区里选择"文本模式"，其他操作不变。这时可以看到字符"abcd…xyz…"正陆续出现在接收区的文本框里(图6.23)。

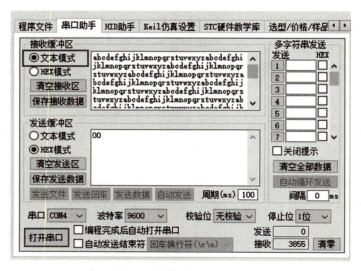

图6.23　文本模式运行效果

子任务三　单片机接收计算机发来的数据并将其发回

▌任务描述

　　编写串口程序，使单片机能够接收计算机发来的数据，并能够将该数据发回。从计算机端看到的效果是，通过串口调试助手发送一个数据，在接收窗口立即会收到并显示该数据。

▌知识准备

　　任务要求：计算机端串口助手给单片机发送数据，单片机接收到数据后，立即将数据发回。在本任务中单片机需要接收计算机串口助手发来的数据，但是单片机不知道计算机什么时候会给它发数据，那么就有两种策略来接收：一种是轮询方式，即单片机不停地查询串口接收标志RI是否为1，但是这种方式会浪费CPU资源；另一种就是中断方式，即单片机开启串口中断,当有数据到来时,会触发中断并进入中断服务函数,在中断服务函数里将数据接收进来,并做相应处理。

接收到数据后,立即将数据发回。接收数据可以用 Dat＝SBUF,将接收到的数据再发送出去可以用 SBUF＝Dat。

查阅表 4.2 可知串口 1 的中断号为 4。在中断服务函数中,首先判断接收中断标志 RI,当 RI 为 1 时说明有数据到来,执行相应的处理即可。

任务实施

基于以上分析,可编写以下程序:

```c
#include <stc15.h>
#include <intrins.h>
typedef unsigned char uchar;
void UartInit(void);          // 9 600 bps@11. 059 2 MHz
void main()
{
    UartInit();
    ES=1;
    EA=1;
    while(1)
    {
    }
}
void UartInit(void)           // 9 600 bps@11.059 2 MHz
{
SCON=0x50;                    //8 位数据,可变波特率
AUXR |=0x40;                  //定时器时钟 1T 模式
AUXR &=0xFE;                  //串口 1 选择定时器 1 为波特率发生器
TMOD &=0x0F;                  //设置定时器模式
TL1=0xE0;                     //设置定时初始值
TH1=0xFE;                     //设置定时初始值
ET1=0;                        //禁止定时器%d 中断
TR1=1;                        //定时器 1 开始计时
}
void trs() interrupt 4
{
    uchar Dat;
    if(RI)
    {
```

```
        RI=0;
        Dat=SBUF;
        SBUF=Dat;
    }
}
```

编译并下载以上程序，打开串口助手，可以选择"文本模式"，也可以选择"HEX 模式"，但是接收缓冲区和发送缓冲区两种模式要一致，当前选择为"文本模式"。选择串口号并正确选择波特率后，打开串口。在发送缓冲区中输入一串字符串，如"abcdefg"，单击下面的"发送数据"按钮，可以看到在接收缓冲区内出现了相同的字符串。这说明发送给单片机的数据又被单片机发送回来了（图 6.24）。

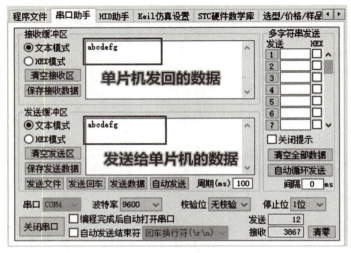

图 6.24　单片机接收计算机发来的数据并将其发回

▨ 任务扩展

（1）编写程序，实现计算机发小写字母给单片机，单片机将其转换为大写字母发回。

（2）编写程序，实现计算机先后发送两个数字给单片机，单片机计算两个数字之和，并将结果发回计算机显示。

▨ 任务总结

自我评价

知识与技能点	你的理解	掌握情况			
USB 转串口					
单片机串口发送数据					
单片机串口接收数据					

 完全掌握   基本掌握   有些不懂   完全不懂

任务四　串口控制 LED

任务目标

使用串口 1 实现计算机对开发板上三色 LED 的控制。计算机端使用串口调试助手软件，通过串口向开发板发送自定义指令，控制相应的三色 LED 亮灭，分别实现一次单独控制一个 LED 及一次批量控制多个 LED 的功能。

在实现串口收发数据功能的基础上，需要自定义简单的应用层协议，这样串口助手在所发送的指令字符串中可以携带"点亮/熄灭哪个 LED"的信息。协议就是发送方和接收方都必须遵守的规则和数据格式，这样数据才能够被正确解析。对于"一次单独控制一个 LED""一次批量控制多个 LED"两个不同的功能，可分别设计两个应用层协议。

子任务一　串口一次单独控制一个 LED（定长数据包协议）

任务描述

通过串口控制开发板上的三色 LED，使用串口助手发送一条预定义格式的指令，可以控制三色 LED 中的一个颜色灯点亮或熄灭。

串口控制 LED
（定长数据包协议）

一、通信协议栈

通信协议是指通信双方完成通信或服务所必须遵循的规则和约定。互联的通信设备要能够协同工作实现信息交换，它们之间必须具有共同的语言。交流什么、怎样交流及何时交流，都必须遵循某种互相都能接受的规则，这个规则就是通信协议。应用层协议（application layer protocol）定义了运行在不同端系统上的应用程序进程如何相互传递报文。通信协议通常是分层的，称为通信协议栈。

在"竹竿通信模型"中曾提到，用竹竿的高低调制 1/0 信号，这对应的是物理层；同样在串口通信中用信号线电平的高低表示 1/0 信号，这对应的也是物理层。数据帧结构可以理解为对应着链路层。对于"竹竿通信模型"和真实的串口通信，其数据帧结构是一样的。图 6.25 所示为异步串行通信协议栈示意。本任务需要在链路层基础上完成应用层协议的设计，并实现任务要求的控制功能。

应用层	
数据帧结构链路层	
竹竿模型物理层	串口信号线物理层

图 6.25　异步串行通信协议栈示意

二、自定义定长数据包协议

开发板上的三色 LED 有红、绿、蓝三种颜色，使用串口助手发送一条指令，可以控制三色 LED 中的一个颜色灯点亮或熄灭；对于串口助手发送的指令，单片机端必须能够正确解析。这就要求单片机端和计算机端的串口助手要遵循相同的数据格式，也可以称为协议。由于是在串口通信协议的基础上自定义的与具体应用相关的协议，所以，也可称为应用层协议。

自定义一个协议要综合考量应用功能要求，也要考虑到协议的可扩展性。本任务虽然当前只是控制三色 LED，但是将来应用需求也可能会有变化，例如，还可以控制开发板上的蜂鸣器、继电器或其他设备。为了能够标识不同类型的设备，自定义协议的第一个字符可以定义为设备类型的首字母。如 LED 设备，用"L"标识；蜂鸣器设备，用"B"标识；继电器设备，用"R"标识等。

接下来的第二个字符应该是具体的设备编号，可以是数字编号，也可以是字母编号。例如，控制红色 LED，为"LR"；控制绿色 LED，为"LG"；控制蓝色 LED，为"LB"；控制第一个继电器，为"R1"等。

接下来的第三个字符应该是对该设备的控制状态：是打开（1）还是关闭（0）。如打开红色 LED，为"LR1"；关闭绿色 LED，为"LG0"。为了让协议更具有可读性，可以在第二个和第三个字符之间再增加一个空格。于是，打开红色 LED，为"LR 1"；关闭绿色 LED，为"LG 0"；打开蓝色 LED，为"LB 1"；接通第一个蜂鸣器，为"R1 1"；以此类推。

该协议长度为 4 个字符，长度固定，解析很方便。由于该协议的数据包长度固定，故也可称为定长数据包协议，格式如下：

[设备类型][设备编号][空格符][控制状态(0/1)]

协议数据包列举：

点亮红色 LED：LR 1

熄灭红色 LED：LR 0

点亮绿色 LED：LG 1

熄灭绿色 LED：LG 0

点亮蓝色 LED：LB 1

熄灭蓝色 LED：LB 0

三、单片机对定长协议数据包的解析

以点亮红色 LED 为例，串口助手应给单片机发送"LR 1"数据包。单片机的串口接收数据时，每次只能接收 1 个字符，而数据包有 4 个字符。可以在程序中定义一个全局的接收缓冲区(4 个元素的字符型数组)，在串口中断中每次接收 1 个字符，通过 4 次中断，将全部 4 个字符接收进缓冲区数组。

当接收完一个数据包以后，在主程序中解析数据包内容，并执行相应的控制操作。解析过程比较简单，可以依次判断缓冲区数组中的每个元素，根据不同的组合，执行不同的分支，从而执行相应的操作。解析完成后应将缓冲区数组清零。

任务实施

根据以上分析，可编写程序如下：

```
#include "stc15.h"
#include <intrins.h>
#include <stdio.h>

void UartInit(void);                    //函数声明
sbit led_red=P2^1;                      //115 200 bps@11.059 2 MHz
sbit led_green=P2^2;
sbit led_blue=P2^3;

                                        //定义全局变量、接收缓冲区

unsigned char ix=0;
unsigned char rxBuf[4]={0};
void main()
{
    P2M1=0x00;
    P2M0=0x00;
    UartInit();
    ES=1;
```

```
        EA=1;
    while(1)
    {
        if(ix >3)
        {                                   //解析是否控制红色 LED
            if(rxBuf[0]=='L' && rxBuf[1]=='R' && rxBuf[3]=='1')
            {
                led_red=0;
            }
            else if(rxBuf[0]=='L' && rxBuf[1]=='R' && rxBuf[3]=='0')
            {
                led_red=1;
            }
                                            //解析是否控制绿色 LED
            if(rxBuf[0]=='L' && rxBuf[1]=='G' && rxBuf[3]=='1')
            {
                led_green=0;
            }
            else if(rxBuf[0]=='L' && rxBuf[1]=='G' && rxBuf[3]=='0')
            {
                led_green=1;
            }
                                            //解析是否控制蓝色 LED
            if(rxBuf[0]=='L' && rxBuf[1]=='B' && rxBuf[3]=='1')
            {
                led_blue=0;
            }
            else if(rxBuf[0]=='L' && rxBuf[1]=='B' && rxBuf[3]=='0')
            {
                led_blue=1;
            }
                                            //清零缓冲区
            for(ix=0; ix<4; ix++)
                rxBuf[ix]=0;
            ix=0;
        }
    }
}
                                            //串口中断接收
void uart0_isr() interrupt 4
```

```
    {
        if(RI)
        {
            RI=0;
            rxBuf[ix++]=SBUF;
        }
    }
                                       //串口初始化函数,注意波特率为 115 200
    void UartInit(void)                //115 200 bps@11.059 2 MHz
    {
        SCON=0x50;                     //8 位数据,可变波特率
        AUXR |=0x40;                   //定时器 1 时钟为 Fosc,即 1T
        AUXR &=0xFE;                   //串口 1 选择定时器 1 为波特率发生器
        TMOD &=0x0F;                   //设定定时器 1 为 16 位自动重装方式
        TL1=0xE8;                      //设定定时初值
        TH1=0xFF;                      //设定定时初值
        ET1=0;                         //禁止定时器 1 中断
        TR1=1;                         //启动定时器 1
    }
```

编译并下载该程序，使用串口助手发送协议数据包，观察三色 LED 亮灭效果。由于该程序将串口的波特率设置为 115 200，故使用串口助手打开串口时要注意波特率也应选择为 115 200。因为本协议使用的是字符型数据，所以，在发送缓冲区选择为"文本模式"。在发送缓冲区中编辑文本"LG 1"，单击"发送数据"按钮，可以观察到开发板上绿色 LED 点亮。尝试发送不同的控制指令，观察实验效果（图 6.26）。

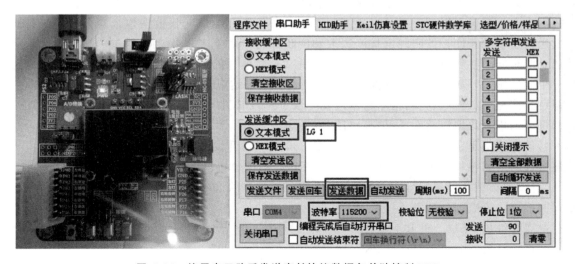

图 6.26　使用串口助手发送定长协议数据包单独控制 LED

子任务二　串口批量控制多个 LED(不定长数据包协议)

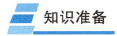
通过串口控制开发板上的三色 LED，使用串口助手发送一条预定义格式的指令，可以一次控制三色 LED 中的多个颜色灯点亮或熄灭。

知识准备

串口控制 LED
不定长数据包协议)

一、自定义不定长数据包协议

通过串口助手发送控制指令，实现一条指令批量控制多个 LED。注意这里的"多个"指的是不固定个数，可以一次控制 1 个、2 个、3 个 LED 点亮或熄灭。如果一次只控制 1 个 LED，控制协议正如上一子任务介绍的定长数据包协议，比如，控制红色 LED 点亮，可以使用"LR 1"。如果要一次控制红色、绿色都点亮，那么，就要对定长数据包协议做修改了，修改的方法也很简单，可以使用"LRG 1"，这里"L"表示本条指令要控制的是 LED，"RG"表示要控制的是红色、绿色的 LED，"1"表示控制方式为点亮。如果要一次控制红色、绿色、蓝色 LED 都点亮，可以使用"LRGB 1"；如果要一次控制绿色、蓝色 LED 熄灭，可以使用"LGB 0"，以此类推。

可以发现，修改后的数据包的长度不固定了，如果开发板上有更多的 LED，那么一次控制指令数据包可以做得很长。这不同于上一子任务介绍的定长数据包，双方约定好每次发送数据包的长度，按照固定长度读取和解析即可。对于不定长的数据包，解析起来就会遇到两个问题：哪里是数据包的起始？哪里又是数据包的结束？可以在数据包最前端增加一个起始符号，如"$"，再在数据包最后面增加一个结束符，如"*"。那么一次控制红色、绿色、蓝色 LED 都点亮的指令数据包就变成了"$LRGB 1*"；一次控制绿色、蓝色 LED 都熄灭的指令数据包就变成了"$LGB 0*"。

该协议基于字符串制定，长度不固定，可实现对开发板上设备器件的批量控制。由于该协议的数据包长度不固定，故也可称为不定长数据包协议，格式如下：

[设备类型][设备编号 123...xyz][空格符][控制状态(0/1)]

部分协议数据包列举：

点亮红色 LED：$LR 1*

点亮红色、绿色 LED：$LRG 1*

点亮红色、绿色、蓝色 LED：$LRGB 1*

熄灭红色、蓝色 LED：$LRB 0*

熄灭绿色 LED：$LG 0*

二、单片机对不定长协议数据包的解析

单片机对不定长数据包的解析，不能像定长数据包解析那样的一次性接收完一个数据包再解析，而要边接收、边解析。当接收到一个字符后，要判断该字符是否为起始字符，如果是起始字符，说明一个新的数据包已经开始发来了，下面每接收到一个字符，都要判断其是否为结束字符，边接收、边判断，直到发现结束字符，说明接收到一个完整的数据包。界定到一个数据包的起始索引和终止索引后，再开始解析数据包内容。

任务实施

具体实现过程，请参考下面程序：

```
#include "stc15.h"
#include <intrins.h>

                              //函数声明
void UartInit(void);          //115 200 bps@11.059 2 MHz
sbit led_red=P2^1;
sbit led_green=P2^2;
sbit led_blue=P2^3;

                              //定义全局变量、接收缓冲区
unsigned char ix,i,j;
unsigned char rxBuf[30]={0};
void main()
{
    P2M1=0x00;
    P2M0=0x00;
    UartInit();
    ES=1;
    EA=1;
    while(1)
    {
                              //边接收边解析,界定不定长数据包起始和结束位
                              置索引
        if(rxBuf[0]=='$' && rxBuf[1]=='L' && rxBuf[ix-1]=='*')
        {
            i=2;
                              //使用while循环依次解析设备号
            while(rxBuf[i] !='')
            {
```

```c
                if(rxBuf[i]=='R')
                {
                    if(rxBuf[ix-2]=='1')
                        led_red=0;
                    else if(rxBuf[ix-2]=='0')
                        led_red=1;
                }
                else if(rxBuf[i]=='G')
                {
                    if(rxBuf[ix-2]=='1')
                        led_green=0;
                    else if(rxBuf[ix-2]=='0')
                        led_green=1;
                }
                else if(rxBuf[i]=='B')
                {
                    if(rxBuf[ix-2]=='1')
                        led_blue=0;
                    else if(rxBuf[ix-2]=='0')
                        led_blue=1;
                }
                ++i;
            }
            for(i=0; i<ix; i++)
                rxBuf[i]=0;
            ix=0;
        }
    }                               // while
}
                                    // 串口中断服务函数
void uart_isr() interrupt 4
{
    if(RI)
    {
        RI=0;
        rxBuf[ix++]=SBUF;
    }
}
                                    // 串口初始化函数
void UartInit(void)          // 115 200 bps@11. 059 2 MHz
```

```
{
    SCON=0x50;              //8位数据,可变波特率
    AUXR |=0x40;            //定时器时钟1T模式
    AUXR &=0xFE;            //串口1选择定时器1为波特率发生器
    TMOD &=0x0F;            //设置定时器模式
    TL1=0xE8;               //设置定时初始值
    TH1=0xFF;               //设置定时初始值
    ET1=0;                  //禁止定时器1中断
    TR1=1;                  //定时器1开始计时
}
```

编译并下载该程序,使用串口助手发送协议数据包,观察三色LED亮灭效果。由于该程序将串口的波特率设置为"115200",使用串口助手打开串口时要注意波特率也应选择为"115200"。因为本协议使用的是字符型数据,所以,在发送缓冲区选择为"文本模式"。根据不定长数据包协议的定义,在发送缓冲区中编辑协议文本,如"$LRGB 1*",单击"发送数据"按钮,可以观察到开发板上三种颜色的LED全部点亮,混合效果呈现为白光。尝试发送不同的控制指令,观察实验效果(图6.27)。

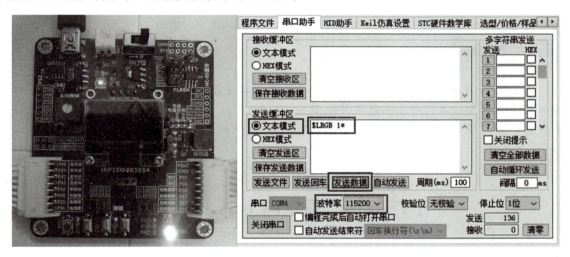

图6.27 使用串口助手发送不定长协议数据包批量控制LED

■ 任务总结

知识与技能点	你的理解	掌握情况
定长数据包协议的制定		😊 😣 😵 😖
定长数据包解析程序		😊 😣 😵 😖
不定长数据包的制定		😊 😣 😵 😖
不定长数据包解析程序		😊 😣 😵 😖

😊 完全掌握 😣 基本掌握 😵 有些不懂 😖 完全不懂

任务五 移植 printf( )函数

任务目标

移植 C 语言标准库函数 printf( ) 到单片机上，以满足信息输出、程序调试等应用需要。有两种方法使单片机程序可以使用 printf( )函数向串口打印：一种是将 printf( )函数重定向到的串口 1；另一种是重写一个 uart_printf( )函数。

移植 printf( )函数

子任务一 重定向 printf( )函数

任务描述

在单片机开发过程中，经常需要对程序进行调试，使用串口打印调试信息是最常用的调试手段之一。printf( )是 C 标准库提供的函数，可以方便输出格式化的信息，但是并不能直接使用，printf( )函数要能正常工作，需要做一些移植和适配工作。

知识准备

printf( )是指格式化输出函数，主要功能是向标准输出设备按规定格式输出信息。printf( )是 C 语言标准库函数，定义于头文件 stdio. h。printf( )函数的原型如下：

```
#include <stdio.h>
int printf(const char *format,...);
```

在计算机上运行 printf() 函数时，它将向屏幕终端打印参数字符串，但是如果想在单片机程序中运行 printf() 函数，由于单片机及其开发板不具备屏幕终端(液晶屏也不是屏幕终端)，故需要将 print() 函数重定向到串口终端，这个串口终端通常就是计算机端的串口助手。

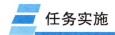 **任务实施**

在单片机程序中重定向 printf() 函数比较简单，只需要重新实现其所调用的 putchar() 函数。具体过程如下：

首先定义一个串口的单字节发送函数：

```
void Uart1_SendChar(unsigned char Udat)
{
    SBUF=Udat;
    while(!TI);
    TI=0;
}
```

该函数接收一个无符号字节型参数 Udat，直接将 Udat 赋给 SBUF 寄存器，触发串口发送，然后查询 TI 标志位等待发送完成。

然后是重新实现 putchar() 函数：

```
char putchar(char c)
{
    Uart1_SendChar(c);
    return c;
}
```

在 putchar 函数中调用 Uart1_SendChar(c) 函数将字符变量 c 发送出去，这样就完成了 printf() 函数的串口重定向，当程序中调用 printf() 打印信息时，这些信息将会被打印到串口终端，通常也就是串口助手。

当然整个程序还需要有串口的初始化，下面编写一个完整的测试程序，在主循环中每隔 1 s 调用一次 printf()，打印字符串、整型数和浮点型数，验证 printf() 的串口重定向功能。

```
#include "stc15.h"
#include <stdio.h>
#include <intrins.h>
                            // 函数声明
void UartInit(void);        // 9 600 bps@11.059 2 MHz
void Delay1000ms();         // @11.059 2 MHz
```

```
                            // 主函数
void main()
{
    int a=100;
    float b=3.14;
    UartInit();
    while(1)
    {
        printf("hello world! 整型:%d,浮点型:%f\r\n",a,b);
        Delay1000ms();
    }
}
                            // 串口初始化函数
void UartInit(void)         // 9 600 bps@11.059 2 MHz
{
    SCON=0x50;              // 8 位数据,可变波特率
    AUXR |=0x40;            // 定时器 1 时钟为 Fosc,即 1T
    AUXR &=0xFE;            // 串口 1 选择定时器 1 为波特率发生器
    TMOD &=0x0F;            // 设定定时器 1 为 16 位自动重装方式
    TL1=0xE0;               // 设定定时初值
    TH1=0xFE;               // 设定定时初值
    ET1=0;                  // 禁止定时器 1 中断
    TR1=1;                  // 启动定时器 1
}
                            // 串口发送 1 个字节函数
void Uart1_SendChar(unsigned char Udat)
{
    SBUF=Udat;
    while(!TI);
    TI=0;
}
                            // 重新实现的 putchar 函数
char putchar(char c)
{
    Uart1_SendChar(c);
    return c;
}
                            // 1s 软件延时函数
void Delay1000ms()          // @11.059 2 MHz
{
```

```
unsigned char i,j,k;
_nop_();
_nop_();
i=43;
j=6;
k=203;
do
{
    do
    {
        while(--k);
    } while(--j);
} while(--i);
}
```

编译并下载该程序，打开串口助手，注意程序中配置的波特率是"9600"，串口助手也需要选择"9600"波特率，接收缓冲区选择"文本模式"，打开串口后，就可以在接收缓冲区内每隔 1 s 接收到一个字符串，如图 6.28 所示。

图 6.28　printf( )函数串口重定向测试

子任务二　重写一个 uart_printf( )函数

 **任务描述**

上一子任务介绍的是通过重定向的方法向 51 单片机移植 printf( )函数，使其向串口打

印。本子任务介绍另一种实现串口打印的方法，重写一个 printf 功能的函数，这里将该函数命名为 uart_printf() 函数。

知识准备

重新编写该函数前需要做完一些准备工作：

（1）编写串口初始化函数（使用 STC-ISP 软件自动生成，不再赘述）；

（2）编写串口的单字节输出函数，该函数直接将待输出的字节变量赋给 SBUF 触发串口输出：

```
void sendbyte(unsigned char Udat)
{
    SBUF=Udat;
    while(!TI);
    TI=0;
}
```

（3）编写字符串输出函数，该函数调用 sendbyte()，可以一次性输出一个字符串：

```
void sendstring(unsigned char *string)//这个是字符串发送函数
{
    while(*string! ='\0)                    //判断是否到字符串的尾端
    {
        sendbyte(*string);
        string++;
    }
}
```

（4）编写 uart_printf() 函数。uart_printf() 函数与 C 库的 printf() 一样是可变参数列表函数，也就是参数个数是可变的。程序中 va_list 表示可变参数列表类型，实际上就是一个 char 指针，首先在函数里定义一具 va_list 型的变量 ap，让 ap 指向参数的指针；然后用 va_start 初始化 ap 变量；调用 vsprintf() 函数使用参数列表发送格式化输出到字符串；调用 sendstring() 函数，将格式化后的字符串输出到串口终端；最后用 VA ＿ END 宏结束可变参数的获取。

```
void uart_printf(char *fmt,...)
{
    va_list ap;
    char xdata string[1024];
    va_start(ap,fmt);
    vsprintf(string,fmt,ap);
    sendstring(string);
    va_end(ap);
}
```

主体功能完成后，可编写一个测试程序，在主循环中每隔 1 s 调用一次 uart_printf()，打印字符串、整型数和浮点型数，验证自定义的 uart_printf() 函数功能。

任务实施

参考以下程序，完成 uart_printf() 函数的完整定义，并编写测试程序验证该函数功能。

```c
#include "stc15.h"
#include <stdio.h>
#include <stdarg.h>
#include <intrins.h>
                                    //函数声明
void UartInit(void);                //9 600 bps@ 11.059 2 MHz
void Delay1 000 ms();               //@11.059 2 MHz
void uart_printf(char *fmt,...);
                                    //主函数
void main()
{
    int a=123;
    float b=2.718;
    UartInit();
    while(1)
    {
        uart_printf("hello world! 整型:%d,浮点型:%f\r\n",a,b);
        Delay1000ms();
    }
}
                                    //串口初始化函数
void UartInit(void)                 //9 600 bps@11.059 2 MHz
{
    SCON=0x50;                      //8位数据,可变波特率
    AUXR |=0x40;                    //定时器 1 时钟为 Fosc,即 1T
    AUXR &=0xFE;                    //串口 1 选择定时器 1 为波特率发生器
    TMOD &=0x0F;                    //设定定时器 1 为 16 位自动重装方式
    TL1=0xE0;                       //设定定时初值
    TH1=0xFE;                       //设定定时初值
    ET1=0;                          //禁止定时器 1 中断
    TR1=1;                          //启动定时器 1
}

                                    //输出一个字节
```

```c
void sendbyte(unsigned char Udat)
{
    SBUF=Udat;
    while(!TI);
    TI=0;
}
```
// 输出一个字符串
```c
void sendstring(unsigned char *string)    // 这个是字符串发送函数
{
    while(*string! ='\0')              // 判断是否到字符串的尾端
    {
        sendbyte(*string);
        string++;
    }
}
```
// 这个是重写的 printf 函数
```c
void uart_printf(char *fmt,...)
{
    va_list ap;                        // typedef char *va_list; va_
                                       // list 是 char 型的指针
    char xdata string[1024];           // 访问外部 RAM 两字节对齐
    va_start(ap,fmt);                  // 找到第一个可变形参的地址,并把
                                       // 地址赋给 ap
    vsprintf(string,fmt,ap);           // 格式化参数到字符串
    sendstring(string);                // 发送字符串函数到串口终端
    va_end(ap);                        // 结束函数
}
```
// 1 s 软件延时函数
// @11.059 2 MHz
```c
void Delay1000ms()
{
    unsigned char i,j,k;
    _nop_();
    _nop_();
    i=43;
    j=6;
    k=203;
    do
    {
        do
        {
```

```
            while(--k);
        } while(--j);
    } while(--i);
}
```

编译并下载该程序，打开串口助手，注意程序中配置的波特率是"9600"，串口助手也需要选择"9600"波特率，接收缓冲区选择"文本模式"，打开串口后，就可以在接收缓冲区内每隔 1 s 接收到一个字符串，如图 6.29 所示。

图 6.29　自定义 uart_printf( )函数功能测试

以上两种 printf 函数在使用时应注意，当使用％d 打印输出 char 或 unsigned char 类型时，需强制转换成 int 或 unsigned int 类型。

任务总结

任务六　　串口时钟综合设计

任务目标

完成一个串口时钟，具有以下功能：

（1）开发板上电后，将时钟的当前时间设置为00：00：00，同时开始计时，并通过串口打印出当前时间，"当前时间：00：00：00、当前时间：00：00：01、⋯⋯"，每隔1 s向串口助手打印一次当前时间，同时蓝色 LED 亮灭状态翻转。

（2）任何时刻串口助手发送"××：××：××"可以对串口时钟设置时间；设置完成后，串口时钟从新设置的时间开始计时。

（3）任何时刻可以使用开发板上的三个按键，可以对时间进行设置：按键 K1 增加当前小时，当小时增加到超过 23 时，应变为 0；按键 K2 增加当前分钟，当分钟增加到超过 59时，应变为 0；按键 K3 增加当前秒钟，当秒钟增加到超过 59 时，应变为 0。

任务描述

本任务是一个综合设计任务，需要综合应用前面学习的按键、外部中断、定时器、串口通信，完成一个串口时钟的设计与开发。根据任务描述，第 1 项功能为计时＋串口打印，需要用到定时器和串口通信；第 2 项功能为串口接收计算机发送的指令数据包，为定长协议解析；第 3 项功能为按键设置，需要使用外部中断。

知识准备

串口时钟综合设计

一、printf 输出时间格式的技巧

使用 printf 可以很方便地向串口打印当前时间。在进行格式化输出时间，如"08：10：35"，

当小时、分钟、秒钟为十位数(大于等于 10)时，可直接用％d 显示，但是当它们为个位数(小于 10)时，需要在其前面补 0 才能符合时间显示习惯。printf 的％d 默认是不提供补 0 的，可以使用％02d，它表示以 2 位宽度显示对应整数，如果不够 2 位，则前面补 0。

二、串口时钟系统设计

串口时钟的设计主要包括主程序模块、定时器模块、串口通信模块和按键中断处理模块四大模块。主程序模块主要完成全局变量、局部变量的定义和接收缓冲区的定义，配置外部中断的触发方式，开启外部中断、定时器中断和串口接收中断的允许位及总中断允许位；定时器模块主要完成秒钟、分钟、小时的计时；串口通信模块主要完成单片机与串口助手之间的数据交换，如每隔 1 s 要向串口终端打印当前时间值，随时接收从串口助手发来的设置时间指令等。图 6.30 所示为串口时钟的总体设计图谱，下面依次详细分析介绍。

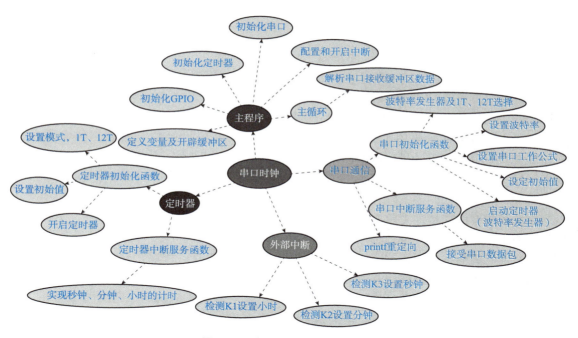

图 6.30　串口时钟总体设计图谱

1. 主程序模块

主程序需要定义小时、分钟、秒钟等全局变量，并定义一个全局的串口接收缓冲区。之所以必须是全局的，是因为这些变量既在中断服务函数中会用到，在主程序循环中也会用到。主程序还需要定义一个全局标识变量 b_update，根据字面意思表示"是否更新"，该变量在定时器中断服务函数中每计时 1 s 时间被置 1，在主循环中判断该变量是否为 1，如果为 1，则说明时间已过 1 s，就向串口打印当前时间，然后将这个变量清零。这个变量的作用就是保证主循环中间隔 1 s 打印一次当前时间。该处理过程可用下面的伪代码表示：

```
main()
{
    while(1)
    {
        if( b_update )
        {
            b_update=0;
            PRINT("Current Time");
        }
    }
}
void Timer_ISR()
{
    if( 1 s 时间到 )
    b_update=1;
}
```

　　主程序还需要设置 GPIO 模式，三色 LED 连接到 P2 端口的三个引脚，所以要设置 P2 端口模式；按键连接到 P3 端口的三个引脚，虽然使用外部中断处理按键，但当某一引脚有 PWM 复用功能时，使用外部中断也需要设置引脚模式。

　　主程序还需要依次调用定时器初始化函数和串口初始化函数，完成这两个设备的初始化工作。由于需要用到外部中断、定时器中断和串口接收中断，故主程序还需要设置外部中断的触发方式（下降沿触发），并将这些中断的允许位开启，同时开启总中断允许位。

　　完成了所有的变量定义和初始化工作以后，主程序将进入 while(1)主循环。主循环主要做两个工作：向串口打印当前时间和解析串口发来的数据包。

　　对当前时间的打印必须控制打印节奏，时间是 1 s 一更新，所以，打印的节奏也是 1 s 一打印，这也正是前面提到的 b_update 变量的作用。如果没有这个变量的控制，主循环将会以很快的速度不停地打印时间，使串口助手接收到大量无效信息。

　　解析串口数据采用的是前面介绍的定长数据包解析方法，串口助手发来的数据包格式固定、长度也固定。通过发送符合时间格式的数据包，串口助手可以对时钟设置当前时间。其发来的数据包及接收缓冲区中的数据格式如图 6.31 所示。

| 0 | 8 | : | 1 | 0 | : | 3 | 5 |

图 6.31　设置时间的串口数据包格式

　　主循环需要在串口中断接收完一个完整数据包以后，对其进行解析，也就是解析出小时、分钟和秒钟的数值，将它们赋给当前时间。在解析的过程中，需要注意的是，串口发来的数据包是以字符形式发送的，也就是图 6.31 中的每一格里都是一个字符，而不是数字：0 其实是字符 0，8 其实是字符 8，……，程序需要将这些字符转成对应的数字（表 6.2）。

表 6.2　字符 0～9 的 ASCII 对照表

字符	ASCII（十进制）	ASCII（十六进制）
0	48	0x30
1	49	0x31
2	50	0x32
3	51	0x33
4	52	0x34
5	53	0x35
6	54	0x36
7	55	0x37
8	56	0x38
9	57	0x39

由于字符在计算机内部是以 ASCII 进行编码的，所以，转换的方法也很简单，就是用待转换字符的 ASCII 减去字符"0"的 ASCII，得到的差值就是该字符对应的数值。如图 6.29 中分钟字符串"10"，首先解析出"1"-"0"＝1，所得结果就是字符"1"对应的数值 1；再解析出"0"-"0"＝0，所得结果就是字符"0"对应的数值。得到这两个数值以后，通过计算 $10*1+80=10$ 将它们还原为分钟值。用此方法解析出待设置的小数、分钟、秒钟，并将其设置为当前时间，可参考下面的程序片段，该段程序中的 rxBuf 为接收缓冲区数组。

```
uchar rxBuf[30]={0};
a=rxBuf[0]-'0';
b=rxBuf[1]-'0';
hour=10*a+b;

a=rxBuf[3]-'0';
b=rxBuf[4]-'0';
min=10*a+b;

a=rxBuf[6]-'0';
b=rxBuf[7]-'0';
sec=10*a+b;
```

2. 定时器模块

定时器模块是串口时钟的核心模块，主要功能是提供计时。STC15 单片机与 5 个定时器，原则上这 5 个定时器都可以用来定时，但在具体选择定时器时要注意，串口需要选择定时器 T1 或 T2 作为波特率发生器，如果选择 T1 作为波特率发生器，那么 T1 就不能再用来计时了，这里选择了定时器 T3 做计时。

定时器 T3 的初始化需要完成三个步骤：①选择定时器的时钟模式为 1T 或者 12T；②根据定时时间设置初始值；③启动定时器。其中步骤①和步骤②需要统筹考虑，如果定时时间较长，1T 模式可能无法满足要求。比如，要实现 1 s 定时，但是无论是 1T 还是 12T 模式，都无法一次定时 1 s，这就需要减少一次的定时时间，并通过中断进行累计。当前选择在 11.059 2 MHz 的系统时钟频率下一次定时时间 20 ms，在中断中累计 50 次，即 1 000 ms，也就是 1 s。有了 1 s 的基本定时时间，累计 60 次，就是 1 min；有了 1 min 定时时间，累计 60 次就是 1 h，而这也就是定时器中断服务函数要完成的主要功能。

```
if(++cnt==50){                          //1 s 时间到
    cnt=0;
    if(++sec==60){                      //1 min 时间到
        sec=0;
        if(++min==60){                  //1 h 时间到
            min=0;
            if(++hour==24){             //1 d 时间到
                hour=0;
            }
        }
    }
}
```

3. 串口通信模块

串口在使用前需要进行初始化，主要工作包括设置串口的工作方式，当前设置串口 1 为 8 位数据可变波特率方式（方式 1）；选择定时器 T1 为波特率发生器，并为 1T 模式；设置定时器 T1 为 16 位自动重装模式；给定时器 T1 赋初值；禁止 T1 中断；启动 T1（启动波特率发生器，串口开始工作）。

串口通信主要负责时钟的显示和设置功能，前者是串口发送数据，后者是串口接收数据。

串口发送数据的底层操作是直接给 SBUF 赋值，但是若要发送的是当前时间字符串，形如"××：××：××"，如果采用直接赋值的方法，编写程序略显麻烦。这里采用 printf 重定向到串口的方法，使用 printf 函数直接输出时间字符串，非常方便。

4. 按键中断处理模块

根据任务描述，需要增加三个按键做手动设置时间的功能。如图 6.32 所示开发板上 K1、K2、K3 按键分别连接到单片机的 P3.2/INT0、P3.3/INT1、P3.7/INT3 引脚，可使用外部中断检测按键。每次按下 K1，给当前时间中的小时加 1，当小时加到超过 23 时，应将其重新设置为 0；每次按下 K2，给当前时间中的分钟加 1，当分钟加到超过 59 时，应将其重新设置为 0；每次按下 K3，给当前时间中的秒钟加 1，当秒钟加到超过 59 时，应将其重新设置为 0。

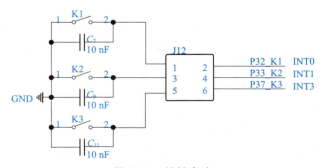

图 6.32　按键电路

1. 编写程序

通过以上对串口时钟总体设计的介绍，在编写程序的过程中要注意先搭框架，再具体完善各模块、各部分程序的细节。写程序切记重头写到尾，一定要写一点，测一点，测试没问题了，再往下写一点，再测一点，保证每一步都是正确的，这样即使发现问题，也方便查找和定位。现提供完整的串口时钟程序如下，以供参考。

```c
#include "stc15.h"
#include <stdio.h>
#include <intrins.h>
#include <stdarg.h>
                                    //定义类型别名
typedef unsigned char uchar;
typedef unsigned int uint;
                                    //函数声明
void UartInit(void);                //9 600 bps@11.059 2 MHz
void Timer3Init(void);              //20 ms@11.059 2 MHz
void Uart1_SendChar(unsigned char Udat);
                                    //定义LED引脚
sbit led_red=P2^1;
sbit led_green=P2^2;
sbit led_blue=P2^3;
                                    //定义全局变量
uchar hour=0;
uchar min=0;
uchar sec=0;
uchar cnt=0;
uchar h[3],m[3],s[3];
uchar buf[32];
uchar ix,i,j;
uchar rxBuf[30]={0};
uchar a,b;
bit b_update=0;
void main()
{
    P2M1=0x00;
    P2M0=0x00;
    P3M1=0x00;
```

```c
P3M0=0x00;
Timer3Init();
UartInit();
IT0=1;                              //设置 INT0 为下降沿触发
EX0=1;                              //开启 INT0 中断
IT1=1;                              //设置 INT1 为下降沿触发
EX1=1;                              //开启 INT1 中断
INT_CLKO |=0x20;                    //开启 INT3 中断
                                    //开启定时器中断、串口中断
IE2 |=0x20;
ES=1;
EA=1;
while(1)
{
    if(b_update)
    {                               //间隔 1 s 打印当前时间
        b_update=0;
        printf("当前时间: %02d:%02d:%02d\r\n",(uint)hour,(uint)min,
        (uint)sec);
    }
    if(ix >7)
    {
                                    //提取小时并设置
        a=rxBuf[0]-'0';
        b=rxBuf[1]-'0';
        hour=10*a+ b;

                                    //提取分钟并设置
        a=rxBuf[3]-'0';
        b=rxBuf[4]-'0';
        min=10*a+ b;

                                    //提取秒钟并设置
        a=rxBuf[6]-'0';
        b=rxBuf[7]-'0';
        sec=10*a+ b;
        printf("设置成功!\r\n");
                                    //清零缓冲区
        for(ix=0; ix <7; ix++ )
            rxBuf[ix]=0;
        ix=0;
    }
```

```c
    }
}
                                        //串口初始化函数
void UartInit(void)                     //9 600 bps@11.059 2 MHz
{
    SCON=0x50;                          //8位数据,可变波特率
    AUXR |=0x40;                        //定时器1时钟为Fosc,即1T
    AUXR &=0xFE;                        //串口1选择定时器1为波特率发生器
    TMOD &=0x0F;                        //设定定时器1为16位自动重装方式
    TL1=0xE0;                           //设定定时初值
    TH1=0xFE;                           //设定定时初值
    ET1=0;                              //禁止定时器1中断
    TR1=1;                              //启动定时器1
}
                                        //串口中断服务函数
void uart_isr() interrupt 4
{
    if(RI)
    {
        RI=0;
        rxBuf[ix++]=SBUF;
    }
}
                                        //串口单字节发送函数
void Uart1_SendChar(unsigned char Udat)
{
    SBUF=Udat;
    while(!TI);
    TI=0;
}
                                        //重定向到串口
char putchar(char c)
{
    Uart1_SendChar(c);
    return c;
}
                                        //定时器T3初始化函数
void Timer3Init(void)                   //20 ms@11.059 2 MHz
{
    T4T3M &=0xFD;                       //定时器时钟12T模式
```

```
    T3L=0x00;                               //设置定时初始值
    T3H=0xB8;                               //设置定时初始值
    T4T3M |=0x08;                           //定时器 3 开始计时
}
                                            //定时器 T3 中断处理函数
void Timer3_Isr(void) interrupt 19
{
    if(++cnt==50)
    {                                       //1 s 时间到
        cnt=0;
        b_update=1;
        led_blue=~led_blue;
        if(++sec==60)
        {                                   //1 min 时间到
            sec=0;
            if(++min==60)
            {                               //1 h 时间到
                min=0;
                if(++hour==24)
                {
                    hour=0;
                }
            }
        }
    }
}
                                            //外部中断
void exint0(void) interrupt 0
{
    if(++hour >23)
    {
        hour=0;
    }
}
void exint1(void) interrupt 2
{
    if(++min >59)
    {
        min=0;
    }
```

```
}
void exint3(void) interrupt 11
{
    if(++ sec >59)
    {
        sec=0;
    }
}
```

2. 运行结果

编译以上程序并下载，观察程序允许效果：

(1)是否间隔 1 s 向串口助手打印当前时间；

(2)通过串口助手发送格式为"××：××：××"的时间值，时钟的当前时间是否更新；

(3)按键 K1、K2、K3 是否能够对小时、分钟、秒钟进行设置。

程序功能测试如图 6.33 所示。

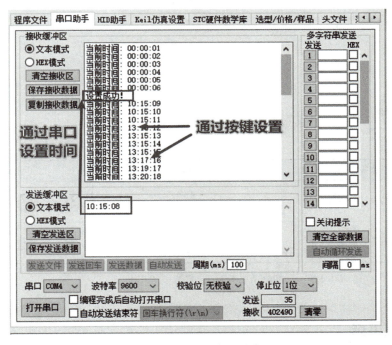

图 6.33　程序功能测试

任务扩展

以上程序虽然可以完成任务设计要求，但需要注意的是程序的处理过程都是基于理想输入的情况，而没有考虑任何特殊情况。例如，串口助手发送"1：2：30"这样的时间字符串，程序会怎样？这个字符串的格式不符合"××：××：××"格式，但不能排除这个程序的使用者就不会出现这种情况。再如，串口助手发送"25：50：80"这样的字符串，程序会怎样？显然这个字符串格式虽然正确，但是数据不在合理的时间范围。如果依然使用当前的数据解析程序，读取的数据一定是错误的。解决办法是对输入的数据，在使用前要进行判断，判断其格式是否正确、类型是否正确、范围是否正确等。如果发现数据不对，应拒绝执行后续操作，并给发送端/输入方返回错误提示，让其重新输入。请完善程序，使其能对各种错误的输入做出判断和处理。

任务总结

自我评价

知识与技能点	你的理解	掌握情况
串口时钟的设计与实现		
程序的改进与实施		

 完全掌握　　　 基本掌握　　　 有些不懂　　　 完全不懂

项目小结

　　本项目首先介绍了串行通信的一般概念，进而介绍异步串行通信数据帧格式、串口相关的特殊功能寄存器及工作方式，还介绍了波特率的计算方法等。使用串口1实现了单片机与计算机的简单数据收发，并了解串口调试助手的使用方法。以串口控制LED任务为例，详解讲解了基于串口的定长数据包协议的设计与解析程序；以串口批量控制LED任务为例，详细讲解了基于串口的不定长数据包协议的设计与解析程序。综合应用定时器、串口通信、外部中断等内容，完成综合设计项目"串口时钟"。

142

1. 什么是波特率？它反映的是什么？它与时钟频率是相同的吗？当串口每分钟传送 7 200 个字符时，计算其波特率是多少。

2. 什么是串口数据帧？数据帧的格式是什么样的？每一位的功能是什么？

3. 已知异步串行通信的字符格式为 1 个起始位、8 个 ASCII 数据位、一个奇偶校验位、一个停止位，已知字符"A"的 ASCII 码为 41H，请画出传输字符"A"的帧格式。

4. 简述串口 1 的几种工作方式及其特点。

5. STC15 单片机当前时钟频率为 22.118 4 MHz，要求将串口 1 的波特率设置为 115 200 bps，使用定时器 T2 作为波特率发生器，计算 T2 的初始值。

项目七 A/D 转换测电压

项目描述

本项目使用 STC15 单片机片内 A/D 转换器测量模拟电压值，并通过串口打印测量结果。本项目将分别使用查询方式 A/D 转换和中断方式 A/D 转换读取待测模拟电压值，在此过程中理解 A/D 转换的概念、片内 A/D 转换器的逻辑结构和相关寄存器的作用。

项目分析

在了解 STC15 单片机片内 A/D 逻辑结构和寄存器用法的基础上，参考电路图设计，正确选择 A/D 转换通道，配置转换精度、转换时间等参量，启动 A/D 转换并读取转换结果，并将 A/D 转换的结果转换为电压值，通过串口打印到串口助手界面。

学习目标

理解模拟量与数字量的概念和区别；理解 A/D 转换的概念；理解单片机片内 A/D 转换器的逻辑结构和用法；能看懂并会配置相关寄存器；会编写程序、配置 A/D 转换功能，读取转换结果，并将结果转为对应的电压值。

任务一   认识片内 A/D 转换器

任务目标

理解 A/D 转换的概念和单片机片内 A/D 转换器的逻辑结构；了解 A/D 转换相关寄存器的功能和用法；了解 A/D 的上电、启动、停止、通道选择等实现方法；理解 8 位和 10 位 A/D 转换结果的区别，并会读取转换结果，为编写 A/D 转换程序打好基础。

任务描述

理解 A/D 转换概念及相关寄存器的功能和操作方法，为完成后面 A/D 相关应用的设计与开发打好基础。

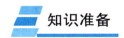

知识准备

一、逐次比较 ADC

常见的 A/D 转换方法有逐次比较和双积分两种，在单片机中普遍采用逐次比较 ADC。基本原理是从高位到低位逐位试探比较，就好像用天平称物体，从重到轻逐级增减砝码进行试探。

逐次逼近法转换过程：初始化时将逐次逼近寄存器各位清零；转换开始时，先将逐次逼近寄存器最高位置1，送入 D/A 转换器，再将经 D/A 转换后生成的模拟量送入比较器，称为 V_o，与送入比较器的待转换的模拟量 V_i 进行比较，若 $V_o < V_i$，该位 1 被保留，否则被清除。然后再置逐次逼近寄存器次高位为 1，将寄存器中新的数字量送入 D/A 转换器，输出的 V_o 再与 V_i 比较，若 $V_o < V_i$，该位 1 被保留，否则被清除。重复此过程，直至逼近寄存器最低位。转换结束后，将逐次逼近寄存器中的数字量送入缓冲寄存器，得到数字量的输出，如图 7.1 所示。

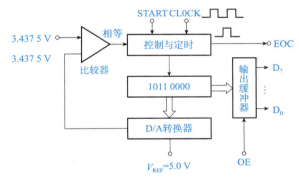

图 7.1　逐次比较 ADC(图中 OE 为使能，EOC 为 1 表示完成 A/D 转换)

二、认识 A/D 转换

1. 模数转换

模数转换，也称 A/D 转换，其作用是将时间连续、幅值也连续的模拟量转换为时间离散、幅值也离散的数字量，A/D 转换一般要经过取样、保持、量化及编码 4 个过程。在实际电路中，这些过程有的是合并进行的，例如，取样和保持、量化和编码往往都是在转换过程中同时实现的。能够完成 A/D 转换的器件称为 A/D 转换器，简称 ADC。

观察图 7.2 中的简单分压电路，PR1 是 10 kΩ 电位器，电源电压为 3.3 V。常用的 ADC 精度是 8 位、10 位或 12 位。但是为了方便理解，假设该电路右侧所接的 ADC 为 3 位精度。3 位精度的 ADC 仅有 8 种量化结果：000、001、010、011、100、101、110、111，每一个结果如同楼梯的一个台阶，参考图 7.2 中右侧的台阶示意，可知 3 位 ADC 的分辨率为

$$分辨率 \Delta = \frac{3.3}{2^3 - 1} = 0.471\,4(V) = 471.4\ mV$$

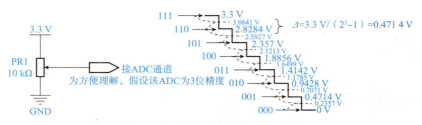

图 7.2　简单分压电路的 A/D 采样

分辨率是 ADC 能够识别的最小电压值，以量化值 010 对应的电压值 0.942 8 V 为例，其上下 $\pm 1/2$ 分辨率的电压值(0.707 1～1.178 5 V)都会被量化为 010。

而当 ADC 给出转换结果为 010 时，它对应的模拟电压值是多少呢？这其实就是已知直线两点(000，0 V)、(111，3.3 V)，求第三点坐标(010，X)的一元一次方程求解过程。

$$X = \frac{010b}{111b} \times 3.3 = \frac{2}{7} \times 3.3 = 0.942\ 8\,(\text{V})$$

也就是说，当待测模拟电压在 0.707 1～1.178 5 V 的时候，经过 ADC 进行转换后的结果都是 010，而根据 010 反推出来的值为 0.942 8 V，这之间是会存在最大 1/2 分辨率的误差。

综上总结，N 位 ADC 的分辨率为

$$N\ \text{位 ADC 分辨率}\ \Delta = \frac{1}{2^N - 1} \times V_{\text{cc}}$$

根据 ADC 转换结果，计算对应模拟电压值公式为

$$V_{\text{ol}} = \frac{\text{A/D 转换结果}}{2^N - 1} \times V_{\text{cc}}$$

2. 数模转换

与模数转换过程相反的是数模转换，又称 D/A 转换，其作用是一种将二进制数字量形式的离散信号转换成以标准量(或参考量)为基准的模拟量，也就是把数字量转变成模拟量的器件。能够完成 D/A 转换的器件称为 D/A 转换器，简称 DAC。

三、片内 A/D 逻辑结构

IAP15W4K58S4 单片机内集成了 8 通道 10 位高速 A/D 转换器，采用的是逐次比较 A/D 转换方式，这 8 通道全部复用在 P1 端口，可通过 P1ASF 寄存器设置 P1 端口的任一口线为 A/D 输入通道。片内 A/D 转换器的逻辑结构如图 7.3 所示。

片内 A/D 转换器由多路选择开关、比较器、逐次比较寄存器、10 位 DAC、转换结果寄存器(ADC_RES 和 ADC_RESL)及 ADC 控制寄存器 ADC_CONTR 构成。启动后，首先将逐次比较寄存器清零，然后根据逐次比较逻辑，从寄存器的最高位开始置 1，DAC 将寄存器中的数据转换成模拟量，与输入模拟量进行比较，如果 DAC 输出的模拟量小于输入的模拟量，则寄存器中保留该数据位 1，否则将该位清零；依次对下一位置比较、保留或清除，直至最低位。A/D 转换结束，将逐次比较寄存器中的比较结果存储到 ADC_RES 和 ADC_RESL 寄存器，并发出转换结束标志。

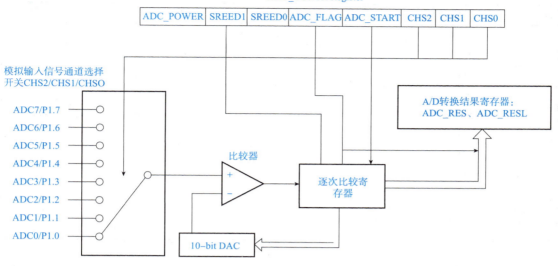

图 7.3　片内 A/D 转换器逻辑结构

　　片内 A/D 转换器的参考电压源就是工作电源 V_{cc}，如果电源电压不稳定，则可以在 8 路 A/D 输入通道中任选一路接基准电压，以此计算出此时的工作电压 V_{cc}，再计算其他输入通道的模拟电压值。此类电路构成如图 7.4 所示，该电路使用 TL431 产生稳定的 2.5 V 电压作为基准电压，连接到 P1.2 引脚。

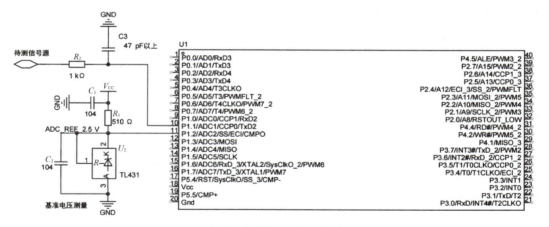

图 7.4　外接基准电压源电路

四、片内 A/D 相关寄存器

与 STC15 系列单片机片内 ADC 相关的寄存器见表 7.1 。

表 7.1　片内 ADC 相关寄存器

寄存器名称	描述
P1ASF	选择 P1.X 口作为模拟功能 A/D 转换的输入通道
ADC_CONTR	ADC 控制寄存器
ADC_RES	保存 ADC 转换结果
ADC_RESL	保存 ADC 转换结果
CLK_DIV. ADRJ	CLK_DIV 寄存器的 B5 为 ADRJ,用于控制 ADC 转换结果的存储格式

1. P1ASF 寄存器

P1ASF 寄存器如图 7.5 所示。

寄存器名	地址	B7	B6	B5	B4	B3	B2	B1	B0
P1ASF	9DH	P17ASF	P16ASF	P15ASF	P14ASF	P13ASF	P12ASF	P11ASF	P10ASF

图 7.5　PLAS 寄存器

STC15 系统单片机的 A/D 转换通道复用在 P1 口,上电后 P1 口为弱上拉模式,可以通过软件设置 P1 的 8 路引脚中的任何一路为 A/D 转换,具体方法是先将 P1ASF 特殊功能寄存器中的相应位置 1,则将相应的 P1.X 引脚设置为模拟功能 A/D 转换的输入通道,见表 7.2。注意 P1ASF 不可位寻址。

表 7.2　P1ASF 寄存器功能对照表

P1ASF[7:0]	P1.X 的功能
P1ASF.0＝1	P1.0 口作为模拟功能 A/D 使用
P1ASF.1＝1	P1.1 口作为模拟功能 A/D 使用
P1ASF.2＝1	P1.2 口作为模拟功能 A/D 使用
P1ASF.3＝1	P1.3 口作为模拟功能 A/D 使用
P1ASF.4＝1	P1.4 口作为模拟功能 A/D 使用
P1ASF.5＝1	P1.5 口作为模拟功能 A/D 使用
P1ASF.6＝1	P1.6 口作为模拟功能 A/D 使用
P1ASF.7＝1	P1.7 口作为模拟功能 A/D 使用

2. ADC_CONTR 控制寄存器

ADC_CONTR 控制寄存器如图 7.6 所示。

寄存器名	地址	B7	B6	B5	B4	B3	B2	B1	B0
ADC_CONTR	BCH	ADC_POWER	SPEED1	SPEED0	ADC_FLAG	ADC_START	CHS2	CHS1	CHS0

图 7.6　ADC_CONTR 控制寄存器

A/D 转换控制寄存器 ADC_CONTR 用于选择 A/D 转换输入通道、设置转换速度、启动 A/D 转换、记录转换结束标志等。ADC_CONTR 不能位寻址。ADC_CONTR 寄存器的各位功能见表 7.3。

表 7.3　ADC_CONTR 寄存器各位功能

位	名称	功能
B7	ADC_POWER	电源控制位，0：关闭 ADC 电源；1：打开 ADC 电源。打开电源后，可做适当延时(1 ms 左右)，等待上电稳定
B6	SPEED1	模数转换速度控制位，参见表 7.4
B5	SPEED0	
B4	ADC_FLAG	A/D 转换结束标志位
B3	ADC_START	A/D 转换启动控制位，启动 A/D 转换之前，一定要确认 A/D 转换器的电源已打开
B2	CHS2	A/D 转换模拟量输入通道选择位，参见表 7.5
B1	CHS1	
B0	CHS0	

SPEED1、SPEED0 两位有四种组合，用于选择 A/D 转换的速度，见表 7.4。例如，当 CPU 工作频率为 12 MHz，速度选择位 SPEED1＝0、SPEED0＝0 时，A/D 转换的速度约为 22 kHz(12 MHz ÷ 540≈22 kHz)。

表 7.4　A/D 转换速度选择对照表

SPEED1	SPEED0	A/D 转换所需时间
0	0	完成一次转换需 540 个时钟周期
0	1	完成一次转换需 360 个时钟周期
1	0	完成一次转换需 180 个时钟周期
1	1	完成一次转换需 90 个时钟周期

CHS2、CHS1、CHS0 位用于选择 A/D 转换的模拟量通道，见表 7.5。

表 7.5　A/D 转换模拟量输入通道选择对照表

CHS2	CHS1	CHS0	A/D 转换模拟量输入通道
0	0	0	选择 P1.0 作为 A/D 转换模拟量输入通道
0	0	1	选择 P1.1 作为 A/D 转换模拟量输入通道
0	1	0	选择 P1.2 作为 A/D 转换模拟量输入通道
0	1	1	选择 P1.3 作为 A/D 转换模拟量输入通道
1	0	0	选择 P1.4 作为 A/D 转换模拟量输入通道
1	0	1	选择 P1.5 作为 A/D 转换模拟量输入通道
1	1	0	选择 P1.6 作为 A/D 转换模拟量输入通道
1	1	1	选择 P1.7 作为 A/D 转换模拟量输入通道

3. ADC_RES、ADC_RESL 寄存器

ADC_RES、ADC_RESL 寄存器如图 7.7 所示。

寄存器名	地址	B7	B6	B5	B4	B3	B2	B1	B0
ADC_RES	BDH	A/D 转换结果的高 8 位(或低 2 位)							
ADC_RESL	BEH	A/D 转换结果的低 2 位(或高 8 位)							

图 7.7　ADC_RES、ADC_RESL 寄存器

A/D 转换结果寄存器 ADC_RES、ADC_RESL 用于保存 A/D 转换的结果，保存格式由 CLK_DIV 寄存器中的 ADRJ 位控制。

4. CLK_DIV 时钟分频寄存器

CLK_DIV 时钟分频寄存器如图 7.8 所示。

寄存器名	地址	B7	B6	B5	B4	B3	B2	B1	B0
CLK_DIV	97H	MCKO_S1	MCKO_S0	ADRJ	Tx_Rx	—	CLKS2	CLKS1	CLKS0

图 7.8　CLK_DIV 时钟分频寄存器

在 CLK_DIV 寄存器中只有 ADRJ 与 A/D 转换有关，ADRJ 位用于设置 A/D 转换结果的保存格式(表 7.6)。

表 7.6　ADRJ 设置 A/D 转换结果保存格式

ADRJ 取值	功能描述
0	10 位 A/D 转换结果，高 8 位存放在 ADC_RES[7：0]，低 2 位存放在 ADC_RESL[1：0]
1	10 位 A/D 转换结果，高 2 位存放在 ADC_RES[1：0]，低 8 位存放在 ADC_RESL[7：0]

5. A/D 转换结果对应电压值的计算

STC15 单片机的片内 A/D 转换器拥有 10 位精度，转换结果可以取 10 位也可以取 8 位结果。根据 ADRJ 不同的取值，有不同的计算公式。

(1)当 ADRJ＝0 时，取 10 位 A/D 转换结果：

$$V_{in} = \frac{ADC\_RES[7：0], ADC\_RESL[1：0]}{2^{10}-1} \times Vcc$$

(2)当 ADRJ＝0 时，取 8 位 A/D 转换结果：

$$V_{in} = \frac{ADC\_RES[7：0]}{2^{8}-1} \times Vcc$$

(3)当 ADRJ＝1 时，取 10 位 A/D 转换结果：

$$V_{in} = \frac{ADC\_RES[7：0], ADC\_RESL[7：0]}{2^{10}-1} \times Vcc$$

式中，V_{in} 为 A/D 转换器模拟输入通道的输入电压，Vcc 为电源电压。

■ 任务实施

查阅 STC15 单片机芯片手册，绘制片内 ADC 逻辑结构图，总结各部分功能，并解决以下几个问题：

(1)当 $Vcc＝5$ V 时，8 位 A/D 转换器的输出结果是 0x2A，计算输入通道的模拟电

压值。

（2）将 P1.0 设置为模拟输入通道，应该怎样配置寄存器？

（3）若 ADRJ＝1，则 10 位 A/D 转换结果由哪两个部分构成？

任务总结

自我评价

知识与技能点	你的理解	掌握情况
A/D 转换概念、分辨率、计算公式		😊 😐 😵 😣
片内 ADC 的逻辑结构		😊 😐 😵 😣
片内 ADC 相关寄存器		😊 😐 😵 😣

😊 完全掌握　😐 基本掌握　😵 有些不懂　😣 完全不懂

任务二　　使用 A/D 转换读取电压

任务目标

在理解 A/D 转换的概念的基础上，分别使用查询方式和中断方式读取 8 位、10 位 A/D 转换结果，并计算对应的电压值。通过串口将电压值打印到串口助手，并通过万用表测量实际电压值，验证 A/D 转换的结果是否正确。

子任务一　使用查询方式进行 A/D 转换并测量电压

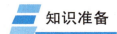**任务描述**

　　使用查询方式读取 8 位 A/D 转换结果。查阅电路图并找到待测电源连接到单片机的哪个模拟输入引脚，配置 A/D 转换相关寄存器，主要包括 P1ASF 设置模拟引脚，ADC_CONTR 设置转换速率、选择模拟通道、开启 A/D 转换电源、启动 A/D 转换，等待转换结束，读取结果，转换为电压值，通过串口打印到计算机端串口助手，并使用万用表测量模拟电压值，与转换结果对应的电压值进行比较。

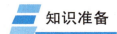**知识准备**

查询方式 ADC

一、A/D 转换的查询方式与中断方式

　　A/D 转换需要一定的时间，是让程序就地等待转换结果读取数据，还是让 ADC 转换结束之后通知程序处理结果，可以有两种选择方式。选择前者就是查询方式，选择后者就是中断方式。ADC 转换结束之后有一个标志会置位，查询方式就是让程序等待这个标志位置位。而如果开放了 ADC 中断，这个标志位在置位的同时会发生中断，主程序暂时挂起，自动进入中断服务程序处理 ADC 转换结果，处理结束之后继续执行被挂起的主程序。

二、使用片内 A/D 转换的步骤

　　在使用 STC15 单片机进行 A/D 转换时，可参考以下步骤进行：

　　(1)打开 ADC 电源(设置 ADC_CONTR 的 ADC_POWER 位)；

　　(2)做适当延时，等 ADC 内部模拟电源稳定，一般延时 1 ms 即可；

　　(3)设置 P1 口中的相应口线作为 A/D 转换模拟量输入通道(设置 P1ASF 寄存器)；

　　(4)选择 ADC 通道(设置 ADC_CONTR 中的 CHS2-CHS0 位)；

　　(5)根据需要设置转换结果存储格式(设置 CLK_DIV 中 ADRJ 位)；

　　(6)若采用查询方式，则查询 AD 转换结束标志 ADC_FLAG，判断 A/D 转换是否完成，若完成，则读出 A/D 转换结果(保存在 ADC_RES 和 ADC_RESL 寄存器中)，并进行数据处理；若未完成，则继续查询；

　　(7)若采用中断方式，还需进行中断设置(中断允许和中断优先级)；在中断服务程序中读取 AD 转换结果并将 ADC 中断，请求标志 ADC_FLAG 清零。

　　下面以查询方式读取 A/D 通道的模拟电压值。

根据开发板上电路的设计（图 7.9），电位器 R_5 经分压后连接到单片机的 P1.1 引脚，P1.1 引脚应设置为模拟量输入引脚，启动 A/D 转换后，查询 ADC_FLAG 标志位，当 ADC_FLAG＝1 时读取 A/D 转换结果值，取 8 位精度。将该结果转换为相应的模拟电压值，该值也就是测量的电压，并将其通过串口进行打印。

根据上面介绍的查询方式使用片内 A/D 转换的步骤，可编写下面的程序。该程序运行的时钟频率为 11.059 2 MHz，每隔 500 ms 采集一次 P1.1 引脚的模拟电压值，并将 A/D 转换结果和对应的电压值一起打印到串口助手，注意串口波特率为 9 600 bps。

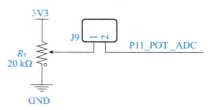

图 7.9　分压电路

```c
#include <stc15.h>
#include <intrins.h>
#include <stdio.h>
typedef unsigned char uchar;
typedef unsigned int uint;
void UartInit(void);                    //9 600 bps@11.059 2 MHz
void Delay500ms();                      //@11.059 2 MHz
void main()
{
    uint i;
    uchar status;
    uchar res;
    float voltage;
                                        //配置A/D转换寄存器
    P1ASF=0x02;
    ADC_CONTR=0x81;
    UartInit();
    for(i=0;i<10000;i++);               //短延时,等待A/D上电稳定
    for(i=0;i<10000;i++);
                                        //主循环
    while(1)
    {
        ADC_CONTR=0x89;                 //注意此处不能用:ADC_CONTR |=0x08;
        _nop_();_nop_();_nop_();_nop_();
        status=0;
        while(status==0)                //查询A/D转换是否完成
```

```
            {
                status=ADC_CONTR & 0x10;
            }
            ADC_CONTR &=~0x08;
            res=ADC_RES;
            voltage=res*3.3 / 255;
            printf("测量值为:0x%X,对应电压为:%f\r\n",(int)res,voltage);
            Delay500ms();
        }
}
                                    //串口初始化函数
void UartInit(void)                 //9 600 bps@11.059 2 MHz
{
    SCON=0x50;                      //8 位数据,可变波特率
    AUXR |=0x40;                    //定时器时钟 1T 模式
    AUXR &=0xFE;                    //串口 1 选择定时器 1 为波特率发生器
    TMOD &=0x0F;                    //设置定时器模式
    TL1=0xE0;                       //设置定时初始值
    TH1=0xFE;                       //设置定时初始值
    ET1=0;                          //禁止定时器%d 中断
    TR1=1;                          //定时器 1 开始计时
}

                                    //串口发送 1 个字节函数
void Uart1_SendChar(unsigned char Udat)
{
    SBUF=Udat;
    while(!TI);
    TI=0;
}
char putchar(char c)
{
    Uart1_SendChar(c);
    return c;
}
void Delay500ms()                   //@11.059 2 MHz
{
    unsigned char i,j,k;
    _nop_();
    _nop_();
    i=22;
```

```
        j=3;
        k=227;
        do
        {
            do
            {
                while(--k);
            } while(--j);
        } while(--i);
    }
```

将以上程序编译、下载到开发板，打开串口调试助手，接收缓冲区选择为文本模式，波特率选择为 9 600，开启串口后，就可以看到每隔 500 ms 时间有测量值和电压值数据打印出来，选择开发板上的蓝色电位器，可以看到测量值和电压值随之变化。将电位器旋钮旋转到最右端，此时测量值显示为 0x0，对应电压值为 0.0 V；将电位器旋钮旋转到最左端，此时测量值显示为 0xFF，对应电压值为 3.3 V。使用万用表测量电位器分压后的模拟电压值，可见其与 A/D 转换测量结果基本一致（图 7.10）。

图 7.10 A/D 转换电压值与实测电压值对比

子任务二　使用中断方式进行 A/D 转换并测量电压

任务描述

采用中断方式进行 A/D 转换，取 10 位精度，并将转换结果转换为对应的模拟电压值。

中断方式 ADC

A/D 转换结果取 10 位精度，转换结果存储格式选择 ADRJ＝1 模式，即 ADC_RES[1：0] 存放结果的高 2 位，ADC_RESL[7：0]存放结果的低 8 位。由于采用了中断模式，故在主程序循环中不需要再查询转换结束标志，但是需要做一些与 A/D 中断相关的设置并编写中断服务函数。相关设置也很简单，只需要开启 A/D 转换中断允许位，即 EADC＝1，EA＝1，即可开启中断。

当完成一次 A/D 转换后，自动进入中断服务函数进行处理。在中断服务函数中，根据存储格式的配置，提取 ADC_RES 和 ADC_RESL 中的数值，并拼接出一个 10 位的结果，存放在 uint 类型的变量里。将 2 个 uchar 大小的数据拼接成一个 uint 大小的数据，方法如下：

```
uint res=0;
res +=ADC_RES & 0x3;
res <<=8;
res +=ADC_RESL;
```

由于在 ADRJ＝1 的存储方式中，ADC_RES 仅用到了低 2 位，所以，使用 ADC_RES & 0x3 表达式提取出低 2 位，将结果加到 res 变量，再将 res 左移 8 位，最后再将 ADC_RESL 的值加到 res 的低 8 位，就可以拼接出 10 位 A/D 转换结果。整个过程如图 7.11 所示。

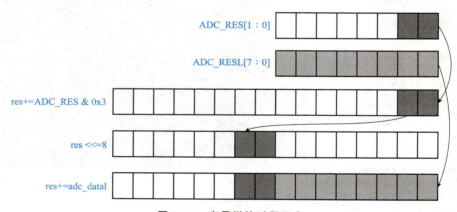

图 7.11　变量拼接过程示意

根据以上分析，可以参考以下程序完成以中断方式进行 A/D 转换并测量模拟电压值。

```
#include <stc15.h>
#include <intrins.h>
#include <stdio.h>
                          //函数声明和变量定义
```

```c
typedef unsigned char uchar;
typedef unsigned int uint;
void UartInit(void);                    // 9 600 bps@11.059 2 MHz
void Uart1_SendChar(unsigned char Udat);
uchar adc_datah,adc_datal;
void main()
{
    uint i;
    uchar status;
    uchar res;
    float voltage;
    P1ASF=0x02;                         //设置 P1.1 为模拟通道
    ADC_CONTR=0x81;                     //打开 A/D 转换电源,设置输入通道
    UartInit();                         //初始化串口
    for(i=0;i<10000;i++);               //适当延时
    for(i=0;i<10000;i++);
    CLK_DIV |=0x20;                     //设置 ADRJ=1,影响 A/D 转换结果的存储格式
    ADC_CONTR=0x89;                     //启动 A/D 转换
    EADC=1;                             //开启 A/D 中断允许位
    EA=1;
    while(1)
    {
    }
}

                                        //A/D 转换中断处理函数
void ADC_ISR(void) interrupt 5
{
    uint res=0;
    float voltage;
    ADC_CONTR &= ~0x08;                 //将 ADC_FLAG 清零
    adc_datah=ADC_RES & 0x3;            //提取转换结果高 2 位
    adc_datal=ADC_RESL;                 //提取转换结果低 8 位
    res +=adc_datah;                    //拼接 10 位结果
    res <<=8;
    res +=adc_datal;
    voltage=res *  3.3 / 1023;          //换算出对应的模拟电压值
    printf("res:0x%X,对应电压为:%f\r\n",(uint)res,voltage);
    ADC_CONTR=0x89;                     //再次启动 A/D 转换
}

                                        //串口初始化函数
```

```
void UartInit(void)                    //9 600 bps@11.059 2 MHz
{
    SCON=0x50;                         //8 位数据，可变波特率
    AUXR |=0x40;                       //定时器时钟 1T 模式
    AUXR &=0xFE;                       //串口 1 选择定时器 1 为波特率发生器
    TMOD &=0x0F;                       //设置定时器模式
    TL1=0xE0;                          //设置定时初始值
    TH1=0xFE;                          //设置定时初始值
    ET1=0;                             //禁止定时器%d 中断
    TR1=1;                             //定时器 1 开始计时
}
                                       //串口发送 1 个字节函数
void Uart1_SendChar(unsigned char Udat)
{
    SBUF=Udat;
    while(!TI);
    TI=0;
}
                                       //重新实现的 putchar 函数
char putchar(char c)
{
    Uart1_SendChar(c);
    return c;
}
```

 任务总结

自我评价

知识与技能点	你的理解	掌握情况
查询方式使用 A/D 转换		
中断方式使用 A/D 转换		
10 位转换结果的拼接		

 完全掌握　　 基本掌握　　 有些不懂　　 完全不懂

项目小结

　　本项目首先介绍了 A/D 转换的一般概念，进而介绍了 STC15 单片机片上 A/D 的结果、相关寄存器的功能和用法等；重点讲解了以查询方式和中断方式使用 A/D 转换的方法。A/D 转换结果可以有不同存储格式，通过变量拼接可得到 10 位转换结果。

思考与练习

　　1. IAP15W4K58S4 片内 A/D 转换器共有几个通道？能完成多少位的 A/D 转换？

　　2. IAP15W4K58S4 片内 A/D 转换通道复用在哪一个端口？怎样设计其引脚为模拟通道模式？

　　3. N 位 A/D 转换器的分辨率是多少？

　　4. 有一个 10 位 ADC，参考电压为 5 V，某次 A/D 转换结果为 0x1AF，对应的模拟电压是多少？

　　5. 编写程序实现以下数据采集功能：使用定时器每隔 2 s 采集一次数据，每次采集为连续采样 10 次（进行 10 次 A/D 转换，得到 10 个结果），将 10 次转换结果存储在一个数值中，计算这 10 个结果的平均值，并输出。

项目八　PWM 调节电动机转速

>> **项目描述**

　　使用 STC15 单片机的片内独立 PWM 波形发生器产生特定频率和占空比的 PWM 信号，实现对直流电动机的调速控制。

>> **项目分析**

　　对于电动机的转速调整，可以采用脉宽调制（PWM）的方法，控制电动机时，电源并非连续向电动机供电，而是在一个特定的频率下以方波脉冲的形式提供电能。不同占空比的方波信号能对电动机起到调速作用，此时的电动机实际上是一个大电感，它有阻碍输入电流和电压突变的能力，因此，脉冲输入信号被平均分配到作用时间上，使得改变方波的占空比就能改变加在电动机两端的电压，从而改变转速。

>> **学习目标**

　　理解片内 PWM 模块波形发生器的逻辑结构；了解 PWM 模块的相关特殊功能寄存器，会编写程序控制 PWM 的频率、占空比，；完成 PWM 调光、调速等应用设计。

　　PWM 模块是单片机中比较难理解的部分，因为涉及的寄存器比较多，也比较杂。在学习过程中，只看书不动手是不行的，一定要把每个程序都操作一遍，还要调整寄存器参数配置，用示波器观察波形的变化，深入理解每个寄存器的作用和影响。正所谓"纸上得来终觉浅，绝知此事要躬行"，学习单片机一定要多动手、多编程、多调试，不要怕出现错误和问题。出现问题，冷静分析，仔细查找，解决掉问题的过程，是最好的学习和提高的过程。

任务一　认识片内 PWM 波形发生器

任务目标

　　理解 PWM 的概念、单片机片内 PWM 信号发生器的逻辑结构；了解 PWM 相关寄存器的功能和用法；了解 PWM 时钟的选择和分频选择；了解 PWM 计数初值、第一次翻转和第二次翻转计数初值的概念和相关寄存器的设置，为编写 PWM 控制程序打好基础。

理解PWM概念及相关寄存器操作，对照寄存器表逐位阅读和分析其功能，为完成后面PWM调光、调速相关应用设计与开发打好基础。

知识准备

PWM的全称是脉冲宽度调制（Pulse-width modulation），是通过将有效的电信号分散成离散形式从而来降低电信号所传递的平均功率的一种方式。根据面积等效法则，可以通过改变脉冲的时间宽度来等效地获得所需要合成的相应幅值和频率的波形。从图8.1所示的25%、50%、75%三种不同的占空比可以看出，波形的平均值明显与占空比有关。

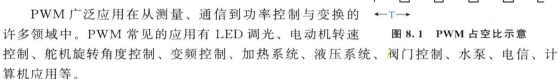

图 8.1　PWM 占空比示意

PWM广泛应用在从测量、通信到功率控制与变换的许多领域中。PWM常见的应用有LED调光、电动机转速控制、舵机旋转角度控制、变频控制、加热系统、液压系统、阀门控制、水泵、电信、计算机应用等。

一、STC15 片内 PWM 模块逻辑结构

IAP15W4K58S4单片机内部集成了一组增强型的PWM波形发生器，其内部有一个15位的PWM计数器，可供6路独立PWM使用，用户可以设置每路PWM的初始电平。另外，PWM波形发生器为每路PWM设计了两个用于控制波形翻转的计数器T1和T2，用以灵活控制每路PWM的高低电平宽度，从而达到对PWM占空比及输出延迟的控制。用户可以将其中任意两路PWM配合使用，实现互补对称输出及死区控制等特殊应用。

图8.2所示是PWM波形发生器的逻辑结构，图中的PWM时钟可来自系统时钟的N分频；[PWMCH，PWMCL]寄存器可预装一个计数值M，当计数器对PWM时钟进行的计数达到这个数值时，计数器清零，所以，[PWMCH，PWMCL]预装载的计数值M控制PWM波形的周期，也就是一个PWM周期内所计PWM时钟的脉冲个数。当然，它也可以看成对PWM时钟的进一步N分频。图8.3中的[T1H，T1L]为波形第一次反转所匹配的计数值，[T2H，T2L]为波形第二次翻转所匹配的计数值，这两个计数值共同决定了PWM的占空比。

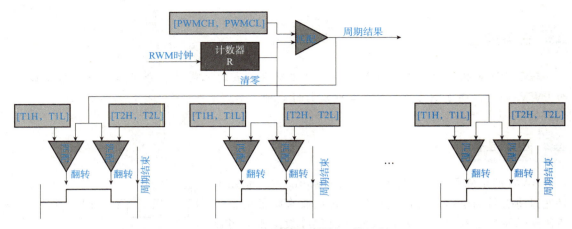

图 8.2　PWM 波形发生器的逻辑结构

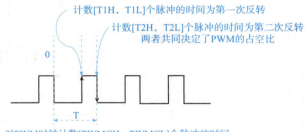

计数[T1H，T1L]个脉冲的时间为第一次反转

计数[T2H，T2L]个脉冲的时间为第二次反转
两者共同决定了PWM的占空比

对PWM时钟计数[PWMCH，PWMCL]个脉冲的时间，
决定PWM波形的周期T。

图 8.3　影响 PWM 周期和占空比的重要参数

二、PWM 模块相关寄存器

与 STC15 系列单片机片内 PWM 波形发生器相关的寄存器见表 8.1。

表 8.1　片内 PWM 相关寄存器

寄存器名称	描述
P_SW2	端口配置寄存器
PWMCFG	PWM 配置寄存器
PWMCR	PWM 控制寄存器
PWMIF	PWM 中断标志寄存器
PWMFDCR	PWM 外部异常控制寄存器
PWMCH	PWM 计数器的高字节
PWMCL	PWM 计数器的低字节
PWMCKS	PWM 时钟选择寄存器
PWMxT1H	PWMx(x＝2～7)第一次翻转计数器的高字节
PWMxT1L	PWMx(x＝2～7)第一次翻转计数器的低字节
PWMxT2H	PWMx(x＝2～7)第二次翻转计数器的高字节
PWMxT2L	PWMx(x＝2～7)第二次翻转计数器的低字节
PWMxCR	PWMx(x＝2～7)引脚切换及波形翻转中断控制寄存器

1. 端口配置寄存器 P_SW2

端口配置寄存器 P_SW2 如图 8.4 所示。

寄存器名	地址	B7	B6	B5	B4	B3	B2	B1	B0
P_SW2	BAH	EAXSFR	0	0	0	—	S4_S	S3_S	S2_S

图 8.4　端口配置寄存器 P_SW2

EAXSFR 为扩展 SFR 访问控制使能位，若要访问 PWM 在扩展 RAM 区的特殊功能寄存器，必须先将 EAXSFR 位置为 1。表 8.1 中的最后 5 行寄存器都是扩展 RAM 区（XSFR）的寄存器。

2. PWM 配置寄存器 PWMCFG

PWM 配置寄存器 PWMCFG 如图 8.5 所示。

寄存器名	地址	B7	B6	B5	B4	B3	B2	B1	B0
PWMCFG	F1H	—	CBTADC	C7INI	C6INI	C5INI	C4INI	C3INI	C2INI

图 8.5　PWM 配置寄存器 PWMCFG

（1）CBTADC：PWM 计数器归零时触发 ADC 转换控制位。

当 CBTADC＝0，且 PWM 计数器归零时不触发 ADC 转换；

当 CBTADC＝1，PWM 被使能即 ENPWM＝1，ADC 被使能即 ADCON＝1，且 PWM 计数器归零时触发 ADC 转换。

（2）C7INI：PWM7 输出端口初始电平控制位。

当 C7INI＝0 时，PWM7 输出端口的初始电平为低电平；

当 C7INI＝1 时，PWM7 输出端口的初始电平为高电平。

（3）C6INI：PWM6 输出端口初始电平控制位。

当 C6INI＝0 时，PWM6 输出端口的初始电平为低电平；

当 C6INI＝1 时，PWM6 输出端口的初始电平为高电平。

（4）C5INI：PWM5 输出端口初始电平控制位。

当 C5INI＝0 时，PWM5 输出端口的初始电平为低电平；

当 C5INI＝1 时，PWM5 输出端口的初始电平为高电平。

（5）C4INI：PWM4 输出端口初始电平控制位。

当 C4INI＝0 时，PWM4 输出端口的初始电平为低电平；

当 C4INI＝1 时，PWM4 输出端口的初始电平为高电平。

（6）C3INI：PWM3 输出端口初始电平控制位。

当 C3INI＝0 时，PWM3 输出端口的初始电平为低电平；

当 C3INI＝1 时，PWM3 输出端口的初始电平为高电平。

（7）C2INI：PWM2 输出端口初始电平控制位。

当 C2INI＝0 时，PWM2 输出端口的初始电平为低电平；

当 C2INI＝1 时，PWM2 输出端口的初始电平为高电平。

3. PWM 控制寄存器 PWMCR

PWM 控制寄存器 PWMCR 如图 8.6 所示。

寄存器名	地址	B7	B6	B5	B4	B3	B2	B1	B0
PWMCR	F5H	ENPWM	ECBI	ENC7O	ENC6O	ENC5O	ENC4O	ENC3O	ENC2O

图 8.6　PWM 控制寄存器 PWMCR

(1)ENPWM：PWM 波形发生器的使能位。

当 ENPWM＝0 时，关闭 PWM 波形发生器；

当 ENPWM＝1 时，使能 PWM 波形发生器，PWM 计数器开始计数。

(2)ECBI：PWM 计数器归零中断使能位。

当 ECBI＝0 时，关闭 PWM 计数器归零中断(CBIF 依然会被硬件置位)

当 ECBI＝1 时，使能 PWM 计数器归零中断。

(3)ENC7O：PWM7 输出使能位。

当 ENC7O＝0 时，PWM7 通道为 GPIO；

当 ENC7O＝1 时，PWM7 通道为 PWM 输出口，受 PWM 波形发生器控制。

(4)ENC6O：PWM6 输出使能位。

当 ENC6O＝0 时，PWM6 通道为 GPIO；

当 ENC6O＝1 时，PWM6 通道为 PWM 输出口，受 PWM 波形发生器控制。

(5)ENC5O：PWM5 输出使能位。

当 ENC5O＝0 时，PWM5 通道为 GPIO；

当 ENC5O＝1 时，PWM5 通道为 PWM 输出口，受 PWM 波形发生器控制。

(6)ENC4O：PWM4 输出使能位。

当 ENC4O＝0 时，PWM4 通道为 GPIO；

当 ENC4O＝1 时，PWM4 通道为 PWM 输出口，受 PWM 波形发生器控制。

(7)ENC3O：PWM3 输出使能位。

当 ENC3O＝0 时，PWM3 通道为 GPIO；

当 ENC3O＝1 时，PWM3 通道为 PWM 输出口，受 PWM 波形发生器控制。

(8)ENC2O：PWM2 输出使能位。

当 ENC2O＝0 时，PWM2 通道为 GPIO；

当 ENC2O＝1 时，PWM2 通道为 PWM 输出口，受 PWM 波形发生器控制。

4. PWM 中断标志寄存器 PWMIF

PWM 中断标志寄存器 PWMIF 如图 8.7 所示。

寄存器名	地址	B7	B6	B5	B4	B3	B2	B1	B0
PWMCKS	F6H	—	CBIF	C7IF	C6IF	C5IF	C4IF	C3IF	C2IF

图 8.7　PWM 中断标志寄存器 PWMIF

(1)CBIF：PWM 计数器归零中断标志位。当 PWM 计数器归零时，硬件自动将此位置 1；当 ECBI＝1 时，程序会跳转到相应中断入口执行中断服务程序，该位需要由软件清零。

(2)C7IF：第 7 通道的 PWM 中断标志位。可设置 PWM7 在第 1 次波形翻转点和第 2 次波形翻转点触发 C7IF，当 PWM 发生翻转时，C7IF 由硬件自动位置 1，向 CPU 申请中断，中断响应后由软件清零。

(3)C6IF：第 6 通道的 PWM 中断标志位。可设置 PWM6 在第 1 次波形翻转点和第 2

次波形翻转点触发 C6IF，当 PWM 发生翻转时，C6IF 由硬件自动位置 1，向 CPU 申请中断，中断响应后由软件清零。

（4）C5IF：第 5 通道的 PWM 中断标志位。可设置 PWM5 在第 1 次波形翻转点和第 2 次波形翻转点触发 C5IF，当 PWM 发生翻转时，C5IF 由硬件自动位置 1，向 CPU 申请中断，中断响应后由软件清零。

（5）C4IF：第 4 通道的 PWM 中断标志位。可设置 PWM4 在第 1 次波形翻转点和第 2 次波形翻转点触发 C4IF，当 PWM 发生翻转时，C4IF 由硬件自动位置 1，向 CPU 申请中断，中断响应后由软件清零。

（6）C3IF：第 3 通道的 PWM 中断标志位。可设置 PWM3 在第 1 次波形翻转点和第 2 次波形翻转点触发 C3IF，当 PWM 发生翻转时，C3IF 由硬件自动位置 1，向 CPU 申请中断，中断响应后由软件清零。

（7）C2IF：第 2 通道的 PWM 中断标志位。可设置 PWM2 在第 1 次波形翻转点和第 2 次波形翻转点触发 C2IF，当 PWM 发生翻转时，C2IF 由硬件自动位置 1，向 CPU 申请中断，中断响应后由软件清零。

5. PWM 外部异常控制寄存器 PWMFDCR

PWM 外部异常控制寄存器 PWMFDCR 如图 8.8 所示。

寄存器名	地址	B7	B6	B5	B4	B3	B2	B1	B0
PWMFDCR	F7H	—	—	ENFD	FLTFLIO	EFDI	FDCMP	FDIO	FDIF

图 8.8　PWM 外部异常控制寄存器 PWMFDCR

（1）ENFD：PWM 外部异常检测功能控制位。

当 ENFD＝0 时，关闭 PWM 的外部异常检测功能；

当 ENFD＝1 时，使能 PWM 的外部异常检测功能。

（2）FLTFLIO：发生 PWM 外部异常时对 PWM 输出口的控制位。

当 FLTFLIO＝0 且发生 PWM 外部异常时，PWM 的输出口不做任何改变；

当 FLTFLIO＝1 且发生 PWM 外部异常时，PWM 的输出口立即被设置为高阻模式。

（3）EFDI：PWM 异常检测中断使能位。

当 EFDI＝0 时，关闭 PWM 异常检测中断，但 EFDI 依然会被硬件置 1；

当 EFDI＝1 时，使能 PWM 异常检测中断。

（4）FDCMP：设定 PWM 异常检测源为比较器的输出。

当 FDCMP＝0 时，比较器与 PWM 无关；

当 FDCMP＝1 且比较器正极 P5.5/CMP＋的电平比比较器负极 P5.4/CMP－的电平高或者比较器正极 P5.5/CMP＋的电平比内部参考电压源 1.28 V 高时，触发 PWM 异常。

（5）FDIO：设定 PWM 异常检测源为端口 P2.4 的状态。

当 FDIO＝0 时，P2.4 的状态与 PWM 无关；

当 FDIO＝1 时，当 P2.4 为高电平时，触发 PWM 异常。

（6）FDIF：PWM 异常检测中断标志位。

当发生 PWM 异常（比较器触发、P2.4 引脚高电平触发）时，FDIF 由硬件自动置 1，向 CPU 申请中断，响应中断后由软件清零。

6. PWM 计数器的高字节 PWMCH(高 7 位)、低字节 PWMCL(低 8 位)

PWM 计数器的高字节 PWMCH(高 7 位)、低字节 PWMCL(低 8 位)如图 8.9 所示。

寄存器名	地址	B7	B6	B5	B4	B3	B2	B1	B0
PWMCH	FFF0H	—	PWMCH[14:8]						
PWMCL	FFF1H	PWMCL[7:0]							

图 8.9　PWM 计数器的高字节 PWMCH(高 7 位)、低字节 PWMCL(低 8 位)

PWM 计数器是一个 15 位寄存器，可设定 1～32 767 的任意值作为 PWM 的周期。PWM 波形发生器内部的计数器从 0 开始计数，每个 PWM 时钟周期递增 1，当内部计数器的计数值与[PWMCH，PWMCL]的设定值相匹配时，内部计数器将会从 0 开始重新计数，即完成了 1 个 PWM 周期。此时硬件会自动将 PWM 归零中断标志位 CBIF 置 1，向 CPU 申请中断。

7. PWM 时钟选择寄存器 PWMCKS

PWM 时钟选择寄存器 PWMCKS 如图 8.10 所示。

寄存器名	地址	B7	B6	B5	B4	B3	B2	B1	B0
PWMCKS	FFF2H	—	—	—	SELT2	PS[3:0]			

图 8.10　PWM 时钟选择寄存器 PWMCKS

(1)SELT2：PWM 时钟源选择位。

当 SELT=0 时，PWM 时钟源为系统时钟经分频器分频之后的时钟；

当 SELT=1 时，PWM 时钟源为定时器 T2 的溢出脉冲。

(2)PS[3：0]：系统时钟预分频系数。当 SELT2=0 时，PWM 时钟为系统时钟/(PS[3：0]+1)。

此处应注意，当设置系统时钟预分频系统时，应比实际分频系数值减少 1。例如，当前系统时钟频率为 12 MHz，SELT2=0，PS[3：0]=3(对系统时钟进行 4 分频)，则 PWM 时钟频率为 12 MHz/(3+1)=3 MHz。

8. PWMx(x=2～7)第一次翻转计数器的高字节 PWMxT1H(高 7 位)、低字节 PWMxT1L(低 8 位)

PWMx(x=2～7)第一次翻转计数器的高字节 PWMxT1H(高 7 位)、低字节 PWMxT1L(低 8 位)如图 8.11 所示。

寄存器名	地址	B7	B6	B5	B4	B3	B2	B1	B0
PWMxT1H	(XSFR 区)	—	PWMxT1H[14:8]						
PWMxT1L	(XSFR 区)	PWMxT1L[7:0]							

图 8.11　PWMx(x=2～7)第一次翻转计数器的高字节 PWMxT1H(高 7 位)、低字节 PWMxT1L(低 8 位)

寄存器[PWMxT1H，PWMxT1L]是用于 PWM 波形第一次翻转的 15 位计数器，可设定 0～32 767 的任意值。当 PWM 内部计数器的计数值与[PWMxT1H，PWMxT1L]值相匹配时，PWM 波形将发生第一次翻转。

9. PWMx(x=2～7)第二次翻转计数器的高字节 PWMxT2H(高 7 位)、低字节 PWMxT2L(低 8 位)

PWMx(x=2～7)第二次翻转计数器的高字节 PWMxT2H(高 7 位)、低字节 PWMxT2L(低 8 位)如图 8.12 所示。

寄存器名	地址	B7	B6	B5	B4	B3	B2	B1	B0
PWMxT2H	(XSFR 区)	—	PWMxT2H[14:8]						
PWMxT2L	(XSFR 区)	PWMxT2L[7:0]							

图 8.12　PWMx(x=2～7)第二次翻转计数器的高字节 PWMxT2H(高 7 位)、低字节 PWMxT2L(低 8 位)

寄存器[PWMxT2H，PWMxT2L]是用于 PWM 波形第二次翻转的 15 位计数器，可设定 0～32 767 的任意值。当 PWM 内部计数器的计数值与[PWMxT2H，PWMxT2L]值相匹配时，PWM 波形将发生第二次翻转。

10. PWMx(x=2～7)引脚切换及波形翻转中断控制寄存器 PWMxCR

PWMx(x=2～7)引脚切换及波形翻转中断控制寄存器 PWMxCR 如图 8.13 所示。

寄存器名	地址	B7	B6	B5	B4	B3	B2	B1	B0
PWMxCR	(XSFR 区)	—	—	—	—	PWMx_PS	EPWMxI	ECxT2SI	ECxT1SI

图 8.13　PWMx(x=2～7)引脚切换及波形翻转中断控制寄存器 PWMxCR

11. PWMx_PS：PWMx(x=2～7)输出管脚选择位

PWM 引脚的切换参见表 8.2。

(1) 当 PWMx_PS=0 时，PWMx 的输出管脚选择其默认的 PWM 引脚;

当 PWMx_PS=1 时，PWMx 的输出管脚切换为其第二备选引脚 PWMx_2。

表 8.2　PWM 引脚的切换

PWMx_PS 取值	PWM 输出引脚的选择	PWM 通道
PWM2_PS=0	选择默认引脚：P3.7(PWM2)	通道 2
PWM2_PS=1	切换备选引脚：P2.7(PWM2_2)	
PWM3_PS=0	选择默认引脚：P2.1(PWM3)	通道 3
PWM3_PS=1	切换备选引脚：P4.5(PWM3_2)	
PWM4_PS=0	选择默认引脚：P2.2(PWM4)	通道 4
PWM4_PS=1	切换备选引脚：P4.4(PWM4_2)	
PWM5_PS=0	选择默认引脚：P2.3(PWM5)	通道 5
PWM5_PS=1	切换备选引脚：P4.2(PWM5_2)	
PWM6_PS=0	选择默认引脚：P1.6(PWM6)	通道 6
PWM6_PS=1	切换备选引脚：P0.7(PWM6_2)	
PWM7_PS=0	选择默认引脚：P1.7(PWM7)	通道 7
PWM7_PS=1	切换备选引脚：P0.6(PWM7_2)	

需要注意的是，STC15 单片机所有与 PWM 相关的端口，在上电后均为高阻状态，必

须在程序中将端口模式设置为准双向模式或推挽模式才可正常输出波形。

(2)EPWMxI：PWMx(x=2～7)中断使能控制位。

当 EPWMxI=0 时，关闭 PWMx 中断；

当 EPWMxI=1 时，使能 PWMx 中断，当 CxIF 被硬件置 1 时，程序将响应中断并执行中断服务程序。

(3)ECxT2SI：PWMx(x=2～7)的 T2 匹配发生波形翻转时的中断控制位。

当 ECxT2SI=0 时，关闭 T2 翻转时中断；

当 ECxT2SI=1 时，使能 T2 翻转时中断，当 PWM 波形发生器内部计数值与 T2 计数器所设定的值相匹配时，PWM 的波形发生翻转，同时硬件将 CxIF 置 1，此时若 EPWMxI=1，则程序将跳转到中断入口执行中断服务程序。

(4)ECxT1SI：PWMx(x=2～7)的 T1 匹配发生波形翻转时的中断控制位。

当 ECxT1SI=0 时，关闭 T1 翻转时中断；

当 ECxT1SI=1 时，使能 T1 翻转时中断，当 PWM 波形发生器内部计数值与 T1 计数器所设定的值相匹配时，PWM 的波形发生翻转，同时硬件将 CxIF 置 1，此时若 EPWMxI=1，则程序将跳转到中断入口执行中断服务程序。

▰ 任务实施

查阅 STC15 单片机官方手册，深入理解 PWM 模块的构成和使用方法，总结 PWM 相关寄存器的功能和用法，寻找以下几个问题的答案。

(1)怎样设置 PWM 时钟？时钟来源可以怎样选择？

(2)哪些寄存器能够控制 PWM 的占空比？

(3)哪些寄存器能够控制 PWM 输出的初始电平高低？

(4)怎样设置 PWM 功能引脚切换？

▰ 任务总结

知识与技能点	你的理解	掌握情况
片上 PWM 模块逻辑结构		
PWM 的时钟、周期和占空比		
PWM 相关寄存器的功能		

😊 完全掌握   😐 基本掌握   😵 有些不懂   😣 完全不懂

任务二　　生成特定频率和占空比的 PWM 波形

■ 任务目标

　　使用 STC15 单片机片内 PWM 模块，生成特定频率和占空比的方波信号。具体要求：PWM 波形发生器的时钟频率为系统时钟的 1/4，波形由通道 6 输出，周期为 20 个 PWM 时钟，占空比为 2/3，有 4 个 PWM 时钟的相位延迟（波形如图 8.14 所示）。

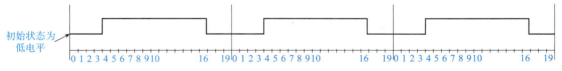

初始状态为低电平

图 8.14　任务描述对应波形

■ 任务描述

　　编写程序控制生产特定频率和占空比的 PWM 信号。根据任务描述的内容，依次完成相应的设置。假设当前系统时钟频率为 12 MHz，首先将 PWM 时钟选择为系统时钟频率的 4 分频，那么 PWM 时钟频率为 3 MHz；PWM 周期设置为 20 个时钟周期，其实也就是相当于对 PWM 时钟频率再做 20 分频，得到结果为 150 kHz，这正是输出的 PWM 信号频率；根据占空比为 1/3，且有 4 个 PWM 时钟的相位延迟，参考图 8.14，可设置第一翻转点位置为 4，第二翻转点位置为 17，如此高电平宽度为 13 个时钟周期，低电平宽度为 7 个时钟周期，占空比约为 2/3。

知识准备

PWM 周期由系统时钟的分频系数和 PWM 计数器初值共同决定，占空比则由第一次翻转计数初值和第二次翻转计数初值共同决定。使用 STC15 单片机的硬件 PWM，只需要按照步骤完成相应的配置，单片机即可自动输出 PWM 信号。

PWM 的相关寄存器虽然多且杂乱，但是配置过程有章可循，可按照以下步骤进行：

(1)根据输出通道，设置对应的 IO 端口模式；

(2)使能扩展特殊功能寄存器(XSFR)的访问允许位；

(3)配置 PWM 输出的初始电平为低电平或高电平；

(4)设置 PWM 时钟为系统时钟及分频系数(一般不用选择定时器溢出率脉冲)；

(5)设置 PWM 计数器初值(该初值即多少个 PWM 时钟周期)，也就是设置了 PWM 周期；

(6)设置第一次翻转计数器初值(该初值即从计数器清零开始至第一次翻转经过多少个 PWM 时钟周期)；

(7)设置第二次翻转计数器初值(该初值即第一次翻转后至第二次翻转经过多少个 PWM 时钟周期)；

(8)禁止 PWM 中断；

(9)关闭扩展特殊功能寄存器(XSFR)访问权限；

(10)允许 PWM 波形输出。

任务实施

根据以上步骤，参考以下程序完成本任务。

生成特定频率和
占空比的 PWM 信号

```
#include <stc15.h>
void main()
{
    P1M1=0x00;           //设置 P1 端口为准双向模式
    P1M0=0x00;
    P_SW2 |=0x80;        //开启访问 XSFR
    PWMCFG &=0xEF;       //PWM6 输出初始电平为低电平
    PWMCKS=0x03;         //PWM 时钟为系统时钟 3 分频
    PWMCH=0;
    PWMCL=19;            //计 20 个 PWM 时钟为一个周期
    PWM6T1H=0;
    PWM6T1L=3;           //第一次翻转点为 4
    PWM6T2H=0;
    PWM6T2L=16;          //第二次翻转点为 17
    PWM6CR=0;            //选择使用第 6 通道默认输出引脚 P1.6 输出 PWM 信
                         //  号，禁止 PWM6 中断
```

```
P_SW2 &=0x0F;              //禁止访问 XSFR
PWMCR |=0x90;              //允许 PWM6 波形输出
while(1);
}
```

将上面程序编译并下载到开发板，使用示波器测量 P1.6 引脚输出的信号，可以得到图 8.15 所示的波形，从测量结果可以看出，该 PWM 信号的周期为 6.66 μs，频率为 150.15 kHz，占空比约为 2/3，符合任务设计要求。

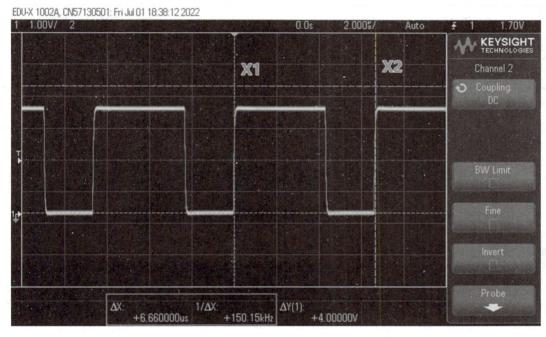

图 8.15 实测波形

任务扩展

(1)修改程序，将 PWM 周期修改为 30 个时钟周期，通过示波器观察波形的变化。
(2)修改程序，将占空比修改为 1/2，通过示波器观察波形的变化。

任务总结

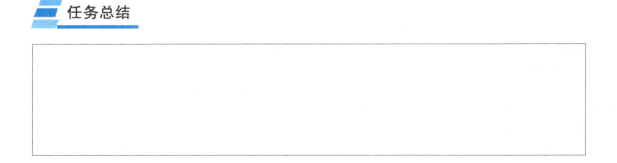

171

知识与技能点	你的理解	掌握情况
PWM 频率和占空比的计算		😊 😟 😵 😣
PWM 的设置步骤		😊 😟 😵 😣
编写程序，生成特定频率和占空比的波形		😊 😟 😵 😣

😊 完全掌握　　😟 基本掌握　　😵 有些不懂　　😣 完全不懂

任务三　生成互补对称输出的 PWM 波形

■ 任务目标

使用 STC15 单片机增强型 PWM 模块的通道 6(P1.6)和通道 7(P1.7)产生一个互补对称输出的 PWM 波形(图 8.16)。要求：PWM 波形发生器的时钟频率为系统时钟的 4 分频，周期为 20 个 PWM 时钟，通道 6 的有效高电平为 13 个 PWM 时钟，通道 7 的有效低电平为 10 个 PWM 时钟，前端死区为 2 个 PWM 时钟，末端死区为 1 个 PWM 时钟。

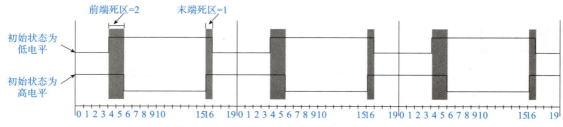

图 8.16　任务描述的互补对称 PWM 波形

■ 任务描述

编写程序生产互不对称输出的 PWM 信号。根据任务描述的内容，依次完成相应的设置。假设当前系统时钟频率为 12 MHz，首先将 PWM 时钟选择为系统时钟频率的 4 分频，那么 PWM 时钟频率为 3 MHz；PWM 周期设置为 20 个时钟周期，也就是相当于对 PWM 时钟频率再做 20 分频，得到结果为 150 kHz，这正是输出的 PWM 信号频率。

由于要输出互补对称的 PWM 波形，故可让通道 6 输出的初始电平为低电平，通道 7 输出的初始电平为高电平。根据通道 6 的有效高电平为 13 个 PWM 时钟，通道 7 的有效低电平为 10 个 PWM 时钟，前端死区为 2 个 PWM 时钟，末端死区为 1 个 PWM 时钟的要求，并参考图 8.16，可将通道 6 的第一次翻转计数器初值设置为 3、第二次翻转计数器初值设置为 16，可将通道 7 的第一次翻转计数器初值设置为 5、第二次翻转计数器初值设置为 15。

 知识准备

PWM 互补输出常用在电动机驱动器、电力逆变器等方面。通常，大功率电动机、变频器等末端都是由大功率管、IGBT 等元件组成的 H 桥或三相桥，每个桥的上半桥和下半桥绝对不可以同时导通，但高速的 PWM 驱动信号在达到功率器件的控制极时，往往会由于各种原因产生延迟，造成某个半桥元件在应该关断时没有关断，导致功率器件烧毁。

对称互补输出及死区时间就是在上半桥关断后，延迟一段时间再打开下半桥；或者在下半桥关断后，延迟一段时间再打开上半桥，从而避免上下半桥同时导通，避免功率器件烧毁。这种上半桥导通时下半桥关断、上半桥关断时下半桥导通的控制就可以使用 PWM 互补对称输出，而死区时间是为了避免上下半桥因为开关速度问题发生同时导通而设置的一个保护时段，在死区时间，上下管都不会有输出，可避免同时导通出现短路等现象。

 任务实施

生成互补对称
输出的 PWM 波形

程序实现及结果验证

根据以上分析，编写程序如下，程序的每个功能都在注释中做了解释。

```
#include <stc15.h>
void main()
{
    P1M1=0x00;              //设置 P1 端口模式为准双向模式
    P1M0=0x00;
    P_SW2 |=0x80;           //允许访问特殊功能寄存器 XSFR
    PWMCFG &=0xEF;          //PWM6 输出初始电平为低电平
    PWMCFG |=0x20;          //PWM7 输出初始电平为高电平
    PWMCKS=0x03;            //PWM 时钟为系统时钟 4 分频
    PWMCH=0;
    PWMCL=19;               //PWM 计数器初值
    PWM6T1H=0;
    PWM6T1L=3;              //PWM6 第一次翻转计数器初值
```

```
PWM6T2H=0;
PWM6T2L=16;                    // PWM6 第二次翻转计数器初值
PWM6CR=0;                      // PWM6 输出引脚为 P1.6，禁止 PWM6 中断
PWM7T1H=0;
PWM7T1L=5;                     // PWM7 第一次翻转计数器初值
PWM7T2H=0;
PWM7T2L=15;                    // PWM7 第二次翻转计数器初值
PWM7CR=0;                      // PWM7 输出引脚为 P1.7，禁止 PWM7 中断
P_SW2 &=0x0F;                  // 禁止访问特殊功能寄存器 XSFR
PWMCR |=0xB0;                  // 允许 PWM6 和 PWM7 波形输出
while(1);
}
```

将以上程序编译并下载到开发板，使用双通道示波器测量波形，将示波器通道 1 连接至 P1.6 引脚，将示波器通道 2 连接至 P1.7 引脚，可观察到示波器上出现互补对称波形信号。如图 8.17 所示，实测结果符合任务设计要求。

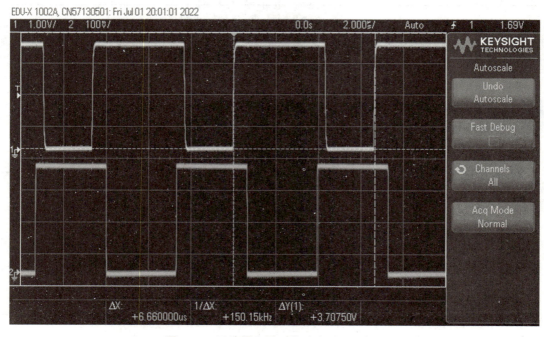

图 8.17　示波器实测互补对称 PWM 波形

任务扩展

修改程序，将 PWM6 初始输出电平设置为高电平，将 PWM7 初始输出电平设置为低电平，观察波形有何变化。

知识与技能点	你的理解	掌握情况			
互补对称输出 PWM 及死区时间		😃	😖	😵	😣
编写程序输出特定要求的互补对称 PWM 波形		😃	😖	😵	😣

😃 完全掌握　😖 基本掌握　😵 有些不懂　😣 完全不懂

任务四　　PWM 驱动蜂鸣器发出音符

任务目标

使用 STC15 单片机增强型 PWM 模块的通道 6(P1.6)生成特定频率 PWM 信号，用该信号驱动蜂鸣器发出声音。根据 Do、Re、Mi、Fa、So、La、Xi 七个音符的频率，配置 PWM 参数，依次驱动蜂鸣器发出这七个音符。

任务描述

编写程序控制 PWM 信号的输出，驱动蜂鸣器发出音符，不同的音符有其特定的频率。根据 Do、Re、Mi、Fa、So、La、Xi 七个音符

**PWM 驱动蜂鸣器
发出音符**

的频率，可以计算出 PWM 计数器初值、第一次翻转计数器初值和第二次翻转计数器初值，根据计算结果配置 PWM 寄存器，产生 PWM 信号，可以驱动蜂鸣器发出对应音符的声音。

📘 知识准备

有源蜂鸣器和无源蜂鸣器的"源"，指的不是电源，而是振荡源。有源蜂鸣器内部有振荡源，所以，只要一通电就会发出鸣叫，但是声音频率不能改变。无源蜂鸣器内部没有振荡源，所以，直流信号是无法令其鸣叫的，可以用不同频率的 PWM 信号去驱动它，从而发出不同的声音。图 8.18(a)是有源蜂鸣器；图 8.18(b)是无源蜂鸣器；图 8.18(c)是开发板部分截图，可见开发板上使用的无源蜂鸣器。

（a） （b） （c）

图 8.18　有源蜂鸣器和无源蜂鸣器

(a)有源蜂鸣器；(b)无源蜂鸣器；(c)开发板部分截图

一、无源蜂鸣器驱动电路

图 8.19 所示为无源蜂鸣器驱动电路，请注意：在当前版本的开发板上，蜂鸣器电路驱动端引脚的网络标号显示连接的是单片机的 P5.5 引脚，但是 P5.5 引脚是没有硬件 PWM 输出功能的，如果要使用 P5.5 驱动蜂鸣器，应将该引脚设置为推挽模式后，使用软件延时或定时器的方式在该引脚产生 PWM 信号。

由于蜂鸣器的驱动电路相对较大，所以使用了 S8050 三极管进行驱动；由于蜂鸣器是感性元件，故在其引脚反向并接一个 1N4148 二极管，目的是当三极管 Q2 关断时，为蜂鸣器提供瞬时的电流泄放路径。电阻 R_3 为基极提供限流保护。电阻 R_4 的作用将三极管 Q2 的基极拉到底，防止单片机刚上电时 IO 引脚电平状态不稳定，引发三极管误导通及蜂鸣器误鸣叫。

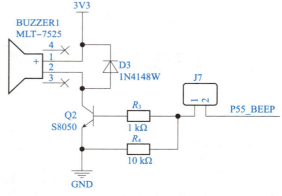

图 8.19　无源蜂鸣器驱动电路

二、音符与频率

表 8.3 左侧给出了中音域 Do、Re、Mi、Fa、So、La、Xi 七个音符所对应的频率，为

了使用单片机生成对应频率的 PWM 波形信号，需要根据这些频率计算出 PWM 计数器初值、第一次翻转计数器初值和第二次翻转计数初值。

表 8.3　音符与频率

音符	频率/Hz	PWM 计数器初值	第一次翻转初值	第二次翻转初值
中 1 Do	523	1 912	956	1 912
中 2 Re	587	1 704	852	1 704
中 3 Mi	659	1 518	758	1 518
中 4 Fa	698	1 432	716	1 432
中 5 So	784	1 275	637	1 275
中 6 La	880	1 136	568	1 136
中 7 Xi	988	1 012	506	1 012

假设当前系统时钟频率为 12 MHz，为了计算的简便，PWM 时钟设置为系统时钟的 12 分频，也就是 1 MHz。中音 Do 的频率是 523 Hz，用 1 MHz / 523 Hz＝1 912，该值就是中音 Do 对应的 PWM 计数器初值。驱动蜂鸣器发声，将占空比设置为 50％ 即可，所以，可用 1 912 / 2＝956 作为第一次翻转计数器的初值，而第二次翻转计数器的初值就是 1 912。

1 912 对应的十六进制数是 0778H，将高 8 位 07H 赋给 PWMCH 寄存器，将低 8 位 78H 赋给 PWMCL 寄存器，完成 PWM 计数器初值的设置。956 对应的十六进制数是 03BCH，将高 8 位 03H 赋值给 PWM6T1H 寄存器，将低 8 位 BCH 赋值给 PWM6T1L 寄存器，完成第一次翻转计数器初值的设置。第二次翻转计数器的初值也设置为 1 912，即 0778H，将 07H 赋值给 PWM6T2H 寄存器，将 78H 赋值给 PWM6T2L 寄存器。

完成以上设置后，使能 PWM 输出，用杜邦线连接 P1.6 和蜂鸣器驱动引脚，即可听到中音 Do 的声音。根据以上设置过程，完成 Re、Mi、Fa、So、La、Xi 的计算和设置。

 任务实施

程序实现及结果验证

参考以下程序，实现中音 Do、Re、Mi、Fa、So、La、Xi 七个音符的循环播放。

```
#include <stc15.h>
#include <intrins.h>
void Delay1000ms();            //@12.000 MHz
void main()
{
    P1M1=0x00;                 //设置 P1 端口为准双向模式
    P1M0=0xFF;

    P_SW2 |=0x80;              //开启访问 XSFR
```

```
PWMCFG &=0xEF;                    // PWM6 输出初始电平为低电平
PWMCKS=11;                        // PWM 时钟为系统时钟 12 分频,频率变为 1 MHz
PWM6CR=0;                         // 选择使用第 6 通道默认输出引脚 P1.6 输出 PWM
                                     信号,禁止 PWM6 中断

PWMCR |=0x90;                     // 允许 PWM6 波形输出
// P_SW2 &=0x0F;                  // 禁止访问 XSFR
while(1)
{
    // Do
    PWMCH=0x07;
    PWMCL=0x78;                   // 计 1 912 个 PWM 时钟为一个周期,频率变为 523 Hz
    PWM6T1H=0x03;
    PWM6T1L=0xBC;                 // 第一次翻转点
    PWM6T2H=0x07;
    PWM6T2L=0x78;                 // 第二次翻转点
    Delay1000ms();
    // Re
    PWMCH=0x06;
    PWMCL=0xA8;                   // 计 1 704 个 PWM 时钟为一个周期,频率变为 587 Hz
    PWM6T1H=0x03;
    PWM6T1L=0x54;                 // 第一次翻转点
    PWM6T2H=0x06;
    PWM6T2L=0xA8;                 // 第二次翻转点
    Delay1000ms();
    // Mi
    PWMCH=0x05;
    PWMCL=0xEE;                   // 计 1 518 个 PWM 时钟为一个周期,频率变为 659 Hz
    PWM6T1H=0x02;
    PWM6T1L=0xF6;                 // 第一次翻转点
    PWM6T2H=0x05;
    PWM6T2L=0xEE;                 // 第二次翻转点
    Delay1000ms();
    // Fa
    PWMCH=0x05;
    PWMCL=0x98;                   // 计 1 432 个 PWM 时钟为一个周期,频率变为 698 Hz
    PWM6T1H=0x02;
    PWM6T1L=0xCC;                 // 第一次翻转点
    PWM6T2H=0x05;
    PWM6T2L=0x98;                 // 第二次翻转点
    Delay1000ms();
```

```
        // So
        PWMCH=0x04;
        PWMCL=0xFB;                        //计 1 275 个 PWM 时钟为一个周期, 频率变为 784 Hz
        PWM6T1H=0x02;
        PWM6T1L=0x7D;                      //第一次翻转点
        PWM6T2H=0x04;
        PWM6T2L=0xFB;                      //第二次翻转点
        Delay1000ms();
        // La
        PWMCH=0x04;
        PWMCL=0x70;                        //计 1 136 个 PWM 时钟为一个周期, 频率变为 880 Hz
        PWM6T1H=0x02;
        PWM6T1L=0x38;                      //第一次翻转点
        PWM6T2H=0x04;
        PWM6T2L=0x70;                      //第二次翻转点
        Delay1000ms();
        // Xi
        PWMCH=0x03;
        PWMCL=0xF4;                        //计 1 012 个 PWM 时钟为一个周期, 频率变为 988 Hz
        PWM6T1H=0x01;
        PWM6T1L=0xFA;                      //第一次翻转点
        PWM6T2H=0x03;
        PWM6T2L=0xF4;                      //第二次翻转点
        Delay1000ms();
    }
}
void Delay1000ms()                         // @12. 000 MHz
{
    unsigned char i,j,k;

    _nop_();
    _nop_();
    i=46;
    j=153;
    k=245;
    do
    {
        do
        {
            while(--k);
```

```
        } while(--j);
    } while(--i);
}
```

该程序需要注意：不能执行"P_SW2 &=0x0F;"，也就是不能禁止访问 XSFR 寄存器区域。因为在主循环中程序不断设置第一次翻转计数器和第二次翻转计数器，这两个寄存器都在 XSFR 区域。

编译并下载上面的程序，注意下载时将系统时钟频率设置为 12 MHz。按照图 8.20 所示用杜邦线连接 P1.6 引脚和无源蜂鸣器驱动引脚，验证蜂鸣器是否循环播放中音域七个音符。

图 8.20　使用杜邦线连接蜂鸣器引脚和 PWM 输出引脚

 **任务扩展**

(1)独立完成音符频率对应 PWM 计数器初值和两次翻转值的计算；完成中音域七音符程序；完成低音域、高音域各音符程序。

(2)在网上找到歌曲《我爱祖国》的简谱，编写程序，使用蜂鸣器播放此歌曲。

任务总结

😊 完全掌握　　😐 基本掌握　　😵 有些不懂　　😣 完全不懂

任务五　　PWM 控制呼吸灯

任务目标

使用 STC15 单片机增强型 PWM 模块的通道 4(P2.2)特定频率、占空比变化的 PWM 信号，驱动绿色 LED 实现呼吸灯效果。

任务描述

编写程序控制输出 PWM 信号，实现呼吸灯功能。用 PWM 信号驱动发光二极管，可以调节光的亮度。占空比越小，亮度越低；占空比越大，亮度越高。如果占空比随时间变化，从 0 逐渐变化到 100%，再从 100% 逐渐变化到 0，那么 LED 的亮度就会从最暗逐渐变化到最亮，再从最亮逐渐变化到最暗，形成一次呼吸效果。如此不断循环，可形成呼吸灯效果。

在前面介绍单片机 IO 端口的项目，曾使用软件延时的方法控制 IO 引脚输出 PWM 实现了呼吸灯效果，但软件延时法天然会占空 CPU 资源，效率低下。使用硬件 PWM 的好处是配置一次 PWM 模块后，硬件自动产生 PWM 信号，不再需要软件干涉，这样 CPU 就可以获得时间资源处理其他事情。

在本任务中由于要每隔一定时间改变 PWM 的占空比，这个"每隔一定时间"的功能可以使用定时器及定时中断来实现。

知识准备

硬件 PWM 正确完成初始化以后，就会自动输出 PWM 信号，此后如果需要动态改变

PWM 的频率和占空比，可以直接修改相应寄存器的值，而不需要停止 PWM 信号。基于此方法可在定时器中断服务函数中不断动态修改 PWM 的占空比。

开发板上三色 LED 的电路图如图 8.21 所示。三色 LED 的三个引脚分别连接到 P2 端口的 P2.1、P2.2 和 P2.3 引脚，这三个引脚都是 PWM 复用引脚。P2.1 可复用为 PWM3，P2.2 可复用为 PWM4，P2.3 可复用为 PWM5。本任务使用 PWM4 输出通道所连接的绿色 LED 完成呼吸灯效果。

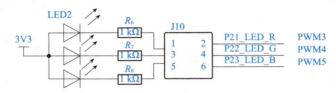

图 8.21 开发板上三色 LED 电路图

假设系统时钟频率为 12 MHz，PWM 时钟选择为系统时钟的 12 分频，那么 PWM 时钟频率就是 1 MHz。将 PWM 计数器初值设置为 999（对应十六进制数为 03E7H），即计 1 000 个 PWM 时钟脉冲作为一个 PWM 周期，相对于对 1 MHz 又进行了 1 000 分频，那么 PWM 输出信号的频率将是 1 kHz。

由于呼吸灯的效果要求 PWM 占空比是不断变化的，所以，可以定义一个全局变量 DutyCycle 来存放当前占空比，改变量在定时器中断中不断修改。为了实现简单，DutyCycle 变量可直接存放第一次翻转计数值，而第二次翻转计数值则可以设置为最大值 999。

使用一个定时器做 10 ms 定时，每次进入定时中断服务程序中将 DutyCycle 值适量增加或减少，增加还是减少要根据当前呼吸灯的亮灭方向确定。

 任务实施

程序实现及结果验证

基于上面分析，参考以下程序实现呼吸灯控制效果。

```
#include <stc15.h>
void Timer0Init(void);          //10 ms@12.000 MHz
int DutyCycle=499;
bit dir=1;
void main()
{
    P2M1=0x00;                  //设置 P1 端口为准双向模式
    P2M0=0x00;
    P_SW2 |=0x80;               //开启访问 XSFR
    PWMCFG &=0xFB;              //PWM4 输出初始电平为低电平
    PWMCKS=11;                  //PWM 时钟为系统时钟 12 分频,频率变为 1 MHz
```

```
    PWMCH=0x03;
    PWMCL=0xE7;                     //999,计 1 000 个 PWM 时钟为一个周期,频率变为
                                      1 kHz

    PWM4T1H=(DutyCycle>>8);
    PWM4T1L=DutyCycle;              //第一次翻转点为 499
    PWM4T2H=0x03;
    PWM4T2L=0xE7;                   //第二次翻转点为 999
    PWM4CR=0;                       //选择使用第 4 通道默认输出引脚 P1.6 输出 PWM
                                      信号,禁止 PWM6 中断

    //P_SW2 &=0x0F;                 //注意:这里不能使用禁止访问 XSFR,因为在定时器
                                      中断里要不断修改第一次翻转计数值

    PWMCR |=0x84;                   //允许 PWM4 波形输出
    Timer0Init();
    ET0=1;
    EA=1;
    while(1);
}
                                    //定时器初始化函数
void Timer0Init(void)               //10 ms@12.000 MHz
{
    AUXR &=0x7F;                    //定时器时钟 12T 模式
    TMOD &=0xF0;                    //设置定时器模式
    TL0=0xF0;                       //设置定时初始值
    TH0=0xD8;                       //设置定时初始值
    TF0=0;                          //清除 TF0 标志
    TR0=1;                          //定时器 0 开始计时
}
                                    //定时器中断服务函数
void Timer0_Isr(void) interrupt 1
{
    if(dir)
    {
        DutyCycle +=10;
        if(DutyCycle >999)
        {
            DutyCycle=999;
            dir=~dir;
        }
    }
    else
```

```
        {
            DutyCycle -=10;
            if(DutyCycle <0)
            {
                DutyCycle=0;
                dir=～dir;
            }
        }
        PWM4T1H=(DutyCycle>>8);
        PWM4T1L=DutyCycle;
}
```

该程序中，全局变量 dir 用来标识当前呼吸灯的允许方向："吸"或是"呼"决定了在定时器中断服务函数中，每次是对 DutyCycle 加 10 还是减 10。

变量 DutyCycle 最大数值为 999，超过了 unsigned char 型最大存放范围（255），所以，DutyCycle 的类型应该是 unsigned int 或 int。在定时器中断处理函数中，有不断增加和减小 DutyCycle 的操作，对于减小的操作，判断是否减小到小于 0 为止，如下面程序片段，既然能够判断是否小于 0，所以，DutyCycle 不能是无符号类型，应该是 int 类型。

DutyCycle 是 int 型，也就是 2 字节长度，那么怎样将 DutyCycle 赋值给 PWM4T1H、PWM4T1L 两个单字节长度的寄存器呢？可将 DutyCycle 右移 8 位后取其高 8 位赋值给 PWM4T1H，即 PWM4T1H＝(DutyCycle≫8)；而直接将 DutyCycle 赋值给 PWM4T1L，则 PWM4T1L＝DutyCycle，即取 DutyCycle 的低 8 位赋值给 PWM4T1L，高 8 位舍弃。

编译并下载该程序到开发板，注意将系统时钟频率设置为 12MHz，可见绿色 LED 实现了呼吸灯效果。

 **任务扩展**

(1)完成绿色 LED 的呼吸灯程序，并下载观察效果。

(2)修改程序，实现蓝色 LED 的呼吸灯效果。

(3)编写程序，使用三路 PWM 驱动三色 LED，实现多彩呼吸灯的混合效果。

任务总结

知识与技能点	你的理解	掌握情况
呼吸灯程序设计		😊 😖 😵 😫
多彩呼吸灯程序设计		😊 😖 😵 😫

😵 完全掌握　　😊 基本掌握　　😵 有些不懂　　😫 完全不懂

任务六　电位器控制 LED 亮度

任务目标

综合应用使用 STC15 单片机增强型 PWM 模块和 A/D 转换模块。使用 A/D 转换读取电位器模拟电压值，根据该值的大小调节 PWM 信号占空比，进而控制绿色 LED 的亮度，实现电位器旋钮控制 LED 亮度的功能效果。

任务描述

编写程序实现读取电位器的模拟电压值，根据电压值的大小控制 LED 亮度。根据任务描述，PWM 信号的频率可以是固定的，但是占空比是随 A/D 转换结果而变化的。在正确初始化了 PWM 模块和 A/D 模块后，进入主循环中不断以查询方式读取 A/D 转换结果，可以只取 8 位结果，然后将该结果映射到 PWM 一个周期的计数范围，可实现 A/D 和 PWM 的联动调节控制。

知识准备

以查询方式使用 A/D 转换模块。硬件 PWM 正确完成初始化以后，就会自动输出 PWM 信号，此后管理 A/D 转换结果动态改变 PWM 的占空比，可以直接修改相应寄存器的值，而不需要停止 PWM 信号。

根据电位器电路设计，使用 P1.1 引脚作为 A/D 转换器的模拟量输入通道，使用查询方式读取 A/D 转换结果，简单起见，取 8 位结果即可。

使用 PWM4 的默认输出通道 P2.2 输出 PWM 信号，根据 A/D 转换结果调节绿色 LED 的亮度。设置系统时钟频率为 12 MHz，PWM 时钟选择为系统时钟频率的 12 分频，即

1 MHz；PWM 计数器初值设置为 999，即 PWM 周期为 1 000 个时钟周期，PWM 输出信号的频率为 1 kHz。

8 位 A/D 转换的结果范围为 0～255，PWM 占空比计数值的可调范围为 0～999，当某次 A/D 转换的结果为 ad 时，对应的 PWM 占空比计数值 x 是多少？两者之间就存在一个等比例映射关系，如图 8.22 所示，换算公式也在图中列出。需要注意的是：第一次翻转计数值最大不能取 999，而应该减少 1，取 998；否则在 999 取 PWM 信号将发生跳变，变成周期放大 2 倍、占空比 50% 的方波信号，这时如果 999 作为第一次翻转计数值，而 PWM 计数器最大计数值也是 999，则 PWM 就没有第二次翻转的机会了，可以通过示波器清楚看到这个现象。

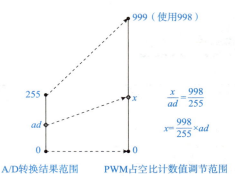

图 8.22　A/D 转换结果与 PWM 占空比计数值映射关系

任务实施

经过以上分析，参考以下程序实现电位器调光功能。

```c
#include <stc15.h>
#include <intrins.h>
#include <stdio.h>
void main()
{
    unsigned int i;
    unsigned char res,status;
    P2M1=0x00;              //设置 P1 端口为准双向模式
    P2M0=0x00;
    P_SW2 |=0x80;           //开启访问 XSFR
    PWMCFG &=0xFB;          //PWM4 输出初始电平为低电平
    PWMCKS=11;              //PWM 时钟为系统时钟 12 分频，频率变为 1 MHz
    PWMCH=0x03;
    PWMCL=0xE7;             //计 1 000 个 PWM 时钟为一个周期，频率变为 1 kHz
    PWM4T1H=0x01;
    PWM4T1L=0xF3;           //第一次翻转点为 499
    PWM4T2H=0x03;
    PWM4T2L=0xE7;           //第二次翻转点为 999
    PWM4CR=0;               //选择使用第 6 通道默认输出引脚 P1.6 输出
                           //  PWM 信号,禁止 PWM6 中断
    //P_SW2 &=0x0F;         //注意:此行应被注释掉,不能禁止访问 XSFR
    PWMCR |=0x84;           //允许 PWM4 波形输出
```

```
                              //配置 A/D 转换寄存器
P1ASF=0x02;
ADC_CONTR=0x81;
for(i=0;i<10000;i++);
while(1)
{
    ADC_CONTR=0x89;              //注意此处不能用"ADC_CONTR |=0x08;"
    _nop_();_nop_();_nop_();_nop_();
    status=0;
    while(status==0)             //查询 A/D 转换是否完成
    {
        status=ADC_CONTR & 0x10;
    }
    ADC_CONTR &= ~0x08;
                                 //读取 A/D 转换结果,并映射成第一次翻转计数
                                   器初值
    res=ADC_RES;
    i=998*(float)res/255;
                                 //更新第一次翻转计数器初值
    PWM4T1H=i>> 8;
    PWM4T1L=i;
}
}
```

编译并下载程序，注意下载时将单片机时钟频率设置为 12 MHz，旋转电位器旋钮，观察绿色 LED 灯的亮度变化情况是否随电位器旋钮位置而变化。

任务总结

自我评价

知识与技能点	你的理解	掌握情况
A/D 转换结果与 PWM 占空比之间的映射关系		😊 😟 😵 😣
电位器控制 LED 亮度程序		😊 😟 😵 😣

😊 完全掌握　　😟 基本掌握　　😵 有些不懂　　😣 完全不懂

任务七　　电位器控制直流电动机转速

任务目标

　　综合应用使用 STC15 单片机增强型 PWM 模块和 A/D 转换模块,使用 A/D 转换读取电位器模拟电压值,根据该值的大小调节 PWM 信号占空比,进而驱动直流电动机,实现电位器旋钮控制直流电动机转速的功能效果。

任务描述

　　编写程序读取电位器模拟电压值,根据模拟电压值的大小,控制直流电动机的转速。直流电动机的供电电压越高(在额定电压范围内),电动机的转速越高。PWM 调速是直流电动机常用的调速方法,不同占空比的 PWM 信号提供的电压有效值不同,能够给直流电动机提供的能量也就不同,调节占空比就可以调节电动机转速。

　　PWM 信号的频率固定,占空比是随 A/D 转换结果而变化的。可在主循环中不断以查询方式读取 A/D 转换结果,可以只取 8 位结果,然后将该结果映射到 PWM 一个周期的计数范围,实现 A/D 转换结果与 PWM 占空比之间的联动。

知识准备

　　直流电机是指能将直流电能转换成机械能(直流电动机),或者将机械能转换成直流电能(直流发电机)的旋转电机。它能实现直流电能和机械能的互相转换。小型直流电动机是一种应用非常广泛的驱动部件,通常搭载齿轮减速箱一起使用,称为小型直流减速电动机。直流电动机包括有刷电动机、无刷电动机,齿轮箱可采用行星齿轮箱、蜗轮蜗杆齿轮箱、

188

平行齿轮箱、圆柱齿轮箱等，输出功率在 50 W 以下，电压在 24 V 以内，直径规格在 38 mm 以内。小型直流减速电动机的减速比、功率、转速、扭矩等参数一般是可以制定的(图 8.23)。

图 8.23　智能车里常用的两种带减速齿轮的直流电动机

由于电动机转动时所需要的驱动电流比较大，故不能直接使用单片机 IO 口驱动，可以使用一块电动机驱动板来驱动直流电动机。以市面上很常用的 L298N 电动机驱动板为例，L298N 是一种双 H 桥电动机驱动芯片，每个 H 桥可以提供 2 A 的电流，功率部分的供电电压范围为 2.5～4.8 V，逻辑部分可以用 5 V 或 3.3 V 供电，一般情况下，要求功率部分的电压应大于 6 V，以保证芯片能够正常稳定地工作(图 8.24)。

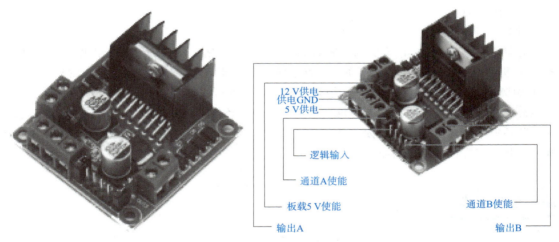

图 8.24　L298N 电动机驱动板

L298N 驱动板、单片机开发板和直流电动机直接的连接关系可如图 8.25 所示。图中锂电池供电电压选择为 7.4 V，因为图中的微型直流电动机耐压一般不能超过 8 V，如果使用 12 V 以上的锂电池供电，可以增加一个稳压电路板，将电压降低。电源正极连接至 L298N 的 3PIN 接线端子的左侧端子，GND 连接至中间端子，对 L298N 进行供电，L298N 的 GND 与单片机开发板 GND 短接共地。

从图 8.24 中可以看到，L298N 驱动板分为 A、B 两路，A 路输入端为黑色排针的左侧两根，B 路输入端为黑色排针的右侧两根；A 路的输出端为左侧的接线端子，B 路的输出端为右侧的接线端子。在图 8.25 中，单片机的 P1.6 和 P2.7 引脚连接至 B 路的输入端子，直流电动机连接至 B 路的输出端子。P1.6 和 P2.7 的电平有四种组合，具体控制逻辑如下：

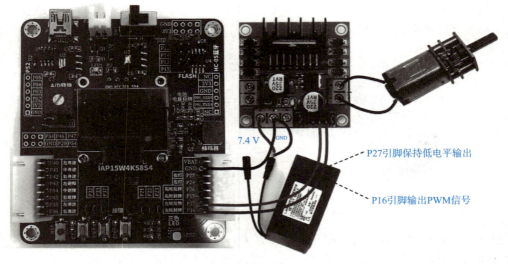

图 8.25　电动机驱动电路连接图

当 P1.6＝1、P2.7＝0 时，电动机正转；

当 P1.6＝0、P2.7＝0 时，电动机反转；

当 P1.6＝0、P2.7＝0 时，电动机停止；

当 P1.6＝1、P2.7＝1 时，电动机制动。

由于本任务要完成电动机的 PWM 调速，故可让 P2.7 引脚始终输出低电平，通过 P1.6 引脚给出 PWM 信号，可驱动电动机正转；而调节 PWM 信号的占空比，相当于调节 P1.6 引脚输出高电平的时间长度，从而可以调节电动机的转速。

为了能够通过电位器控制电动机转速，在程序中还需要使用片上 A/D 转换模块，可以在主循环中不断采用查询方式读取 A/D 转换结果，将结果映射成 PWM 第一次翻转计数器值，如此可实现任务描述所要求的功能。

任务实施

基于以上分析，可参考以下程序实现电位器控制直流电动机调速功能。

```
                              //此程序可通过电位器调节电动机的转速,电动机
                                控制端为 P1.6 和 P1.7
#include <stc15.h>
#include <intrins.h>
#include <stdio.h>
void main()
{
    unsigned int i;
    unsigned char res,status;
    P1M1=0x00;                //设置 P1 端口为准双向模式
    P1M0=0x00;
```

```
    P16=0;                          // 初始化 P1.6 和 P1.7 引脚为低电平,防止电动机
                                       误动作

    P17=0;
    P_SW2 |=0x80;                   // 开启访问 XSFR
    PWMCFG &=0xEF;                  // PWM6 输出初始电平为低电平
    PWMCKS=11;                      // PWM 时钟为系统时钟 12 分频,频率变为 1 MHz

    PWMCH=0x03;
    PWMCL=0xE7;                     // 计 1 000 个 PWM 时钟为一个周期,频率变为 1 kHz
    PWM6T1H=0x01;
    PWM6T1L=0xF3;                   // 第一次翻转点为 499
    PWM6T2H=0x03;
    PWM6T2L=0xE7;                   // 第二次翻转点为 999
    PWM6CR=0;                       // 选择使用第 6 通道默认输出引脚 P1.6 输出 PWM
                                       信号,禁止 PWM6 中断

    PWMCR |=0x90;                   // 允许 PWM6 波形输出
                                    // 配置 A/D 转换寄存器

    P1ASF=0x02;
    ADC_CONTR=0x81;
    for(i=0;i<10000;i++);
    while(1)
    {
        ADC_CONTR=0x89;            // 注意此处不能用"ADC_CONTR |=0x08;"
        _nop_();_nop_();_nop_();_nop_();
        status=0;
        while(status==0)           // 查询 A/D 转换是否完成
        {
            status=ADC_CONTR & 0x10;
        }
        ADC_CONTR &=~0x08;
        res=ADC_RES;
        i=998*(float)res/255;
                                    // 不断更新 PWM 的第一次翻转计数器初值,从而不
                                       断调节占空比

        PWM6T1H=i>>8;
        PWM6T1L=i;
    }
}
```

　　参考图 8.25 正确连接电动机驱动电路,编译并下载以上程序,将系统时钟频率设置为 12 MHz,调节电位器旋钮的旋转角度可以看到直流电动机的转速随之发生变化。

 任务总结

 自我评价

知识与技能点	你的理解	掌握情况			
使用 L298N 电动机驱动电路连接		😊	😟	😵	😫
电位器控制电动机转速程序		😊	😟	😵	😫
双路电动机调速控制程序		😊	😟	😵	😫

😊 完全掌握   😟 基本掌握   😵 有些不懂   😫 完全不懂

 项目小结

　　本项目首先介绍了 PWM 的一般概念，进而介绍 STC15 单片机片上增强型 PWM 的逻辑结构、相关寄存器的功能和配置方法。通过生成特定频率和占空比的 PWM 信号，总结了使用硬件 PWM 的一般步骤；进一步介绍了互补对称输出 PWM 的作用及死区的概念，并编写程序输出了互补对称 PWM。在理解了 PWM 使用方法的基础上，完成了诸多 PWM 典型应用设计：利用 PWM 信号驱动蜂鸣器发出声音，并实现了简单的音乐播放；利用 PWM 和定时器实现了 LED 呼吸灯；利用 PWM 和 A/D 转换实现了电位器调光功能；利用 PWM 和 A/D 转换实现了直流电动机调速功能。

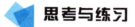
思考与练习

1. IAP15W4K58S4 单片机的硬件 PWM 共有几路输出通道？分别对应哪个引脚？

2. IAP15W4K58S4 单片机与 PWM 相关的特殊功能寄存器有哪些？

3. 使用硬件 PWM 的一般步骤是什么？

4. 编程实现 PWM5 通道输出占空比 50% 的 PWM 波形。

5. 编程实现 PWM3 通道和 PWM4 通道输出两路带死区控制的 PWM 波形。

项目九　OLED 液晶屏综合应用

项目描述

本项目将使用 0.96 in①OLED 液晶屏显示数字、字符、汉字、图片等信息。该液晶屏模块的接口为 I2C 接口，本项目的实施还将涉及 I2C 时序和驱动程序、OLED 主控芯片 SSD1306 的寻址模式和指令定义，编写 OLED 驱动程序并测试、验证相关功能。

项目分析

本项目中 OLED 模块为 4PIN 的 I2C 接口，要想使用 OLED，必须先了解 I2C 通信协议，本项目将采用 I2C 协议—OLED 控制—综合应用设计的过程逐层学习和了解 OLED 液晶屏的使用方法，掌握 OLED 主控芯片 SSD1306 的使用方法、寻址模式和设置命令，完成 OLED 驱动程序的移植，掌握取模软件的使用方法，并能够完成数字、字符、汉字、图片等信息。

学习目标

了解 OLED 及其用途；理解 I2C 协议内容和时序；理解并会调试 I2C 通信协议；会移植和调试 OLED 驱动程序；了解 SSD1306 的寻址模式和指令设置；会使用取模软件，能在 OLED 上显示数字、字符、汉字、图片等信息；能基于 OLED 完成综合设计项目(如时钟等)。

任务一　　认识 OLED 液晶屏

任务目标

了解 OLED 液晶屏的用途、技术参数和特点；理解 OLED 液晶屏控制芯片 SSD1306 的显存、寻址模式和设置命令；知道页寻址、水平寻址、垂直寻址的概念和区别。

任务描述

理解 OLED 液晶屏控制芯片 SSD1306 的相关知识；理解页寻址、水平寻址、垂直寻址的概念。寻址模式是学习液晶屏和理解 OLED 驱动程序的关键知识点，也是后面在使用取模软件时，设置取模方式的重要参考。

---

① 1 in≈2.54 cm。

关注电子产品的人，大多对屏幕显示器有一定的了解。LCD 和 OLED 这两种类型的屏幕是当下比较多见的，被广泛应用于手机、计算机、电视的屏幕上。OLED 与 LCD 的差别还是很大的，LCD 的显示原来是通过液晶的分子扭曲向列产生电场效应，从而控制光源透射在电源开关过程所产生的明暗，以此将影像显示出来，而色彩的显示主要靠彩色滤光片。OLED 的显示原理：通过发光材料层组成，在通电时，置于两个电极之间的发光材料层进行载流子运动，将能量以脉冲形式释放，最后的一个电极呈透明，可以看到光。

一、OLED 液晶屏

有机发光二极管（Organic Light Emitting Diode，OLED）由于同时具备自发光，无须背光源、对比度高、厚度薄、视角广、反应速度快、可用于挠曲性面板、使用温度范围广、构造及制程较简单等优点，被认为是下一代的平面显示器新兴应用技术。LCD 都需要背光，而 OLED 不需要，因为它是自发光的，同样的显示内容，OLED 的显示效果要更好一些。

在单片机应用领域，常用的 OLED 有 0.91 in、0.96 in、1.27 in 和 1.5 in 等，其中 0.96 in OLED 应用最为广泛。0.96 in OLED 有 7Pin 和 4Pin 两种，7Pin 的通信方式有 4-Wire SPI、3-Wire SPI、IIC 三种，4Pin 的通信方式为 IIC。0.96 英寸 OLED 有黄蓝、白、蓝三种颜色可选。其中，黄蓝是屏上 1/4 部分为黄光，屏下 3/4 为蓝光，而且是固定区域显示固定颜色，颜色和显示区域均不能修改。0.96 in OLED 液晶屏的分辨率为 128×64，如图 9.1 所示。

图 9.1　黄蓝、白、蓝三种颜色的 OLED 屏

OLED 具有以下特点：

（1）功耗低：与 LCD 相比，OLED 不需要背光源，而背光源在 LCD 中是比较耗能的一部分，所以，OLED 是比较节能的。

（2）响应速度快：OLED 的另一个显著特点是其响应速度快，响应时间可以达到微秒级别。较高的响应速度更好地实现了运动的图像。根据有关的数据分析，其响应速度可达到 LCD 液晶显示器响应速度的 1 000 倍左右。

（3）较宽的视角：与其他显示相比，由于 OLED 是主动发光的，所以，在很大视角范围内画面是不会显示失真的，其上下、左右的视角宽度超过 170°。

（4）能实现高分辨率显示：大多高分辨率的 OLED 显示采用的是有源矩阵，也就是 AMOLED，它的发光层可以是吸纳 26 万真彩色的高分辨率，并且随着科学技术的发展，其分辨率在以后会得到更高的提升。

（5）宽温度：与 LCD 相比，OLED 可以在很大的温度范围内进行工作，根据有关的技术分析，温度在 $-40\,℃\sim80\,℃$ 都是可以正常运行的。这样就可以降低地域限制，在极寒地带也可以正常使用。

（6）能够实现软屏：OLED 可以在塑料、树脂等不同的柔性衬底材料上进行生产，将有机层蒸镀或涂布在塑料基衬上，就可以实现软屏。

（7）成品的质量比较轻：与其他产品相比，OLED 的质量比较轻，厚度与 LCD 相比是比较小的，其抗震系数较高，能够适应较大的加速度和振动等比较恶劣的环境。

二、OLED 液晶屏控制器 SSD1306

1. SSD1306 简介

SSD1306 是一款带控制器的、用于 OLED 点阵图形显示系统的单片 CMOS OLED/PLED 驱动器，是 OLED 的主控制芯片。SSD1306 显存大小为 128×64 bit，SSD1306 将全部显存分为 8 页，每页 128 Byte。SSD1306 内置对比度控制器、显示 RAM（GDDRAM）和振荡器，以此减少了外部元件的数量和功耗。该芯片有 256 级亮度控制，适用于许多小型便携式器件，如手机副显示屏、MP3 播放器和计算器等。

SSD1306 I2C、6800、8080、4 线 SPI、3 线 SPI 支持多种控制方式。通过 BS0、BS1、BS2 引脚接不同的电平来选择控制方式，此次若使用 I2C 来控制，那么需要 BS0 接 GND、BS1 接 Vcc、BS2 接 GND，见表 9.1 所描述（摘选自 SSD1306 的 Datasheet），该表中的 4-wire 串行接口即 4 线 SPI，3-wire 串行接口即 3 线 SPI。

表 9.1　SSD1306 接口标准

SSD1306 引脚名称	I2C 接口	6800 并行接口	8080 并行接口	4-wire 串行接口	3-wire 串行接口
BS0	0	0	0	0	1
BS1	1	0	1	0	0
BS3	0	1	1	0	0

2. SSD1306 的显存

显存通常也称为 GDDRAM（Graphic Display Data RAM），SSD1306 的显存结构如图 9.2 所示。SSD1306 的显存大小为 128×64 bit，共分 8 页，分别为 PAGE0～PAGE7，每页又包含 128 列。每页内 1 个 SEG 对应 1Byte 数据，页由 128 Byte 组成。一帧显示数据为 1 024 Byte（1 kB）。当在 OLED 液晶屏上显示信息时，可控制 SSD1306 一次写 8 个像素点，即同一个 PAGE 内的同一列 8 个点。一个字节的 8 个位（bit）刚好对应 D0～D7。

当把 1 个数据字节写入 GDDRAM 时，当前列（SEG）同一页（PAGE）的所有行（COM）图像数据都被填充[由列地址指针指向的整列（8 位）被填充]。数据位 D0 写入顶行，数据位 D7 写入底行（由上到下，由低到高）。

3. SSD1306 的寻址模式

SSD1306 有三种寻址模式：页寻址、水平寻址、垂直寻址。

（1）页寻址。在页寻址模式下，寻址只在一页（PAGEn）内进行，地址指针不会跳到其他页。每次向 GDDRAM 写入 1 Byte 显示数据后，列指针会自动加 1。当 128 列都寻址完之后，列指针会重新指向 SEG0 而页指针仍然保持不变。通过页寻址模式可以方便地对一个小区域内的数据进行修改。页寻址模式是器件默认选择的 GDDRAM 寻址模式，通过"20H，02H"命令可以设置寻址模式为页寻址。页地址的范围为 0～7，对应的命令是 B0～B7，低列地址的设置命令是 00～0FH，高列地址的设置命令是 10h～1Fh。页寻址的寻址方式如图 9.3 所示。

图 9.2 SSD1306 的显存结构

	COL0	COL1	……	COL 126	COL 127
PAGE0					→
PAGE1					→
:	:	:	:	:	:
PAGE6					→
PAGE7					→

图 9.3 页寻址方式

（2）水平寻址。水平寻址模式下，每次向 GDDRAM 写入 1 Byte 数据后，列地址指针自动加 1。列指针到达结束列之后会被重置到起始列，而页指针将会加 1。页地址指针达到结束页之后，将会自动重置到起始页。水平寻址模式适用大面积数据写入，如一帧画面的刷新。水平寻址模式可以通过指令"20H，00H"来设置。水平寻址方式如图 9.4 所示，图中起始页为 0，结束页为 7；起始列为 0，结束列为 127。

	COL0	COL1	…	COL 126	COL 127
PAGE0					→
PAGE1					→
:	:	:	:	:	:
PAGE6					→
PAGE7					→

图 9.4 水平寻址方式

(3)垂直寻址。在垂直寻址模式下，每次向 GDDRAM 写入 1 Byte 数据之后，页地址指针将会自动加 1。页指针到达结束页之后会被重置到 0，而列指针将会加 1。列地址指针达到结束页之后，将会自动重置到起始列。垂直寻址模式可以通过指令"20H，01H"来设置。垂直寻址方式如图 9.5 所示，图中起始页为 0，结束页为 7；起始列为 0，结束列为 127。

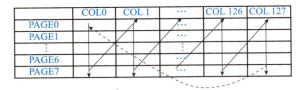

图 9.5　垂直寻址

4. SSD1306 的指令

(1)基础指令（表 9.2）。

表 9.2　SSD1306 的基础指令

基础指令									
81H	1	0	0	0	0	0	0	1	设置屏幕对比度
A[7：0]	A_7	A_6	A_5	A_4	A_3	A_2	A_1	A_0	
A4H/A5H	1	0	1	0	0	1	0	X_0	设置全屏亮屏开关
A6H/A7H	1	0	1	0	0	1	1	X_0	设置正常/反色显示
AEH/AFH	1	0	1	0	1	1	1	X_0	开关显示屏

1)设置屏幕对比度指令（81H ＋ A[7：0]）。该指令是一条双字节指令，由指令码（81H）和对比度等级数值（A[7：0]）共同组成。一共可以设置 256 级对比度，对比度随 A[7：0]的增大而增大。

2)设置全屏全亮开关指令（A4H / A5H）。该指令可以开关屏幕全亮模式。

A4H 将屏幕设置为正常模式，即屏幕正常输出 GDDRAM 中的显示数据；

A5H 将屏幕设置为全亮模式，此时屏幕所有像素点都点亮。

3)设置屏幕正常/反色显示指令（A6H / A7H）。

A6H 将屏幕设置为正常显示模式：1 点亮像素点，0 熄灭像素点；

A7H 将屏幕设置为反色显示模式：0 点亮像素点，1 熄灭像素点。

4)开关显示屏指令（AEH / AFH）。

AEH 关闭屏幕（Sleep Mode）；

AFH 开启屏幕。

(2)地址指令（表 9.3）。

表 9.3　SSD1306 的地址指令

地址指令									
20H	0	0	1	0	0	0	0	0	设置显存的寻址模式
A[1：0]	*	*	*	*	*	*	A_1	A_0	

地址指令									
21H	0	0	1	0	0	0	0	1	水平/垂直寻址模式下设置列起始地址和列终止地址
A[6：0]	*	A_6	A_5	A_4	A_3	A_2	A_1	A_0	
B[6：0]	*	B_6	B_5	B_4	B_3	B_2	B_1	B_0	
22H	0	0	1	0	0	0	1	0	水平/垂直寻址模式下设置页起始地址和页终止地址
A[2：0]	*	*	*	*	*	A_2	A_1	A_0	
B[2：0]	*	*	*	*	*	B_2	B_1	B_0	
00H～0FH	0	0	0	0	X_3	X_2	X_1	X_0	页寻址模式下，设置列起始地址的低半字节
10H～1FH	0	0	0	1	X_3	X_2	X_1	X_0	页寻址模式下，设置列起始地址的高半字节
B0H～B7H	1	0	1	1	0	X_2	X_1	X_0	页寻址模式下，设置页起始地址

1)设置显存(GDDRAM)寻址模式指令(20H ＋ A[1：0])。该指令是一条双字节指令，由指令码(20H)和寻址模式数值(A[1：0])共同组成。寻址模式由第二条指令的数值确定，A[1：0]共有以下四种组合：

00b：水平寻址模式；

01b：垂直寻址模式；

10b：页寻址模式；

11b：无效。

2)设置列起始地址和列终止地址指令(21H＋A[6：0]＋B[6：0])。这是一条三字节指令，指令码是21H，由A[6：0]指定起始列地址，B[6：0]指定终止列地址。由于最高位值无效，所以，A[6：0]和B[6：0]的取值范围为00H～7FH，指定起始地址和终止列地址为0～127。该指令仅在水平/垂直模式下有效。

A[6：0]：列起始地址，取值范围为0～127；

B[6：0]：列终止地址，取值范围为0～127。

3)设置页起始地址和页终止地址指令(22H＋A[2：0]＋B[2：0])。这是一条三字节指令，指令码是22H，由A[2：0]指定起始页地址，B[2：0]指定终止页地址。由于前5位无效，所以A[2：0]和B[2：0]的取值范围是00H～03H，指定起始地址和终止列地址为0～7。该指令仅在水平/垂直模式下有效。

A[2：0]：页起始地址，取值范围为0～7；

B[2：0]：页终止地址，取值范围为0～7。

4)设置列起始地址的低半字节指令(00H～0FH)。该指令的高4位恒为0000b，低4位为要设置的起始列地址的低4位。这条指令仅用于页寻址模式。

5)设置列起始地址的高半字节指令(10H～1FH)。该指令的高4位恒为0000b，低4位为要设置的起始列地址的高4位。这条指令仅用于页寻址模式。

6)设置页起始地址指令(B0H～B7H)。该指令的高4位固定为1011b，第3位也固定为0，只有第三位可变。低3位用于设置页地址，取值范围为B0H～B7H，即0～7，分别设置起始页为 PAGE0～PAGE7。这条指令仅用于页寻址模式。

(3)硬件指令(表 9.4)。

表 9.4　SSD1306 的硬件指令

硬件指令									
40H～7FH	0	1	X_5	X_4	X_3	X_2	X_1	X_0	设置显存起始行
A0H/A1H	1	0	1	0	0	0	0	X_0	设置 SEG 重映射(左右反置)
C0H/C8H	1	1	0	0	X_3	0	0	0	设置 COM 扫描方向(上下反置)
A8H	1	0	1	0	1	0	0	0	设置复用率
A[5:0]	*	*	A_5	A_4	A_3	A_2	A_1	A_0	
D3	1	1	0	1	0	0	1	1	设置显示偏移
A[5:0]	*	*	A_5	A_4	A_3	A_2	A_1	A_0	
DAH	1	1	0	1	1	0	1	0	设置行引脚配置
A[5:4]	*	*	A_5	A_4	0	0	1	0	

1)设置显存(GDDRAM)起始行指令(40H～7FH)。该指令的高 2 位固定为 01b,由低 6 位的取值来决定起始行。整体指令从 40H～7FH 分别设置起始行为 0～63。若为 40H,则 GDDRAM 的第 0 行映射至 COM0;若为 41H,则 GDDRAM 的第 1 行映射到 COM0;以此类推。

2)设置 SEG 重映射(A0H / A1H)。该指令设置 GDDRAM 列地址和段(SEG)驱动器之间的映射关系:

A0H:列地址 0 映射到 SEG0;

A1H:列地址 127 映射到 SEG0。

3)设置 COM 扫描方向(C0H / C8H)。

C0H:正常模式,从 COM0 扫描到 COM[N－1];

C8H:重映射模式,从 COM[N－1]扫描到 COM0。

N 为复用率。

4)设置复用率指令(A8H ＋ A[5:0])。复用率(MUX ratio)即选通的 COM 行数,不能低于 16,通过 A[5:0]来指定。该指令将默认的 64(63＋1)复用率改为 16～64 的任何值,复用率为 A[5:0] ＋ 1。

5)设置显示偏移指令(D3H ＋ A[5:0])。垂直显示偏移即整个屏幕向上移动的行数,最顶部的行会移到最底行。A[5:0]高两位无规定视为 0,所以第二条指令从 0FH～3FH 的取值设置垂直偏移为 0～63。

6)设置行引脚配置指令(DAH ＋ A[5:4])。

A[4]用来设置序列/备选引脚配置;A[5]位设置 COM 左右反置。

A[4]＝0b:序列 COM 引脚配置;

A[4]＝1b:备选 COM 引脚配置;

A[5]＝0b:禁止 COM 左右重映射;

A[5]＝1b:使能 COM 左右重映射。

(4)其他控制指令。除上面介绍的指令外,还有滚动控制指令、时序控制指令、高级图像指令、电荷泵控制指令等，由于篇幅所限，以及使用频率并不高，此处不再详细介绍，如果用到这些指令，则可查阅 SSD1306 技术手册。

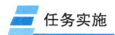 **任务实施**

（1）搜索 OLED 屏幕相关资料，列举出常见的 OLED 液晶屏尺寸。

（2）将 GDDRAM 设置为页寻址模式，应该使用什么指令？

（3）下载并阅读 SSD1306 参考手册，进一步理解页寻址、水平寻址和垂直寻址的区别，归纳总结 SSD1306 指令，将各种指令分类列于文档，为后面编写 SSD1306 驱动程序做准备。

任务总结

自我评价

知识与技能点	你的理解	掌握情况			
OLED 液晶屏基础知识		😊	😟	😵	😖
SSD1306 寻址模式		😊	😟	😵	😖
SSD1306 指令控制		😊	😟	😵	😖

 完全掌握　　 基本掌握　　 有些不懂　　 完全不懂

任务目标

了解 I2C 协议的概况，理解 I2C 的物理层和协议层规范，识读并理解 I2C 的起始信号、停止信号、写数据等过程的时序，根据协议与时序图编写和调试 I2C 驱动程序。

任务描述

认识并理解 I2C 通信协议。正如上一任务所述，SSD1306 支持多种控制方式，如 I2C、6800、8080、4 线 SPI、3 线 SPI。本项目所使用的 OLED 屏幕为 I2C 通信接口，理解 I2C 协议规范对后面编写 OLED 驱动程序及使用 OLED 做应用开发都是非常重要的。要想深刻认识和理解 I2C 协议，需要将通信协议对照时序图和示例程序逐步分析，如果条件允许，还可以使用示波器抓取 I2C 波形，会有更直观的认识。

知识准备

一、I2C 协议简介

I2C 通信协议是由 Phiilps 公司开发的两线制串行总线。它引脚少，硬件实现简单，可扩展性强，主要用于微处理器及其外围设备通信。I2C 总线是一种全世界遵循的行业标准，目前已在 50 多家公司生产的 1000 多种不同 IC 中应用实施。

1. I2C 总线的结构

I2C 是一种简单、双向二线制同步串行总线，它只需要两根线即可在连接于总线上的器件之间传送信息。在 I2C 电路中，多个主机器件和从机器件之间通信时只需要用到两根导线互连，这两根导线分别为串行数据线（SDA）和串行时钟线（SCL），如图 9.6 所示。所有主从器件的 SDA 线全部连在一根线上，这些器件分时占用这根公共数据线，来实现两两互传数据，那么 SDA 符合了数据总线的特征；所有主从器件的 SCL 线全部连在一根线上，它们分时占用这根公共时钟线来实现两两互传时钟，那么 SCL 符合了时钟总线的特征。I2C 支持 100 kbit/s（标准模式）、400 kbit/s（快速模式）、3.4 Mbit/s（高速模式）三种不同的传输速率。

为了区分设备，每个连接到总线的设备都有一个独立的地址，主机可以利用这个地址进行不同设备之间的访问。当有多个主机同时使用总线时，为了防止数据冲突，会利用仲裁方式决定由哪个设备占用总线。

I2C 总线为双向同步串行总线，因此，I2C 总线接口内部为双向传输电路。总线端口输出为开漏结构，故总线上必须有上拉电阻，上拉电阻与电源电压、SDA、SCL 及总线串接电阻有关，可参考有关数据手册进行选择，通常可选 $4.7\sim10$ kΩ。

因为 I2C 中的两根导线（SDA 和 SCL）构成了两根 Bus，实现了 Bus 的功能；由于 I2C 电路能实现 Bus 的功能，故将 I2C 电路称为 I2C 总线。

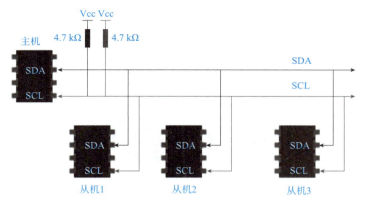

图 9.6　I2C 总线连线示意

2. I2C 器件的地址

在 I2C 总线上可以挂载多个设备，设备之间靠地址进行区分。在 7 位寻址过程中，从机地址在启动信号后的第一个字节开始传输，该字节的前 7 位为从机地址，第 8 位为读写位，其中 0 表示写，1 表示读。器件节点的 7 位地址通常由两部分组成，完全由硬件确定。一部分为器件编号地址，由芯片厂家规定；另一部分为引脚编号地址，由引脚的高低电平决定（由硬件电路设计决定）。

以常用的 I2C 器件 AT24C02 为例，其高 4 位是固定的，为 1010b；低 3 位则由 A0/A1/A2 信号线的电平决定。按照图 9.7 中电路的连接，A0/A1/A2 均为 0，所以，AT24C02 的 7 位设备地址是 1010 000b，即 0xA0。由于 I2C 通信时常常是地址跟读写方向连在一起构成一个 8 位数，且当 R/W 位为 0 时，表示写方向，所以加上 7 位地址，其值为 0xA0，常称该值为 I2C 设备的写地址；当 R/W 位为 1 时，表示读方向，加上 7 位地址，其值为 0xA1，常称该值为读地址。

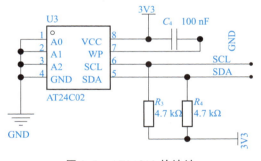

图 9.7　AT24C02 的地址

对于本项目要使用的 OLED 液晶屏，参考 SSD1306 技术手册可知，其地址定义见表 9.5。

表 9.5　OLED 液晶屏的地址定义

b7	b6	b5	b4	b3	b2	b1	b0
0	1	1	1	1	0	SA0	R/W#

其中，b7～b2 为 011110b 固定，"SA0"是从设备的地址扩展位，"0111100"和"0111101"都可以作为 SSD1306 从设备地址，具体使用哪一个由 D/C♯ 引脚电路连接状态决定。"R/W♯"决定读写操作模式，当 R/W＝1 时为读模式；当 R/W＝0 时为写模式。

而对于 OLED 液晶屏模块，可见其产品背面的丝印文字说明：焊接了左边的电阻，地址为 0x78；焊接了右边的电阻，地址为 0x7A。当前所使用的 OLED 液晶屏模块焊接的是左边的电阻，所以其地址为 0x78(图 9.8)。

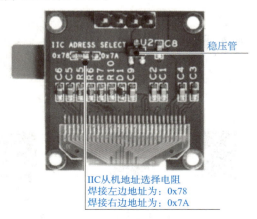

图 9.8　I2C 接口的 OLED 液晶屏地址定义

二、I2C 总线接口操作

1. 数据有效性

I2C 总线的数据有效性是指在串行时钟 SCL 线为高电平期间，串行数据 SDA 线必须保持"高电平"或"低电平"状态不变，此时 SDA 线上稳定的"高电平"或"低电平"就是有效数据"1"或者"0"。只有在 SCL 线为低电平期间，SDA 线的"高电平"或"低电平"状态才可以改变。SDA 线在 SCL 线的低电平期间准备数据(改变电平)，SDA 数据准备完毕(电平改变结束并保持稳定)后，SCL 线由低电平变为高电平，此时 SDA 线的稳定电平就是有效数据(图 9.9)。

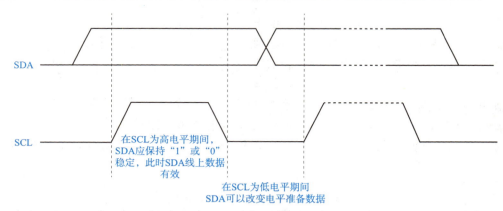

图 9.9　数据的有效性

也就是说在 SCL 为低电平期间，SDA 可以改变电平准备数据；在 SCL 为高电平期间，SDA 的电平状态必须稳定，此时 I2C 设备将采样 SDA 电平状态并读取数据。串行时钟 SCL 线每产生一个高电平脉冲，串行数据 SDA 线就传输一位有效数据。设备的 SDA 接口线每次输出电平后，会立即回读 SDA 总线电平，用来判断自己的输出是否与总线一致。SCL 线和 SDA 相同，也有这种回读判读机制。

2. 起始和停止

当 SCL 为高电平时，SDA 线上由高电平到低电平的跳变表示起始（Start）信号。当 SCL 为高电平时，SDA 线上由低电平到高电平的跳变表示停止（Stop）信号（图 9.10）。

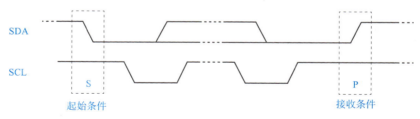

图 9.10　I2C 总线启动和停止条件

3. 字节传输格式

串行数据 SDA 线上每次传输一个字节（8 bit），每个字节后必须跟随一个应答位，可以连续传输个字节。数据首先从最高有效位（MSB）开始。如果从机由于内部繁忙（如内部中断或处理其他事件），无法立即接收或发送下一个字节的数据，从机可以拉低并保持时钟线 SCL，以迫使主机进入等待状态，直到从机做好接收或发送准备后，从机再释放时钟线 SCL，并继续接收或发送数据。字节传输时序如图 9.11 所示。

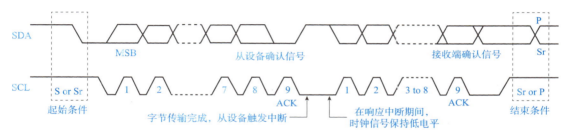

图 9.11　字节传输时序

4. 应答（ACK）和不应答（NACK）

应答位是接收器向发送器发送的确认信号，告知该字节已成功接收，并且可以发送另一个字节。应答位存在于每个字节之后。

应答（ACK）信号定义：在第 9 个应答时钟脉冲 SCL 保持高电平期间，发送器释放 SDA 线（外部上拉使 SDA 变为高电平），接收器拉低 SDA 线并保持稳定。主机或从机收到 ACK 应答信号后，可以继续进行接下来的传输。

不应答（NACK）信号定义：在第 9 个应答时钟脉冲 SCL 保持高电平期间，发送器释放 SDA 线（外部上拉使 SDA 变为高电平），接收器也释放 SDA 线，并使 SDA 保持高电平稳定。主机接收到 NACK 信号后，可以发出一个停止信号来中止传输，或者发出一个重启信号开始新的传输。从机接收到 NACK 信号后，自我结束本次发送，进入接收待机状态。

应答（ACK）和不应答（NACK）如图 9.12 所示。

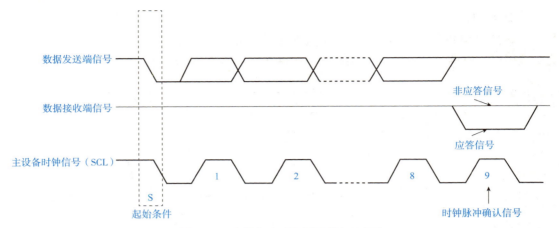

图 9.12 应答(ACK)和不应答(NACK)

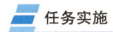 **任务实施**

1. I2C 起始信号

I2C 起始信号为当 SCL 为高电平时，SDA 线上由高电平到低电平的跳变，实现程序如下：

```
void I2C_Start(void)
{
    I2C_SDA_HIGH();
    I2C_SCL_HIGH();
    I2C_Delay();
    I2C_SDA_LOW();
    I2C_Delay();
    I2C_SCL_LOW();
    I2C_Delay();
}
```

该启动信号的实测波形如图 9.13 所示。

2. I2C 停止信号

I2C 停止信号为当 SCL 为高电平时，SDA 线上由低电平到高电平的跳变，实现程序如下：

```
void I2C_Stop(void)
{
    I2C_SDA_LOW();
    I2C_SCL_HIGH();
    I2C_Delay();
    I2C_SDA_HIGH();
}
```

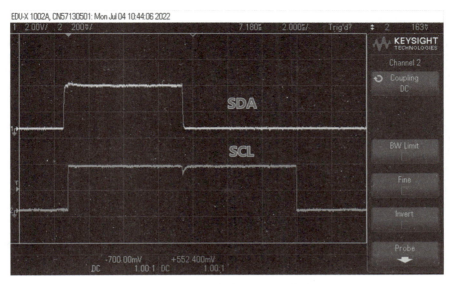

图 9.13　I2C 启动信号实测波形

该停止信号的实测波形如图 9.14 所示。

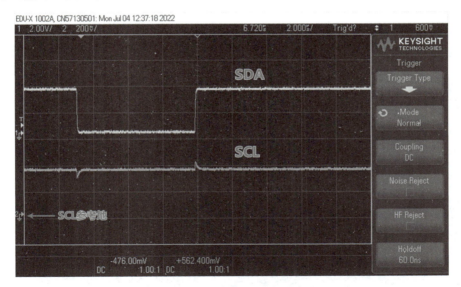

图 9.14　I2C 停止信号实测波形

3. I2C 发送一个字节数据

发送端依次检测待发送字节数据的每一位（MSB）是 1 还是 0，在 SCL 为低电平时，SDA 可相应切换电平，准备好数据；在 SCL 为高电平时，SDA 保持稳定，接收采样 SDA 电平状态读取数据。

```
void I2C_SendByte(uint8_t Byte)
{
    uint8_t i;
    for(i=0;i<8;i++)
```

```
    {
        if(Byte & 0x80)
        {
            I2C_SDA_HIGH();
        }
        else
        {
            I2C_SDA_LOW();
        }
        I2C_Delay();
        I2C_SCL_HIGH();
        I2C_Delay();
        I2C_SCL_LOW();
        if(i==7)  {
            I2C_SDA_HIGH();
        }
        Byte <<=1;
        I2C_Delay();
    }
}
```

以发送一个字节数据 0xAA 为例，该数据发送过程的实测波形如图 9.15 所示。

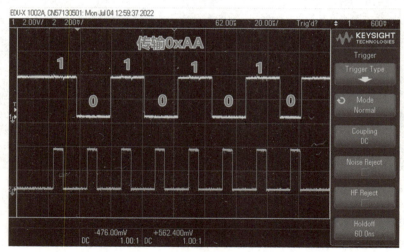

图 9.15 I2C 发送一个字节数据(0xAA)实测波形

4. 向 I2C 器件发起一个完整的写数据过程

依次执行发送起始信号、发送数据(0x78，为从机设备地址)，等待 ACK，结束信号，即向从机设备发送其地址，看是否有应答。可使用如下程序：

```
I2C_Start();
```

```
I2C_SendByte(0x78);
I2C_WaitAck();
I2C_Stop();
```

其中，I2C_WaitAck()函数实现如下：

```
uint8_t I2C_WaitAck(void)
{
    uint8_t re;
    I2C_SDA_HIGH();
    I2C_Delay();
    I2C_SCL_HIGH();
    I2C_Delay();
    if(I2C_SDA_READ())
    {
        re=1;
    }
    else
    {
        re=0;
    }
    I2C_SCL_LOW();
    I2C_Delay();
    return re;
}
```

I2C 发起一个完整的写数据(0x78，设备地址)过程如图 9.16 所示。

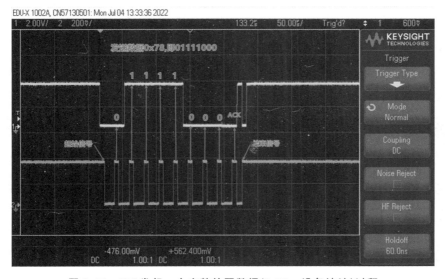

图 9.16 I2C 发起一个完整的写数据(0x78，设备地址)过程

 **任务总结**

自我评价

知识与技能点	你的理解	掌握情况			
I2C 总线的构成和地址定义		😊	😷	😵	😣
数据有效性、起始和停止信号、数据的发送等		😊	😷	😵	😣
识读 I2C 总线时序图		😊	😷	😵	😣

 完全掌握   基本掌握   有些不懂   😣 完全不懂

任务三　　在 OLED 上显示数字

任务目标

　　在 OLED 液晶屏幕上依次显示数字"0123456789"，第一次以 6×8 大小显示，第二次以 8×16 大小显示，可以指定显示的坐标，调整显示的位置。掌握数字取模的方法，会编写程序控制 OLED 显示特定数字。

任务描述

　　依据电路图中 OLED 的引脚连接，编写好 I2C 驱动程序，在此基础上，查阅 SSD1306

手册中相关指令的定义，完成 OLED 的初始化和清屏功能，最后将"0123456789"数字显示
到 OLED 屏幕上。开发板上 OLED 电路如图 9.17 所示，其 SCL 连接单片机的 P0.6 引脚，
SDA 连接单片机的 P0.7 引脚。

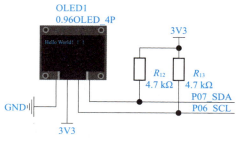

图 9.17　XDZ-IAP15 开发板上的 OLED 电路　　　　在 OLED 上显示数字

知识准备

　　在 SSD1306 的 I2C 协议中，可以对设备写数据，也可以写命令。主设备首先发起通信
起始信号，后面紧跟着的是从设备地址。对于 SSD1306，这个从设备地址是"b0111100"或
者"b011101"，此 7 位地址最后一位 SA0 的"0/1"由 D/C 引脚的高低决定；最后，8 位地址
的最低位 R/W♯置 0，表示当前指令是一个写操作。在从设备地址后，控制指令或数据字
节将被发送到 SDA，一次发送接收后，从设备将回复 ACK 信号。

　　指令控制位的格式：[Co][D/C♯][000000]。在发送指令字节或数据字节前，需要先
发送一个控制字节，通过控制字节中的 D/C♯位，来告诉 SSD1306 接下来发送的一个字节
是指令还是数据，如图 9.18 中 Control byte 子图所示。这里先不考虑控制字节中 Co 位的
作用，当 D/C 为＝0(Control byte＝0x00)表示当前是写指令，当 D/C 位＝1(Control byte＝
0x40)表示当前是写数据，这样就可以编写出发送单个字节的指令和单个字节的数据的
函数。

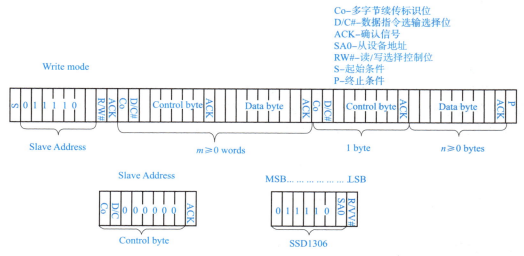

图 9.18　SSD1306 指令格式

211

一、编写 OLED 基本操作函数

1. 写指令函数

向 OLED 写指令的函数 WriteCmd() 可按如下定义，程序中 OLED_DEV_ADDR 为宏定义，即 OLED 的地址 0x78。WriteCmd() 函数直接调用了底层的 write_i2c() 函数，而该函数的实现过程正如图 9.18 介绍的先发送起始信号，然后是从设备地址，再发送 0x00 表示当前为写指令，之后发送指令码，在每次发送接收后都要等待 Ack 信号，最后发送一个结束信号，完成一次写指令操作。

```
# define OLED_DEV_ADDR     0x78
void WriteCmd(unsigned char I2C_Command)
{
    write_i2c(OLED_DEV_ADDR,0x00,I2C_Command);
}
void write_i2c(uint8_t device,uint8_t addr,uint8_t dat)
{
    I2C_Start();
    I2C_SendByte(device);
    I2C_WaitAck();
    I2C_SendByte(addr);
    I2C_WaitAck();
    I2C_SendByte(dat);
    I2C_WaitAck();
    I2C_Stop();
}
```

2. 写数据函数

向 OLED 写数据的函数 WriteDat() 可按如下定义。可以发现 WriteDat() 函数也是直接调用了底层的 write_i2c() 函数，只是传递的参数不同：第一个参数不变，还是从设备地址；第二个参数是 0x40，表示写数据；第三个参数是待写的数据码。

```
void WriteDat(unsigned char I2C_Data)
{
    write_i2c(OLED_DEV_ADDR,0x40,I2C_Data);
}
```

3. 设置显示坐标函数

在 OLED 上显示数据，首先要设置显示的位置，可以通过以下函数实现。参数 x 表示液晶屏上的列号，列号范围为 0～127，但是要考虑到所显示的数字或字符的宽度，所以 x 的取值范围应该是 0～(127－字符宽度)；参数 y 表示液晶屏的页编号，取值范围为 0～7。

程序中的第一条指令为设置页起始地址指令(B0H～B7H)，第二条与第三条指令分别为设置列起始地址的高半字节指令(10H～1FH)和设置列起始地址的低半字节指令(00H～0FH)。

```
void OLED_SetPos(unsigned char x, unsigned char y)
{
    WriteCmd(0xb0+y);
    WriteCmd(((x&0xf0)>>4)| 0x10);
    WriteCmd(x&0x0f);
}
```

二、显示一个 6×8 大小的数字

本部分以在 OLED 上显示 6×8 大小的数字"8"为例，完成数字的取模和编写程序，控制其在 OLED 液晶屏上显示。

1. 取模

OLED 屏幕也是由像素点构成的，0.96 in OLED 液晶屏有 128×64 个像素点，在其上面点亮某些像素点，熄灭某些像素点，就可以显示信息了。如果想显示一个数字"8"，首先需要确定显示多大的数字"8"，还需要知道在这个范围内哪些像素点应该点亮、哪些像素点应该熄灭，这里所说的显示大小和像素点的亮灭就是"字模"。要想获得字模，可以使用取模软件，取模软件的种类很多，这里推荐使用 PCtoLCD2002。ASCII、数字、汉字、图片的字模都可以使用该软件自动生成，但需要注意的是取模方式要根据 SSD1306 的寻址方式决定。

下面以数字"8"的取模操作为例，首先取 6×8 大小的字模，如图 9.19 所示。单击设置按钮，进入字模选项，按图中所示进行设置，注意取模方式选择"列行式"；在取模软件主界面设置所取字模大小，这里字宽选择 12，字高选择 8，上面提示"对应英文长度 6×8"。在下面文本框中输入数字"8"，单击"生成字模"按钮，就会自动串行一串数字，为自动生成的字模，将此字模复制并粘贴到程序中即可。

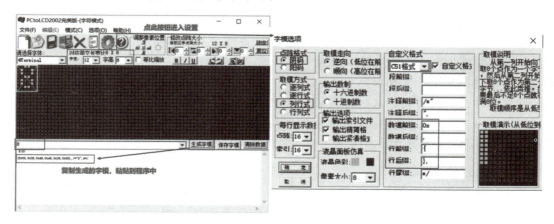

图 9.19　取数字"8"的 6×8 字模

2. 显示

在程序中，可将字模放在一个数组中，并使用以下程序进行显示。程序首先调用了初始化屏幕函数和清屏函数，这两个函数相对较长，篇幅所限不详细介绍，可获取本项目源码自行研究。设置显示位置后，用过一个 6 次的循环，将字模中的每一个数据 8 个点描在液晶屏上，可显示数字"8"，显示效果如图 9.20 所示。

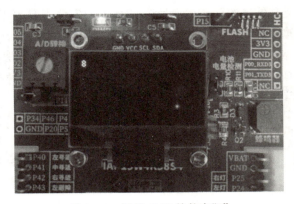

图 9.20　显示 6×8 的数字"8"

```
uint8_t Font8_6x8[]={0x00,0x36,
0x49,0x49,0x36,0x00};

OLED_Init();              //初始化屏幕
    OLED_CLS();           //清屏
    OLED_SetPos(0,0);     //设置显示位置:第 0 列,第 0 页
    for(i=0;i<6;i++)      //使用 6 次循环,每次描字模中的 8 个点
        WriteDat(Font8_6x8[i]);
```

三、显示一个 8×16 大小的数字

根据上面介绍的方法，取数字"8"的 8×16 大小字模，显示在 OLED 液晶屏上。

1. 取模

取模软件的设置如上面小节所介绍的不变，取模界面如图 9.21 所示，字宽选择 16，字高选择 16，上面提醒对应英文长宽为 8×16；下方文本框输入数字"8"，单击"生成字模"按钮，可以发现这次生成的 8×16 字模长度比上一节 6×8 字模长度增加了许多，将所生成的字模复制并粘贴到程序中。

2. 显示

仍然将字模放在一个数组中，并使用以下程序进行显示。本次程序省略了初始化屏幕和清屏的代码。从以下代码

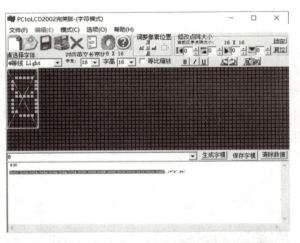

图 9.21　取 8×16 大小的数字"8"的字模

片段可以看出，8×16 字模的描点过程分为了两部分，首先描绘字模的上半部分，然后描绘字模的下半部分，这是因为 8×16 的字模需要跨两页显示。

```
OLED_SetPos(8,2);
for(i=0;i<8;i++)
    WriteDat(Font8_8x16[i]);
```

```
OLED_SetPos(8,2+1);
for(i=0;i<8;i++)
    WriteDat(Font8_8x16[i+8]);
```

本次程序中设置的显示位置是横向从第 8 列开始，纵向占用第 2、3 页，显示效果如图 9.22 所示，可与图 9.20 比较两者显示的大小。

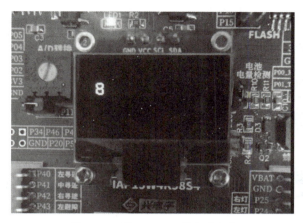

图 9.22 显示 8×16 的数字"8"

四、扩展任务

编写程序实现写指令、写数据、设置显示位置的函数功能，并调用这些函数，在 OLED 液晶屏不同位置上显示 6×8 数字"7"，显示 8×16 数字"9"。

任务总结

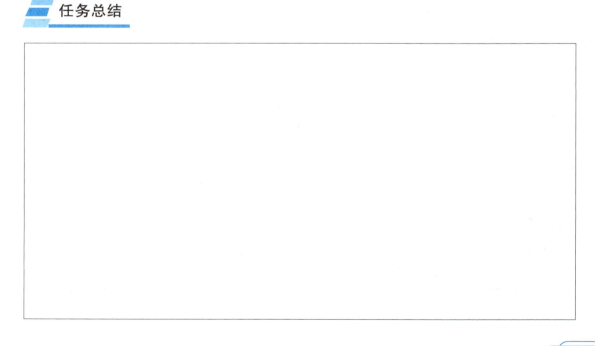

知识与技能点	你的理解	掌握情况
OLED 写指令与写数据		
取模软件的使用方法		
在 OLED 上显示数字程序		

 完全掌握　　 基本掌握　　 有些不懂　　 完全不懂

任务四　　在 OLED 上显示字符串和汉字

任务目标

掌握字符和汉字的取模方法，会编写在 OLED 上显示指定的字符串和汉字。

在 OLED 上显示
字符串和汉字

任务描述

编写程序封装并实现显示字符串函数和显示汉字函数，并通过在 OLED 液晶屏幕上依次显示数字字符串"0123456789"、ASCII 码字符串"OLED 0.96inch 12864""XDZ-IAP15"和中文字符等信息验证函数功能。

知识准备

完成本任务需灵活使用取模软件，可将项目中需要用到字符、数字、汉字等字模提前取好，如果字模的数据量较大，可将字模数据存于各数组并保存在程序文件中。通常的做法是将字模数据单独放在一个字模文件中，并以 .h 作文件后缀，添加到工程中，其他源文件如果需要使用字模，则可以使用 #include 关键字包含字模头文件，使用的时候可通过"数组名＋索引"的方式读取字模数据。

在定义字模数组时，可以使用 C51 扩展的关键字 code 指定后面的数据存储在 ROM（程序存储区），以节省 RAM 空间。通常用 int、char 等定义的变量都存储在单片机的 RAM 区，程序可以修改这些变量的值。而经过 code 关键字修饰的变量，如 unsigned char code i，则存储在单片机的程序存储空间 Flash 中，这样可以节省单片机 RAM 资源，但程序不能再修改这些变量的值。对于字模数据，其数据量很大，而且定义完就不需要再修改，所以，非常适合使用 code 关键字进行修饰。

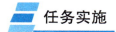 **任务实施**

一、在 OLED 上显示字符串

1. 编写显示字符串函数

在做 OLED 相关项目时，经常会需要显示一些字符串信息，如果每次都用循环语句调用 WriteDat() 函数会比较麻烦，可以将该功能封装成一个函数 OLED_ShowStr(unsigned char x，unsigned char y，unsigned char ch[]，unsigned char TextSize)，该函数有 4 个参数：x、y 为字符串显示位置，其中 x 为列号，取值范围为 0～127，y 为页号，取值范围为 0～7；ch[] 参数为待显示字符串的首地址；TextSize 参数为字符串显示的大小，可以有两种选择(1：6×8、2：8×16)。

```
void OLED_ShowStr(unsigned char x,unsigned char y,unsigned char ch[],
unsigned char TextSize)
{
    unsigned char c=0,i=0,j=0;
    switch(TextSize)
    {
        case 1:
        {
            while(ch[j] !='\0')
            {
                c=ch[j]-32;
                if(x >126)
                {
                    x=0;
                    y++;
                }
                OLED_SetPos(x,y);
                for(i=0;i<6;i++)
                    WriteDat(F6x8[c][i]);
                x +=6;
                j++;
            }
        }break;
        case 2:
```

```
        {
            while(ch[j] ! ='\0')
            {
                c=ch[j]-32;
                if(x >120)
                {
                    x=0;
                    y++;
                }
                OLED_SetPos(x,y);
                for(i=0;i<8;i++)
                    WriteDat(F8X16[c*16+i]);
                OLED_SetPos(x,y+1);
                for(i=0;i<8;i++)
                    WriteDat(F8X16[c*16+i+8]);
                x +=8;
                j++;
            }
        }break;
    }
}
```

该函数里 F6×8 和 F8×16 是预先定义号的字模数组，字符取模与数字取模的过程是一样的。由于字模数组比较长，篇幅所限，也为直观起见，这里仅附部分截图(图 9.23)，可获取该项目源码自行查看。该函数首先根据最后一个参数 TextSize 的值执行不同的两个分支，上面的分支是显示 6×8 的字模，下面的分支是显示 8×16 的字模。

```
const unsigned char code F6x8[][6] =
{
    0x00, 0x00, 0x00, 0x00, 0x00, 0x00,// sp
    0x00, 0x00, 0x00, 0x2f, 0x00, 0x00,// !
    0x00, 0x00, 0x07, 0x00, 0x07, 0x00,// "
    0x00, 0x14, 0x7f, 0x14, 0x7f, 0x14,// #
    0x00, 0x24, 0x2a, 0x7f, 0x2a, 0x12,// $
    0x00, 0x62, 0x64, 0x08, 0x13, 0x23,// %
    0x00, 0x36, 0x49, 0x55, 0x22, 0x50,// &
    0x00, 0x00, 0x05, 0x03, 0x00, 0x00,// '
    0x00, 0x00, 0x1c, 0x22, 0x41, 0x00,// (
    0x00, 0x00, 0x41, 0x22, 0x1c, 0x00,// )
    0x00, 0x14, 0x08, 0x3E, 0x08, 0x14,// *
    0x00, 0x08, 0x08, 0x3E, 0x08, 0x08,// +
    0x00, 0x00, 0x00, 0xA0, 0x60, 0x00,// ,
    0x00, 0x08, 0x08, 0x08, 0x08, 0x08,// -
    0x00, 0x00, 0x60, 0x60, 0x00, 0x00,// .
    0x00, 0x20, 0x10, 0x08, 0x04, 0x02,// /
    0x00, 0x3E, 0x51, 0x49, 0x45, 0x3E,// 0
    0x00, 0x00, 0x42, 0x7F, 0x40, 0x00,// 1
    0x00, 0x42, 0x61, 0x51, 0x49, 0x46,// 2
    0x00, 0x21, 0x41, 0x45, 0x4B, 0x31,// 3
    0x00, 0x18, 0x14, 0x12, 0x7F, 0x10,// 4
    0x00, 0x27, 0x45, 0x45, 0x45, 0x39,// 5
    0x00, 0x3C, 0x4A, 0x49, 0x49, 0x30,// 6
    0x00, 0x01, 0x71, 0x09, 0x05, 0x03,// 7
    0x00, 0x36, 0x49, 0x49, 0x49, 0x36,// 8
    0x00, 0x06, 0x49, 0x49, 0x29, 0x1E,// 9
```

```
const unsigned char code F8X16[]=
{
  0x00,0x00,0x00,0x00,0x00,0x00,0x00,0x00,0x00,0x00,0x00,0x00,0x00,0x00,0x00,0x00,// 0
  0x00,0x00,0x00,0xF8,0x00,0x00,0x00,0x00,0x00,0x00,0x00,0x33,0x30,0x00,0x00,0x00,//! 1
  0x00,0x10,0x0C,0x06,0x10,0x0C,0x06,0x00,0x00,0x00,0x00,0x00,0x00,0x00,0x00,0x00,//" 2
  0x40,0xC0,0x78,0x40,0xC0,0x78,0x40,0x00,0x04,0x3F,0x04,0x04,0x3F,0x04,0x04,0x00,//# 3
  0x00,0x70,0x88,0xFC,0x08,0x30,0x00,0x00,0x00,0x18,0x20,0xFF,0x21,0x1E,0x00,0x00,//$ 4
  0xF0,0x08,0xF0,0x00,0xE0,0x18,0x00,0x00,0x00,0x21,0x1C,0x03,0x1E,0x21,0x1E,0x00,//% 5
  0x00,0xF0,0x08,0x88,0x70,0x00,0x00,0x00,0x1E,0x21,0x23,0x24,0x19,0x27,0x21,0x10,//& 6
  0x10,0x16,0x0E,0x00,0x00,0x00,0x00,0x00,0x00,0x00,0x00,0x00,0x00,0x00,0x00,0x00,//' 7
  0x00,0x00,0x00,0xE0,0x18,0x04,0x02,0x00,0x00,0x00,0x00,0x07,0x18,0x20,0x40,0x00,//( 8
  0x00,0x02,0x04,0x18,0xE0,0x00,0x00,0x00,0x00,0x40,0x20,0x18,0x07,0x00,0x00,0x00,//) 9
  0x40,0x40,0x80,0xF0,0x80,0x40,0x40,0x00,0x02,0x02,0x01,0x0F,0x01,0x02,0x02,0x00,//* 10
  0x00,0x00,0x00,0xF0,0x00,0x00,0x00,0x00,0x01,0x01,0x01,0x1F,0x01,0x01,0x01,0x00,//+ 11
  0x00,0x00,0x00,0x00,0x00,0x00,0x00,0x00,0x80,0xB0,0x70,0x00,0x00,0x00,0x00,0x00,//, 12
  0x00,0x00,0x00,0x00,0x00,0x00,0x00,0x00,0x00,0x01,0x01,0x01,0x01,0x01,0x01,0x01,//- 13
  0x00,0x00,0x00,0x00,0x00,0x00,0x00,0x00,0x00,0x30,0x30,0x00,0x00,0x00,0x00,0x00,//. 14
  0x00,0x00,0x00,0x00,0x80,0x60,0x18,0x04,0x00,0x60,0x18,0x06,0x01,0x00,0x00,0x00,/// 15
  0x00,0xE0,0x10,0x08,0x08,0x10,0xE0,0x00,0x00,0x0F,0x10,0x20,0x20,0x10,0x0F,0x00,//0 16
  0x00,0x10,0x10,0xF8,0x00,0x00,0x00,0x00,0x00,0x20,0x20,0x3F,0x20,0x20,0x00,0x00,//1 17
  0x00,0x70,0x08,0x08,0x08,0x88,0x70,0x00,0x00,0x30,0x28,0x24,0x22,0x21,0x30,0x00,//2 18
  0x00,0x30,0x08,0x88,0x88,0x48,0x30,0x00,0x00,0x18,0x20,0x20,0x20,0x11,0x0E,0x00,//3 19
  0x00,0x00,0xC0,0x20,0x10,0xF8,0x00,0x00,0x00,0x07,0x04,0x24,0x24,0x3F,0x24,0x00,//4 20
  0x00,0xF8,0x08,0x88,0x88,0x08,0x08,0x00,0x00,0x19,0x21,0x20,0x20,0x11,0x0E,0x00,//5 21
  0x00,0xE0,0x10,0x88,0x88,0x18,0x00,0x00,0x00,0x0F,0x11,0x20,0x20,0x11,0x0E,0x00,//6 22
  0x00,0x38,0x08,0x08,0xC8,0x38,0x08,0x00,0x00,0x00,0x00,0x3F,0x00,0x00,0x00,0x00,//7 23
  0x00,0x70,0x88,0x08,0x08,0x88,0x70,0x00,0x00,0x1C,0x22,0x21,0x21,0x22,0x1C,0x00,//8 24
  0x00,0xE0,0x10,0x08,0x08,0x10,0xE0,0x00,0x00,0x00,0x31,0x22,0x22,0x11,0x0F,0x00,//9 25
```

图 9.23 字模数组的部分截图

2. 验证字符串显示函数

(1)显示数字字符串"0123456789"。有了封装好的字符串显示函数，就可以方便地显示各种字符串信息了。这里先使用这个函数显示数字字符串"0123456789"，参考以下程序可实现。

```
OLED_ShowStr(0,0,(uint8_t*)"0123456789",1);
OLED_ShowStr(8,2,(uint8_t*)"0123456789",2);
```

第一行程序从第 0 列、第 0 页开始，以 6×8 大小的字模显示该数字字符串；第二行程序从第 8 列、第 2 页开始，以 8×16 大小的字模显示该数字字符串。显示效果如图 9.24 所示。

图 9.24　显示不同大小的数字字符串效果

(2)显示文本字符串。文本字符串与数字字符串的本质是一样的，都是 ASCII 字符。以下程序显示两行不同的文本字符串。

```
OLED_ShowStr(0,3,(uint8_t*)"OLED 0.96inch 12864",1);    //测试 6×8 字符
OLED_ShowStr(18,5,(uint8_t*)"XDZ-IAP15",2);             //测试 8×16 字符
```

第一行程序从第 0 列、第 3 页开始，以 6×8 大小的字模显示该字符串；第二行程序从第 18 列、第 5 页开始，以 8×16 大小的字模显示该字符串。显示效果如图 9.25 所示。

图 9.25　显示不同大小的文本字符串效果

二、在 OLED 上显示汉字

1. 汉字取模

汉字取模的过程与数字、字符取模的过程基本相同，注意字宽选择 16，字高也选择 16，在文本框里输入要取模的汉字，单击"生成字模"按钮即可。可参考图 9.26 完成汉字的取模过程。本任务是在 OLED 液晶屏上显示汉字"兴电科技"，所以，首先需要对这四个汉字取字模。

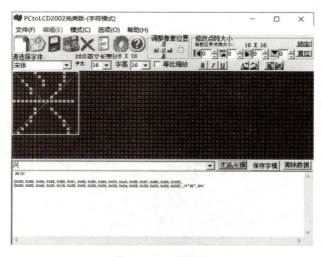

图 9.26　汉字取模

取好的字模仍然需要存放在数组中，如图 9.27 所示。该数组定义处使用了 code 关键字进行声明，表示该数组要存放在程序的代码段，以节省 RAM 空间。

```
unsigned char code F16x16[] =
{
  0x80,0x80,0x84,0x88,0xB0,0x81,0x82,0x8C,0x80,0xC0,0xA0,0x98,0x87,0x80,0x80,0x00,
  0x00,0x80,0x40,0x20,0x18,0x06,0x00,0x00,0x00,0x02,0x04,0x08,0x30,0xC0,0x00,0x00,

  0x00,0x00,0xF8,0x88,0x88,0x88,0x88,0xFF,0x88,0x88,0x88,0x88,0xF8,0x00,0x00,0x00,
  0x00,0x00,0x1F,0x08,0x08,0x08,0x08,0x7F,0x88,0x88,0x88,0x88,0x9F,0x80,0xF0,0x00,

  0x24,0x24,0xA4,0xFE,0xA3,0x22,0x00,0x22,0xCC,0x00,0x00,0xFF,0x00,0x00,0x00,0x00,
  0x08,0x06,0x01,0xFF,0x00,0x01,0x04,0x04,0x04,0x04,0x04,0xFF,0x02,0x02,0x02,0x00,

  0x10,0x10,0x10,0xFF,0x10,0x90,0x08,0x88,0x88,0x88,0xFF,0x88,0x88,0x88,0x08,0x00,
  0x04,0x44,0x82,0x7F,0x01,0x80,0x80,0x40,0x43,0x2C,0x10,0x28,0x46,0x81,0x80,0x00,
};
```

图 9.27　"兴电科技"四个字的字模数组

2. 汉字显示函数

汉字的显示过程其原理与显示字符、数字是一样的，都是根据字模数据中 1、0 的不同取值，控制对应像素点的亮灭状态。为使用方便，可将显示汉字的功能也封装成一个函数 OLED_ShowCN(unsigned char x, unsigned char y, unsigned char N)，该函数接收 3 个参数：x 为列号，y 为页号，N 为字模数组中的第 N 个汉字。该函数可如下实现：

```
void OLED_ShowCN(unsigned char x,unsigned char y,unsigned char N)
{
    unsigned char wm=0;
    unsigned int  adder= 32*N;        //每个汉字与其字模首位置有 32 个偏移
    OLED_SetPos(x ,y);
    for(wm=0;wm <16;wm++)
    {
        WriteDat(F16x16[adder]);
        adder +=1;
    }
    OLED_SetPos(x,y+1);
    for(wm=0;wm <16;wm++)
    {
        WriteDat(F16x16[adder]);
        adder +=1;
    }
}
```

3. 验证汉字显示函数

有了封装好的汉字显示函数，就可以方便地显示各种汉字信息了。这里使用这个函数显示数字字符串"兴电科技"，参考以下程序可实现。

```
for(i=0;i< 4;i++)
{
    OLED_ShowCN(30+i*16,0,i);          //测试显示中文
}
```

该程序使用四次循环以此显示四个汉字，四个汉字全部显示在第 0 页，其列号由第一个参数的表达式计算得出，显示效果如图 9.28 所示。

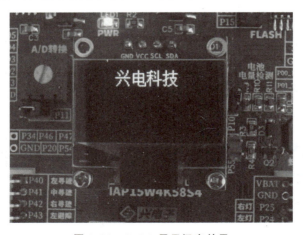

图 9.28 OLED 显示汉字效果

(1)编写程序在 OLED 液晶屏上显示 6×8 字符"abcd"。

(2)编写程序在 OLED 液晶屏上显示 8×16 字符"Hello World!"。

(3)编写程序在 OLED 液晶屏上显示汉字"好好学习，天天向上"。

任务总结

自我评价

知识与技能点	你的理解	掌握情况			
OLED 写指令与写数据		😀	😟	😵	😣
取模软件的使用方法		😀	😟	😵	😣
在 OLED 上显示数字程序		😀	😟	😵	😣

😀 完全掌握   😟 基本掌握   😵 有些不懂   😣 完全不懂

任务五　　在 OLED 上显示图片

任务目标

编写程序实现显示图片函数，并通过在 OLED 液晶屏幕上显示一张 128×64 像素的图片；理解和掌握在 OLED 液晶屏上显示特定图片的程序设计方法。

任务描述

将一张图片处理成 128×64 像素的图片，对图片继续取模，将字模保存在工程的头文件中。根据 SSD1306 驱动原理，编写图片显示 API 函数，并在主程序中调用该函数将图片显示在 OLED 液晶屏上面。

知识准备

理解 SSD1306 写指令和写数据的不同含义，能在 SSD1306 官方手册中查阅相关指令的定义和格式。

如果图片的大小不是 128×64 像素，可以使用画图软件简单编辑图片，将其像素变换成 128×64 的图片，并对图片进行二值化处理；使用取模软件对图片进行取模，将图片的字模保存到程序中；编写一个图片显示函数，负责在 OLED 上显示图片。

任务实施

一、图片取模

由于要显示的图片大小为 128×64 像素，如果图片的大小不符合要求，则可以使用画图软件进行简单编辑（缩放、裁剪、移动等操作），将其变为大小符合要求的图片，并将图片格式保存为位图（.bmp），如图 9.29 所示。

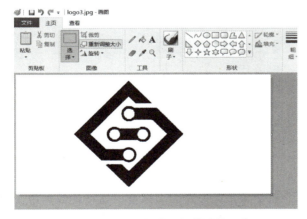

在 OLED 上显示图片

图 9.29　使用绘图软件进行简单的图片处理

图片取模的原理与数字、字符取模的原理基本相同，但是在进行图片取模前，要在取模软件的模式设置中选择"图形模式"，如图 9.30 所示。

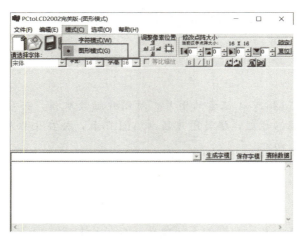

图 9.30　取模软件模式选择为"图形模式"

　　使用取模软件打开图片，软件将自动以点阵字模的形式加载并显示图片，单击"生成字模"按钮，将会自动在下面空白处生成图片的字模，如图 9.31 所示，可将该字模复制并粘贴到程序中。

图 9.31　图片的取模

二、编写图片显示函数

　　图片的显示过程其原理与显示字符、数字是一样的，都是根据字模数据中 1、0 的不同取值，控制对应像素点的亮灭状态。为使用方便，可将显示图片的功能也封装成一个函数 OLED_DrawBMP(unsigned char x0，unsigned char y0，unsigned char x1，unsigned char y1，unsigned char BMP[])，该函数接收 5 个参数：x_0、y_0 为起始点坐标（x_0 取值范围为 $0 \sim 127$，y_0 取值范围为 $0 \sim 7$）；x_1、y_1 为结束点的坐标（x_1 取值范围为 $1 \sim 128$，y_1 取值范围为 $1 \sim 8$）；BMP 为位图字模数组的首地址。该函数可如下实现：

```c
void OLED_DrawBMP(unsigned char x0,unsigned char y0,unsigned char x1,
unsigned char y1,unsigned char BMP[])
    {
        unsigned int j=0;
        unsigned char x,y;
        if(y1% 8==0)
            y=y1/8;
        else
            y=y1/8 +1;
        for(y=y0;y<y1;y++)
        {
            OLED_SetPos(x0,y);
            for(x=x0;x<x1;x++)
            {
                WriteDat(BMP[j++]);
            }
        }
    }
```

三、验证图片显示函数

使用上面封装好的图片显示函数，就可以方便地显示图片了。显示图片的函数的调用方法，可参考以下程序实现。

OLED_DrawBMP(0,0,128,8, (unsigned char*)BMP2); //测试 BMP 位图显示

程序中的 BMP2 就是图片取模后的字模数据所存放的数值，该数组很大，此处仅附其中一部分以方便理解。

```c
unsigned char code BMP2[ ]=
{
    ....................................................................
    0x00,0x00,0x00,0x00,0x00,0x00,0x00,0x00,0x00,0x00,0x00,0x00,0x00,
    0x00,0x00,0x00,
    0x80,0xC0,0xE0,0xF0,0xF8,0xFC,0xFE,0xFF,0xFF,0xFF,0x7F,0x3F,0x1F,
    0x0F,0x1F,0x3F,
    0x7F,0xFF,0xFF,0xFE,0xFC,0xF8,0xF0,0xE0,0xC0,0x80,0x00,0x00,0x00,
    0x00,0x00,0x00,
    0x00,0x00,0x00,0x00,0x00,0x00,0x00,0x00,0x0C,0x00,0x00,0x00,0x00,
    0x00,0x00,0x00,
    ....................................................................
}
```

以上程序测试结果如图 9.32 所示。

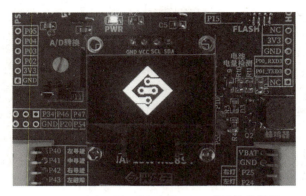

图 9.32　OLED 显示"兴电子 LOGO"图片的效果

扩展任务

（1）编写程序在 OLED 液晶屏上以 128×64 像素大小显示"兴电子 LOGO"图片。

（2）编写程序在 OLED 液晶屏上显示 128×48 像素的图片，并在图片上方显示"兴电科技"四个汉字，效果如图 9.33 所示，可综合应用 OLED_ShowCN（）和 OLED_DrawBMP（）函数来实现。

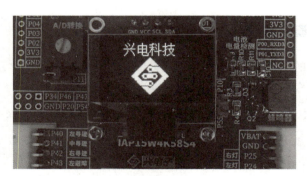

图 9.33　OLED 显示汉字和图片

任务总结

226

知识与技能点	你的理解	掌握情况
图片的取模		
图片显示函数		
在 OLED 上显示特定大小图片		

 完全掌握　　 基本掌握　　 有些不懂　　 完全不懂

项目小结

本项目首先介绍了 OLED 液晶屏的基本概况、尺寸分类、颜色分类、相关特性，进而介绍了 OLED 主控芯片 SSD1306 的接口标准、显存结构和寻址方式，并详细讲解了 SSD1306 的相关指令。由于该液晶屏使用 I2C 接口，所以，本项目对 I2C 总线结构、设备地址定义、时序图、数据有效性、起始和终止信号、数据传输过程等做了深入的介绍，并使用示波器观察和分析实际信号波形。

在理解了 I2C 通信协议的基础上，编写和移植了 I2C 驱动程序；在 I2C 驱动程序的基础上，编写了 SSD1306 驱动程序和读写操作函数，并在此基础二，进一步编写了显示数字、字符、汉字和图片的 API 函数；详细介绍了数字、字符、汉字和图片的取模方法，并验证了各显示函数的功能。

思考与练习

1. I2C 总线中 SCL 和 SDA 两根线各有什么功能？

2. 简述并画图说明 I2C 数据有效性是如何定义的。

3. 简述并画图说明 I2C 总线的起始信号和终止信号是怎样定义的。

4. 什么是页寻址、水平寻址、垂直寻址？它们有什么区别？

5. 在 OLED 上显示汉字的函数应该怎样实现？

6. 综合设计：编写程序，实现 OLED 显示的简易时钟。要求：使用定时器计数，能够通过按键设定时间。界面即 UI 交互过程可自行设计。

人通过视觉接收 60％以上的信息，显示屏是核心。在信息化大发展的时代，显示屏的重要性不言而喻。如今，我国的液晶显示技术已领先世界。"中国屏"的逆袭之路，映射着改革开放以来中国人追求自主技术创新的发展史。多年来，我国的显示企业在技术创新上不断努力，不断打破外国厂商的技术封锁。在 2003 年，我国显示器件（面板）企业的代表——京东方以 3.8 亿美元收购了韩国现代的显示屏 3 代生产线。同年，京东方自主建设了第五代 TFT-LCD 生产线，终于在 2005 年结束了我国无自主液晶屏的时代。2008—2013年，京东方陆续在国内各地建设多条 TFT-LCD 生产线。与此同时，国内另一家新兴显示器件（面板）企业华星电子用 19 个月的时间，完成了我国第二条 8.5 代线的自主建设。2019年，京东方成为全球最大的液晶屏供应商，在笔记本计算机、平板、智能手机、显示器、电视机这五大细分领域上的出货量都排名第一。2020 年，我国液晶显示屏产能在全球占比达到 55％，液晶显示器已经跃居世界第一。

　　从第一代 CRT（阴极射线管）显示技术，到第二代液晶（LCD）显示技术，再到第三代有机发光材料（OLED）显示技术，显示技术在不断更迭。在 OLED 屏和柔性屏方面，我国企业也处于领先水平，未来中国显示器件（面板）企业的市场份额有望进一步提高。

　　我国显示器件（面板）企业在液晶屏领域从追赶到领先的过程，浓缩了我国科技企业和科研人员的不懈努力和智慧创造，作为理工科类大学生，我们也要把自己的工作融合到科技创新发展上，哪些工作需要我们，我们就去做哪些工作，不能过于强调个人得失。当然，从事技术研究工作还得能忍，十年冷板凳要坐得住。

项目十　单片机智能车设计开发

项目描述

　　本项目将使用 STC15 单片机设计和开发一款智能车，将从智能车的硬件电路设计原理和固件程序开发两个方面进行介绍。在硬件电路设计中，主要包括智能车电源电路、电动机驱动电路、寻迹电路和避障电路的设计原理；对固件程序，主要开发智能车的前进、后退、转向控制程序，自动寻迹程序，自动避障程序，以及智能车蓝牙遥控相关的串口透传和蓝牙控制指令解析程序。

项目分析

　　智能车需要有电源，一般可以采用锂电池供电，锂电池的常见电压为 7.4 V 和 12 V，都高于单片机的 5 V/3.3 V 工作电压，所以，需要有稳压电路。智能车需要由电动机带动轮子转动，单片机的 IO 引脚不能给电动机提供足够的驱动电流，这就需要有电动机驱动电路，驱动电路向单片机提供双路控制接口，以便程序对电动机进行控制。寻迹和避障是智能车的基本功能，也需要特定的功能电路和程序来实现。在完成了软硬件设计的基础上，进一步为智能车增加蓝牙遥控功能，为智能车加配一块 HC-05 蓝牙模块，并使用手机端蓝牙调试助手软件，实现手机蓝牙遥控智能车的功能。

学习目标

　　本项目为单片机综合设计项目，通过本项目的实施，理解单片机智能车应用系统的设计与开发过程；能够综合运用前面各项目所学知识，根据智能车产品实际控制要求，完成其硬件和软件的设计、开发、调试、测试等工作，在实践项目中锻炼分析问题和解决问题的能力。

　　通过动手开发和设计智能车，体悟在智能车设计过程中，每一版印制电路板、每一个焊点和每一行代码，从智能车的组装到第一次启动运行，贯彻始终的工程师精神。

任务一　　理解智能车硬件电路原理

任务目标

　　正确识读智能车硬件电路原理图，理解其中的电源电路、电动机驱动电路、寻迹电路、避障电路等的设计原理，是进行智能车程序设计的基础。在理解电路设计原理的基础上，使用 EDA 软件完成原理图的设计与绘制。

子任务一　电源电路设计

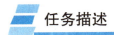 **任务描述**

　　识读智能车电源电路原理图，分析并理解智能车电源电路的设计原理；掌握 LDO 稳压和 DC-DC 稳压电路设计方案，并使用 EDA 软件完成电源电路原理图的设计。

知识准备

　　智能车离不开电源，电源的稳定、可靠是系统正常工作的前提。常用的电源稳压方案有 LDO 稳压电路和 DC-DC 稳压电路，它们的含义和区别如下：

一、LDO 稳压

　　LDO(Low Dropout Voltage Regulator)，也称低压差线性稳压器，仅能使用在降压应用中，也就是输出电压必须小于输入电压。其优点是稳定性好，负载响应快，输出纹波小；缺点是效率低，输入、输出的电压差不能太大，且负载不能太大。

二、DC-DC 稳压

　　DC-DC，即直流电压转直流电压，多指采用开关电源的方式实现升压或降压。其优点是效率高，输入电压范围较宽，可以输出较大电流，静态电流小；缺点是负载响应比 LDO慢，输出纹波比 LDO 大。

三、多路电源设计

　　(1)＋5 V 电源给电动机供电。智能车所用微型直流电动机，其额定电压通常的范围为＋5～＋6 V，电动机不同，额定工作的电压也不同。为使电源模块更具有通用性，可以设计成现电压可调电路。为了简单起见，本项目直接使用＋5 V 给电动机供电。

　　(2)3.3 V 电源给逻辑电路供电。3.3 V 电压(常写作 3V3)也是微处理器领域常见的工作电压，STC15 单片机也可以直接工作在 3.3 V(宏晶公司新发布的 STC15 和 STC8 系列既可以工作在＋5 V，也可以工作在 3.3 V)，智能车底盘的各传感器电路及蓝牙模块也是3.3 V 工作电压。所以，电源模块需要对外提供＋3.3 V 电压输出。

四、智能车底盘电源电路设计

根据任务的需求分析，可以设计智能车底盘电源电路，如图 10.1 所示。考虑到所选用的锂电池电压为 7.4 V，电路板工作电压为 +5 V 和 3.3 V，压差不是很大；从电路设计角度，LDO 的外围器件仅需两个电容，比 DC-DC 电路要简洁很多，基于简化设计的考虑，所以，没有采用 DC-DC 稳压方案，而是全部采用了 LDO 稳压方案。

图 10.1 中的 U1 为 AMS1084CM-5.0，U2 为 BL1117-33CX，这两个都是 LDO 芯片。AMS1084CM-5.0 的输出电压为 +5 V，最大可输出 5 A 电流，驱动智能车上的 2～4 台微型电动机绰绰有余。BL1117-33CX 的输出电压为 3.3 V，最大可输出 1 A 电流，主要负责给逻辑电路供电。如果对于容量比较大的电动机，则应采用电动机供电回路与逻辑电路供电回路分开的设计，避免电动机启停时的杂波干扰。

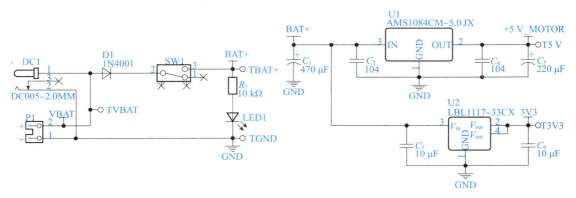

图 10.1　智能车底盘电源电路设计

五、智能车主控板电源电路设计

图 10.2 所示是智能车主控板电源电路，电路主体仍然采用 LDO 稳压，图中的 Q1 是场效应管 SI2301，与 D1 的 B5817W 肖特基二极管、R1 的 10 kΩ 电阻共同构成电源选择电路。由于控制板既可由锂电池供电(P2)，也可由 USB 线直接供电(VUSB)，故当连接了 USB 供电时，应该断开锂电池供电。

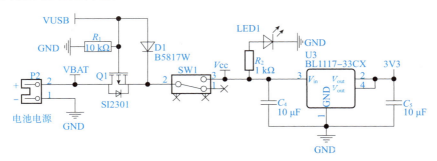

图 10.2　智能车主控板电源电路

当没有连接 USB 线供电时，Q1 的 G 极是低电平，Q1 导通，由锂电池供电；当连接了 USB 线供电时，Q1 的 G 极是高电平，Q1 截止，将锂电池供电回路断开，而由 VUSB 经过 D1 对电路进行供电。D1 的作用是防止电源反接。

任务实施

打开立创 EDA（专业版）软件，执行"文件"→"新建"→"工程"命令，立创 EDA 会默认创建一个板子、一个原理图和一个 PCB，无须在创建工程后再创建 PCB。打开原理图编辑界面，可以开始电路原理图的设计。下面以图 10.3 为例，介绍怎样添加元器件。

在工具栏中单击器件按钮█或者按快捷键 Shift＋F，打开器件搜索窗口，在其中的搜索栏输入"BL1117-33CX"，或者直接输入该元器件在立创商城的商品编号"C5400"，就可以搜索到该器件，单击"放置"按钮，可以将该器件放置在原理图上。

图 10.3　在立创 EDA 里搜索元器件

对于阻容器件，也可以在立创 EDA 的常用库里查找使用。在常用库中查找元器件时，要注意器件的封装形式。

使用以上方法将图 10.4 中的元器件都放在原理图中合适的位置，就可以开始连线了。可以使用三种方法进入绘制导线模式（顶部快捷栏→导线、顶部菜单→放置→导线、快捷键 W），如图 10.5 所示。

参考图 10.2 的电源电路，设计并绘制完整的电路原理图。在使用立创 EDA 过程中遇到任何困难，可以在"帮助"→"教程"中寻找解决方法。

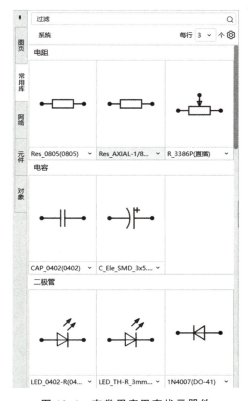

图 10.4　在常用库里查找元器件

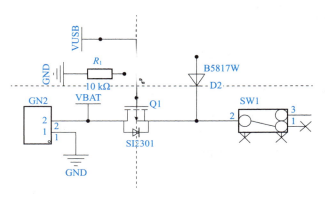

图 10.5　在原理图中绘制导线

子任务二　电机驱动电路设计

 任务描述

识读智能车电动机驱动电路原理图，分析并理解电动机驱动电路的设计原理；掌握 RZ7899 驱动电路设计方案，并使用 EDA 软件完成电动机驱动电路原理图的设计。

知识准备

一、H-桥驱动电路原理

智能车离不开电动机，电动机是智能车的动力输出装置。为使智能车能够稳定工作，需要设计直流电动机驱动电路。一种比较常用的直流电动机驱动电路为 H-桥电路，它可实现直流电动机的正反向驱动，其典型电路形式如图 10.6 所示。从图中可以看出，其形状类似字母"H"，而作为负载的直流电动机是像"桥"一样架在上面的，所以称为 H-桥电路。

4 个开关所在位置就称为"桥臂"。借助这 4 个开关可以控制电动机的 4 种工作状态：

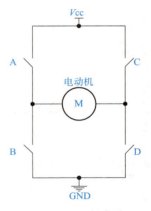

（1）正转：当开关 A、D 接通，B、C 断开时，电动机为正向转动；

（2）反转：当开关 B、C 接通，A、D 断开时，电动机将反向转动；

（3）制动：将 B、D（或 A、C）接通，则电动机惯性转动产生的电势将被短路，形成阻碍运动的反电势，形成"制动"作用；

（4）停止：当 4 个开关全部断开，则电动机惯性所产生的电势将无法形成电路，从而也就不会产生阻碍运动的反电势，电动机将逐渐停止。

图 10.6　H-桥电路

二、RZ7899 芯片

根据任务设计要求，可满足的设计方案比较多，如 L298N、RZ7899、TB6612 和 SN754410 等芯片方案，这里采用比较简单的 RZ7899 方案。RZ7899 是一款 DC 双向电动机驱动电路，它适用玩具等类的电动机驱动、自动阀门电动机驱动、电磁门锁驱动等。它有两个逻辑输入端子用来控制电动机前进、后退及制动。该电路具有良好的抗干扰性，微小的待机电流、低的输出内阻，同时，它还具有内置二极管能释放感性负载的反向冲击电流。

RZ7899 的控制信号输入端为 1、2 脚，输出端为 5、6 脚和 7、8 脚，输入与输出之间的真值见表 10.1。

表 10.1　RZ7899 真值

2 脚　前进输入	1 脚　后退输入	5、6 脚　前进输出	7、9 脚　后退输出
H	L	H	L
L	H	L	H
H	H	L	L
L	L	Open	Open

三、指定设计指标

电动机驱动电路应满足以下功能要求：

（1）可以驱动两路直流负载；

（2）两路输出分别单独可控，互不影响，每一路可驱动一个直流电动机；

（3）模块输入电压范围为 3～25 V，每一路输出可承受 3 A 电流，可直接给负载供电；

（4）控制引脚兼容 TTL 电平；

（5）具有反向冲击电流保护功能。

四、电路设计

使用 RZ7899 设计的双路电动机驱动电路如图 10.7 所示。

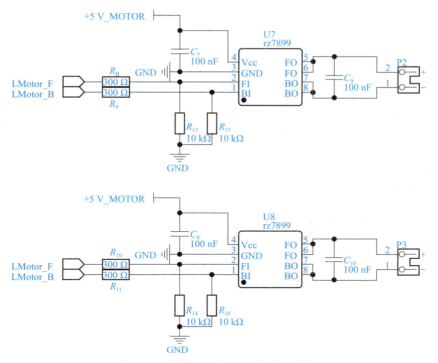

图 10.7　RZ7899 双路电动机驱动电路

　　该电路中使用两片 RZ7899 实现了双路电动机驱动功能，分别驱动智能车的左右两个电动机。比如，上面的驱动电路其两个输入端为（LMotor_F、LMotor_B）分别接单片机的两个控制引脚，这两个引脚电平的 4 种组合可以控制电动机（按照图 10.7 中所示为智能车的左侧电动机）正转、反转、停止、制动。

任务实施

　　参考图 10.7，使用立创 EDA 完成双路电动机驱动电路的原理图设计。图中 RZ7899 可以使用立创商城器件编号 C92373 快捷搜索到；P2 和 P3 为 XH2501 弯针插座，器件编号为 C132479；其他阻容元器件可以在常用库中查找使用。

子任务三　寻迹电路

任务描述

　　识读智能车寻迹电路原理图，分析并理解寻迹电路的设计原理；掌握 ITR9909 红外探测传感器驱动电路设计方案，并使用 EDA 软件完成寻迹电路原理图的设计。

自动寻迹是指智能车按指定的路线行驶，自动区分直线轨道和弯路轨道，在指定弯路处拐弯，实现灵活前进、转弯、倒退等功能。寻迹的轨道通常是在白色地板上布置的黑色条带（也可以是黑色地板上布置的白色条带，颜色的对比要相反），智能车循着黑色的条带行驶。

一、寻迹原理

自动寻迹实现的原理是采用红外探测法，利用红外线在不同颜色的物体表面具有不同反射性质的特点，在智能车行驶过程中不断地向地面发射红外光。当红外光遇到白色地板时发生漫反射，反射光能够被智能车上的接收管接收；如果遇到黑线则红外光被吸收，智能车上的接收管接收不到红外光。首先，通过检测电路将接收管是否接收到红外光转换成高低电平的变化，然后再使用单片机检测该电平信号就可以判断出当前是否接收到反射的红外光，并据此来确定黑线的位置和智能车的行驶路线。红外探测器的探测距离有限，一般不超过 3 cm。

二、红外探测传感器 ITR9909

红外探测器可以采用 ITR9909，如图 10.8 所示，这是一款红外发射与接收一体的传感器，给器 2 脚和 1 脚施加正向电压，将发射红外线；如果检测到反射回来的红外线，则 4 脚和 3 脚将形成光电流，通过外围电路将电流信号转换为电压信号，再经过比较器与参考电压进行比较，可输出高低电平信号的不同结果。最后使用单片机检测该电平信号，作为综合控制智能车运行速度、方向、状态的依据。

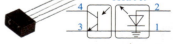

图 10.8　ITR9909 红外探测传感器

三、电路设计

使用 ITR9909 的寻迹电路设计如图 10.9 所示，使用 LM393 构成比较器，其 2 脚输入端为电位器 R24 的分压，3 脚输入端为 ITR9909 的 3、4 脚与 R_{21} 的分压。当 $V_2 > V_3$ 时，比较器输出低电平，LED4 发光；当 $V_2 < V_3$ 时，比较器输出高电平，LED4 不发光。

由于智能车的高度和器件灵敏度等差异，该寻迹电路在使用前需要先调试，调节电位器的旋钮位置，使得当 ITR9909 传感器位于在白线上时，有反射光，比较器 3 脚电压小于 2 脚电压，输出低电平，LED 亮；而当 ITR9909 传感器位于黑线上时，没有反射光，比较器 3 脚电压大于 2 脚电压，输出高电平，LED 不亮。此时，电位器旋钮位置正好是区分白色地板和黑色线条的临界位置。

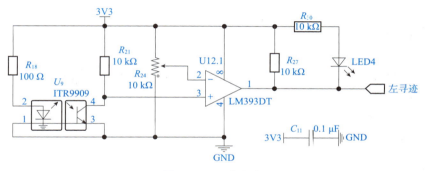

图 10.9　寻迹电路

为了实现对自动寻迹更准确、更及时的控制，智能车上该寻迹电路共配备两路，分别是左寻迹、右寻迹电路。用单片机引脚实时检测这两路寻迹电路的输出，可以了解智能车是准确寻迹还是偏离方向，如果偏离，是向左偏离还是向右偏离，并据此给出校正控制，调节左右电动机转速，纠正智能车的行进方向。

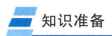 **任务实施**

参考图 10.9，使用立创 EDA 完成智能车寻迹电路的原理图设计。该电路中的 ITR9909 可以通过立创商城的器件编号 C53399 快速搜索到，LM393 为运算放大器，每个 LM393 芯片包含两个运算放大器，左、右寻迹电路可以各使用一个。

子任务四　避障电路

任务描述

识读智能车避障电路原理图，分析并理解避障电路的设计原理；掌握红外对管驱动电路设计方案，并使用 EDA 软件完成避障电路原理图的设计。

知识准备

一、避障原理

在智能车自动行驶时，如果前方附近出现障碍物，智能车应该能及时发现并自动避开障碍物。为了实现自动避障功能，在智能车前方设计了两路避障电路。避障原理仍然通过红外发射管向前面发射红外线，用红外接收管接收发射回来的红外线。如果前面没有障碍物，则反射回来的红外线比较少，如果前面有障碍物，则反射回来的红外线比较多。通过外围电路的设计将接收到反射红外线的多少转换为高点电平的变化，就可以被单片机引脚检测出来，并给予相应的控制。

二、红外对管

避障电路中红外发射管使用 IR333C-A，红外接收管使用
PT333-3B，如图 10.10 所示，组成红外对管。IR333C-A 发
射管是一个透明胶体封装的直插红外发射管，主要用于遥控
器发射管，其主要发射波长为 940 nm 的红外光。PT333-3B
是一种光电三极管，晶体管类型为 NPN，主要接收峰值波长
为 940 nm 的红外光。

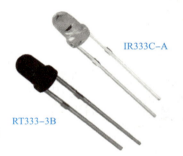

**图 10.10 红外发射管与
红外接收管**

三、电路设计

使用 IR333C-A 和 PT333-3B 组成红外对管并设计的避障电路如图 10.11 所示。该电路
与红外寻迹电路的原理是相同的，比较器一端输入信号为 PT333-3B 与电阻 R_{37} 的分压，另
一端输入信号为电位器 R_{40} 分压值。当有物体遮挡时，反射光强，PT333 导通强，比较器
5 脚电平低于 6 脚，比较器输出低电平，LED 点亮；当没有物体遮挡时，反射光弱，
PT333 导通弱，比较器 5 脚电平高于 6 脚，比较器输出高电平，LED 熄灭。由单片机检测
比较器输出的高低电平信号，就可以判断出前方是否有障碍物。避障电路在使用前也需要
进行调试，根据需要避障的距离调节电位器旋钮置适当位置。

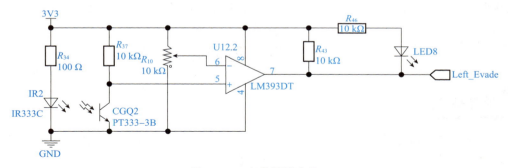

图 10.11 红外避障电路

任务实施

参考图 10.11，使用立创 EDA 完成智能车红外避障电路的原理图设计。该电路中的
IR333C 可以通过立创商城的器件编号 C5130 快速搜索到；PT333-3B 可以通过器件编号
C5134 快速搜索到；LM393 为运算放大器，每个 LM393 芯片包含两个运算放大器，左、右
避障电路可以各使用一个。

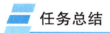 **任务总结**

扩展提高

(1)在网络上搜索并下载 AMS1084CM、BL1117-33CX、RZ7899 等芯片手册，认真阅读、理解芯片功能，以及手册中给出的设计方案和典型电路。

(2)在网络上搜索 DC-DC 芯片 XL1509-5.0 芯片手册，完成一款 DC-DC 稳压电路的设计。

(3)使用电路设计 EDA 软件(推荐使用立创 EDA，也可以使用 Altium Designer、KiCad 等)完成智能车硬件电路的整体设计，并完成 PCB 设计。

自我评价

知识与技能点	你的理解	掌握情况
电源电路设计		😊 😟 😵 😣
电动机驱动电路设计		😊 😟 😵 😣
寻迹电路设计		😊 😟 😵 😣
避障电路设计		😊 😟 😵 😣

 完全掌握　　 基本掌握　　 有些不懂　　😣 完全不懂

任务描述

编写程序实现智能车前进、后退、转向控制，实现智能车的自动寻迹控制和避障控制，实现智能车的调速控制。

任务目标

能够在理解具体电路设计原理的基础上，编写相应的程序，控制智能车前进、后退和左右转向；能够编写 PWM 驱动程序对直流电动机进行调速控制；能够检测寻迹电路和避障电路输出信号，并综合信号判断智能车运行状态，从而施加相应控制。

子任务一　智能车的前进、后退和转向控制

任务描述

根据 RZ7899 电动机驱动电路的正反转控制规则，编写程序实现智能车的前进、后退和转向控制。

知识准备

智能车的前进即控制左右两个电动机正转；后退即控制左右两个电动机反转；向左转向可以控制左轮停止、右轮正转；向右转向可以控制右轮停止、左轮正转。根据 RZ7899 电动机驱动电路的正反转控制规则，可以通过对控制电路的两个输入引脚施加 0、1 信号组合，从而实现对左右两侧电动机的正转、反转、差速控制。需要注意的是，控制电动机的 IO 引脚，要设置为推挽模式。

编写单片机程序需要基于具体的电路设计。根据电动机驱动电路，左轮由 LMotor_F、LMotor_B 控制，右轮由 RMotor_F、RMotor_B 控制。从图 10.12 中可知，底盘的 LMotor_F、LMotor_B 通过接插口连接到主控板单片机的 P1.6、P2.7 引脚，底盘的 RMotor_F、RMotor_B 通过接插口连接到主控板单片机的 P1.7、P2.6 引脚。

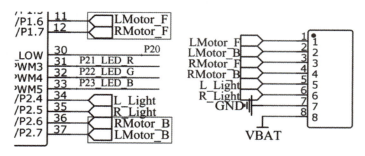

图 10.12 电动机控制引脚与单片机引脚的连接

任务实施

在编写程序时，可先封装出左、右电动机的正转、反转、停止、制动函数，然后在此基础上，再封装出智能车的前进、后退、左转、右转、停车、制动函数。

```
sbitLMotor_F=P1^6;
sbitLMotor_B=P2^7;
sbitRMotor_F=P1^7;
sbitRMotor_B=P2^6;
// 左轮正转
void LMotor_Forward()
{
    LMotor_F=1;
    LMotor_B=0;
}
// 左轮反转
void LMotor_Backward()
{
    LMotor_F=0;
    LMotor_B=1;
}
// 左轮停止
void LMotor_Stop()
{
    LMotor_F=0;
    LMotor_B=0;
}
// 左轮制动
void LMotor_Brake()
{
```

```
    LMotor_F=1;
    LMotor_B=1;
}

// 右轮正转
void RMotor_Forward()
{
    RMotor_F=1;
    RMotor_B=0;
}
// 右轮反转
void RMotor_Backward()
{
    RMotor_F=0;
    RMotor_B=1;
}
// 右轮停止
void RMotor_Stop()
{
    RMotor_F=0;
    RMotor_B=0;
}
// 右轮制动
void RMotor_Brake()
{
    RMotor_F=1;
    RMotor_B=1;
}

// 智能车前进
void Car_Forward()
{
    LMotor_Forward();
    RMotor_Forward();
}
// 智能车后退
void Car_Backward()
{
    LMotor_Backward();
    RMotor_Backward();
```

```
}
//智能车左转
void Car_TurnLeft()
{
    LMotor_Stop();
    RMotor_Forward();
}
//智能车右转
void Car_TurnRight()
{
    LMotor_Forward();
    RMotor_Stop();
}
//智能车停车
void Car_Stop()
{
    LMotor_Stop();
    RMotor_Stop();
}
//智能车制动
void Car_Brake()
{
    LMotor_Brake();
    RMotor_Brake();
}
```

子任务二　智能车的寻迹控制

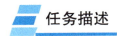 任务描述

编写程序，实现智能车的自动寻迹功能。

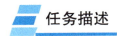 知识准备

自动寻迹是在前进、后退和转向控制的基础上，综合寻迹电路的输出信号，根据一定的控制策略，实现智能车的自主控制决策。

利用红外光在黑白色平面不同的反射率可完成寻迹控制。黑色对红外光的反射率小，白色对红外光的发射率大。根据电路的设计，当平面的颜色是白色时，传感器发射出去的红外光被大部分反射回来，于是，电路后端比较器输出低电平 0；当平面中有一黑线，红外

传感器在黑线上方时，因黑色对红外光的吸收率高，反射回来的红外光很少，比较器输出 1。通常用单片机引脚判断寻迹电路的输出端是 0 还是 1，就能检测到黑线。

任务实施

根据电路图设计，左寻迹检测信号连接单片机的 P4.0 引脚，右寻迹检测信号连接单片机的 P4.2 引脚，根据寻迹检测和控制原理，可编写程序如下。

```
sbitLeft_Tracing=P4^0;
sbitRight_Tracing=P4^2;
while(1)
{
                                              // 0:没有识别到黑线,
                                                 1:识别到黑线
    if(Left_Tracing==1 &&Right_Tracing==1)    // 左右寻迹探头识别到
                                                 黑线
    {
        Car_Forward();                        // 前进
    }
    else
    {
        if(Left_Tracing==1 &&Right_Tracing==0)// 小车右边出线,左转修正
        {
            Car_TurnLeft();                   // 左转
        }
        if(Left_Tracing==0 &&Right_Tracing==1) // 小车左边出线,右转
                                                  修正
        {
            Car_TurnRight();                  // 右转
        }
    }
}
```

子任务三　智能车的避障控制

任务描述

编写程序，实现智能车的自动避障功能。

自动避障是在前进、后退和转向控制的基础上，综合避障电路的输出信号，根据一定的控制策略，实现智能车的自主控制决策。

红外避障也是利用障碍物对红外光的反射特点，当前面有障碍物时，红外发射管发射出去的红外光被大部分反射回来，被红外接收管接收到，通过单片机引脚检测避障电路后端的比较器给出高低电平信号，可以判断前方是否有障碍物，从而进行避障控制。

任务实施

根据避障电路原理，可编写程序如下。

```
sbitLeft_Evade=P4^3;
sbitRight_Evade=P4^5;
while(1)
{
                                        //0：识别障碍物，1：没有识别到障碍物
    if(Left_Evade==1 &&Right_Evade==1)  //左右都没识别到障碍物
    {
        Car_Forward();                  //前进
    }
    if(Left_Evade==1 &&Right_Evade==0)  //小车右侧识别到障碍物，左转躲避
    {
        Car_TurnLeft();                 //左转
    }
    if(Left_Evade==0 &&Right_Evade==1)  //小车左侧识别到障碍物，右转躲避
    {
        Car_TurnRight();                //右转
    }
}
```

在调试寻迹电路和避障电路时，如果在自然光比较强的环境下，可能会出现无论怎样调节电位器对应的 LED 指示灯都会亮起的情况，这是因为受到了强光干扰，所以，必须在自然光弱的环境下调试。调试时需细心、耐心地微调电位器，切勿急躁或用力调节电位器。

有可能会出现传感器感应不到障碍物的情况，是因为传感器的灵敏度调得太高了，应该调低灵敏度，这样才能检测到障碍物。因为灵敏度太高，微弱反射的红外光都能被传感器识别，导致检测失败。

子任务四 智能车的调速控制

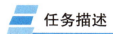 **任务描述**

编写程序，实现智能车的调速控制功能。

 知识准备

智能车的电动机不能时刻保持在全速运转的过程当中，有必要对速度施加控制，才能完成一些特定功能。例如，"智能车避障实验"，若车速度过快，因为惯性，小车避障时会很容易造成转弯半径过大碰撞到障碍物；红外避障对管检测距离也影响小车避障效果，检测距离太短会导致制动不及时碰撞到障碍物。在智能车自动寻迹时，如果车速过快，由于惯性也容易发生过冲而脱离黑色轨道线。所以，需要调节合适的智能车运行速度。

调速控制需要用到 PWM 输出，使用不同占空比的 PWM 信号，驱动电动机以实现不同的转速。由于智能车的左右电动机各连接到单片机的一个 PWM 复用引脚，故可以使用 PWM 信号分别对左右电动机实施调速控制。智能车的左电动机由引脚 P1.6 和 P2.7 控制，可以将 P2.7 固定输出低电平，P1.6 输出特定频率的 PWM 信号；右电动机由 P1.7 和 P2.6 控制，可以将 P2.6 固定输出低电平，P1.7 输出特定频率的 PWM 信号。使用 PWM 调速可以实现对左右电动机转速的更精细控制，使得智能车在寻迹、转向等过程中运行更平顺，控制更精确。

 任务实施

PWM 信号的生成及调速控制方法可以参考项目八任务七中的相关知识和示例代码，项目八任务七的代码是通过 P1.6 输出 PWM 信号控制一个电动机的转速，本任务需要在此基础上，同时使用 P1.6(PWM6)和 P1.7(PWM7)双路 PWM 信号输出，并且其占空比要通过计算策略进行实时调整。以下给出 PWM6 对左电动机的调速程序，PWM7 对右电动机的调速程序请自行完成。

```
P1M1=0x00;          //设置 P1 端口为准双向模式
P1M0=0x00;
P2M1=0x00;          //设置 P1 端口为准双向模式
P2M0=0x00;
P16=0;
P27=0;
P_SW2 |=0x80;       //开启访问 XSFR
PWMCFG &=0xEF;      //PWM6 输出初始电平为低电平
```

```
PWMCKS=11;          // PWM 时钟为系统时钟 12 分频，频率变为 1MHz
PWMCH=0x03;
PWMCL=0xE7;         // 计 1 000 个 PWM 时钟为一个周期，频率变为 1 kHz
PWM6T1H=0x01;
PWM6T1L=0xF3;       // 第一次翻转点为 499
PWM6T2H=0x03;
PWM6T2L=0xE7;       // 第二次翻转点为 999
PWM6CR=0;           // 选择使用第 6 通道默认输出引脚 P1.6 输出 PWM 信号，禁止
                       PWM6 中断
PWMCR|=0x90;        // 允许 PWM6 波形输出
```

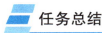 任务总结

扩展提高

整合智能车基本控制程序、寻迹程序、避障程序设计简易赛道。赛道上要有寻迹线条和障碍物，分组进行比赛，看哪组智能车能够最快跑完赛道，且不碰撞障碍物。

自我评价

知识与技能点	你的理解	掌握情况			
智能车的前进、后退、左转、右转、停止、刹车控制		😊	😟	😵	😣
智能车寻迹控制程序		😊	😟	😵	😣
智能车避障控制程序		😊	😟	😵	😣
智能车 PWM 调速程序		😊	😟	😵	😣

 完全掌握　　 基本掌握　　 有些不懂　　 完全不懂

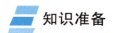

任务描述

使用 HC-05 蓝牙模块使智能车具备蓝牙通信功能，通过手机端蓝牙调试程序实现智能车的蓝牙遥控功能。

任务目标

了解蓝牙通信的简单原理，会配置和使用 HC-05 蓝牙模块，会使用手机等终端设备连接至蓝牙模块，并能够编写单片机端串口驱动程序，实现蓝牙串口透传功能。会使用手机蓝牙调试助手软件进行蓝牙遥控功能的调速，能编写单片机端蓝牙数据解析程序，实现手机蓝牙遥控智能车的功能。

子任务一　设置 HC-05 蓝牙模块参数

任务描述

正确配置 HC-05 蓝牙模块的参数，使其能够被蓝牙设备搜索到，并能够建立蓝牙连接。

知识准备

一、HC-05 蓝牙模块

HC-05 蓝牙串口通信模块，是基于 Bluetooth Specification V2.0 带 EDR 蓝牙协议的数传模块。其无线工作频段为 2.4 GHz ISM，调制方式是 GFSK；模块最大发射功率为 4 dBm，接收灵敏度为 −85 dBm；板载 PCB 天线，可以实现 10 m 距离通信；模块采用 CSR 的 BC417 芯片，支持 AT 指令，用户可根据需要更改角色（主、从模式）以及串口波特率、设备名称等参数，使用灵活。

HC-05 蓝牙模块用于代替全双工串口通信时的物理连线，实现两个设备之间的无线串口透传功能。如图 10.13 所示，左边的设备向模块发送串口数据，模块的 RXD 端口收到串口数据后，自动将数据以无线电波的方式发送到空中，右边的模块能自动接收到，并从

TXD 还原最初左边设备所发的串口数据。从右边到左边的数据传输过程也是一样的。

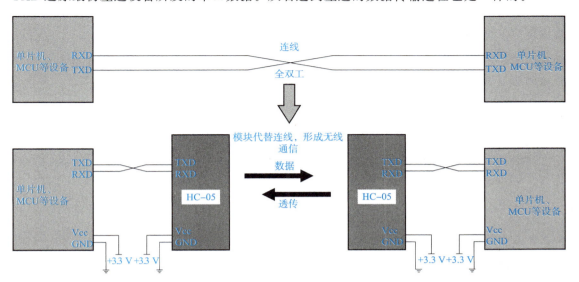

图 10.13　HC-05 蓝牙模块工作原理示意

　　模块与单片机系统连接时，串口交叉连接即可(模块的 RX 接 MCU 的 TX，模块的 TX 接 MCU 的 RX)。注意模块的电源为 3.3 V，不能接 5 V，5 V 的电源必须通过 LDO 降压到 3.3 V 后再给模块供电(图 10.14)。

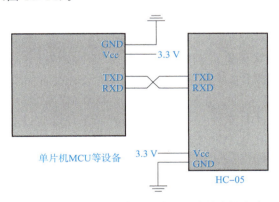

图 10.14　HC-05 模块与单片机系统的连接方式

二、AT 指令及参数设置

　　AT 即 Attention，AT 指令是应用于终端设备与 PC 应用之间的连接与通信的指令。AT 指令是以"AT"开头，后面跟具体的指令数据，用于设置设备参数、读取设备信息等操作，每个指令执行成功与否都有相应的返回。

　　HC-05 模块具有两种工作模式：命令相应工作模式和自动连接工作模式，在自动连接工作模式下模块又可分为主机(Master)、从机(Slave)和回环(Loopback)三种角色。当模块处于自动连接工作模式时，将自动根据事先设定的方式进行连接并开始数据传输；当模块处于命令相应工作模式（AT 模式）时，能执行所有 AT 指令，用户可向模块发送各种 AT 指令，为模块设定控制参数或发布控制命令。通过控制模块外部引脚（PIO11）输入电平可以实现模块工作状态的切换。

1. AT 指令举例

例如，当模块在 AT 模式下，通过串口发送：

AT+\ r\ n

模块将返回消息：OK

发送：AT＋VERSION?\r\n

该命令为查询模块版本号，模块将返回如下消息：

＋VERSION:hc01.comV2.1

OK

发送：AT＋NAME? \r\n

该命令为查询模块名称，模块将返回如下消息：

＋NAME:HC-05_Module

OK

发送：AT＋NAME＝HC-05-One\r \n

该命令为设置模块名称，名称设置成功后，将返回：

OK

HC-05 模块的 AT 指令比较多，这里仅举了几个最简单的例子，其他 AT 指令的功能及指令格式，可以在官方手册《HC-05 蓝牙串口通信模块 AT 指令 V2.1》中查阅。

2. 参数架的使用

每次编辑 AT 指令对模块进行设置或查询的过程比较烦琐，HC-05 官方提供了参数架和配套的设置软件（HID 转串口小助手），可以比较方便地设置模块常用参数，单击"数据发送"按钮即可自动发送 AT 指令。正确连接 HC-05 模块和参数架，通过 Micro USB 线连接到计算机 USB 接口，在 HID 软件上连接参数架后，就可以通过右侧按钮对模块进行快捷设置，或者在左侧编辑区编辑 AT 指令（图 10.15）。

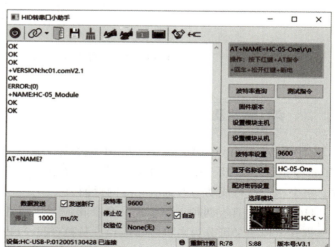

图 10.15　使用参数架和 HID 助手软件快捷设置模块参数

1. 设置 HC-05 模块参数

正确连接好参数架并连接 HID 软件后，可先单击"测试指令"按钮，如果返回"OK"，说明模块及连接状态正确。然后单击"设置模块从机"按钮将模块设置为从机模块（手机端作为主机）。在"蓝牙名称设置"按钮的右侧文本框中输入模块名称，单击"蓝牙名称设置"按钮，可以重新设置模块的名称。在"配对密码设置"按钮的右侧文本框中输入模块密码，单击"配对密码设置"按钮，为模块设置密码。完成以上设置后，HC-05 蓝牙模块就可以正常工作了。

2. 连接 HC-05 模块

设置好 HC-05 模块的参数后，将其从参数架上取下来，插在开发板的 HC-05 模块接口上，然后打开手机蓝牙，搜索附近蓝牙，找到刚才所设置的蓝牙模块的名称并连接。这时，手机已与 HC-05 模块建立了蓝牙连接，手机端就可以使用蓝牙调试助手等软件向 HC-05 模块发送数据了（图 10.16）。

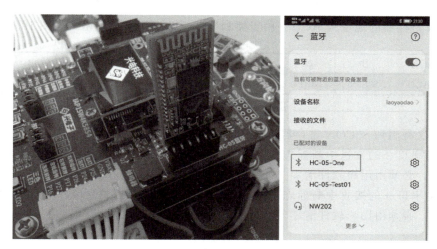

图 10.16　手机连接 HC-05 模块

子任务二　单片机端蓝牙解析程序

任务描述

编写单片机端串口驱动程序，实现蓝牙串口透传；编写蓝牙解析程序，使蓝牙遥控设备发送过来的指令数据能够被正确解析。

蓝牙遥控功能采用 HC-05 模块，该蓝牙模块是主从一体的蓝牙串口模块，当两个蓝牙设备配对连接成功后，可以忽视蓝牙内部的通信协议，直接将蓝牙当作串口，即实现蓝牙串口透传功能。当建立连接时，两设备（智能车和手机端）共同使用一个串口通道，手机端发送数据到通道中，智能车便可以接收通道中的数据，即可实现蓝牙遥控功能。

智能车的蓝牙扩展接口连接的是 STC15 单片机的串口 3，串口 3 实时监听并处理蓝牙模块接收到的数据。所以，在单片机端，首先需要编写串口 3 的驱动程序。

一、串口 3 的数据缓冲器 S3BUF

S3BUF 寄存器的地址为 ADH，用作串口 3 的发送和接收数据缓冲器。

二、串口 3 的方式控制寄存器 S3CON

S3CON 寄存器的地址为 ACH，用于控制串口 3 的工作方式，格式如图 10.17 所示。

寄存器名	地址	B7	B6	B5	B4	B3	B2	B1	B0
S3CON	ACH	S3SM0	S3ST3	S3SM2	S3REN	S3TB8	S3RB8	S3TI	S3RI

图 10.17　S3CON 寄存器

程序中仅需用到 S3CON 寄存器的 B1、B0 位。

S3TI 为串口 3 的发送中断标志。发送完 1 帧数据后，由硬件置 1，向 CPU 申请中断，响应中断后，必须由用户软件清零。

S3RI 为串口 3 的接收中断标志。接收完 1 帧数据后，由硬件置 1，向 CPU 申请中断，响应中断后，必须由用户软件清零。

任务实施

首先使用 STC-ISP 软件生成串口 3 的初始化函数，选择在 11.059 2 MHz 系统频率下的波特率为 9 600 bps。

```
void Uart3_Init(void)          //9 600 bps@11.059 2 MHz
{
    S3CON=0x10;                //8 位数据,可变波特率
    S3CON &=0xBF;              //串口 3 选择定时器 2 为波特率发生器
    AUXR |=0x04;               //定时器时钟 1T 模式
    T2L=0xE0;                  //设置定时初始值
    T2H=0xFE;                  //设置定时初始值
    AUXR |=0x10;               //定时器 3 开始计时
```

```
}
```
编写串口 3 的字节发送函数。
```
void Uart3_SendByte(unsigned char dat)
{
    S3BUF=dat;
    while(S3CON&0x02==0);
    S3CON &= ~0x02;
}
```

由于要使用串口 3 的中断接收功能，故需要开启串口 3 的中断，并编写中断服务函数。以下程序中第一个函数为使能串口 3 中断，第二个函数为串口 3 的中断接收函数，每次手机端通过蓝牙发送过来一个字符，该字符即可被接收进 Ble_Cmd 全局变量，再由主程序循环进行相应的处理。

```
void Uart3_Enable_Init()
{
    IE2 |=0x08;
    EA= 1;
}
void Uart3_Int_Handler() interrupt 17
{
    P23=~P23;                   //LED 翻转,做指示灯
    if(S3CON & 0x01)
    {
        S3CON    &= ~0x01;
        Ble_Cmd=S3BUF;          //Ble_Cmd 为全局变量,每次接收到的蓝牙数据,存放
                                  于此
    }
}
```

主程序中根据 Ble_Cmd 接收到的指令码，执行相应的控制。例如，定义指令字符'F'为前进指令，指令字符'B'为后退指令，指令字符'L'为左转指令，指令字符'R'为右转指令，指令字符'S'为停止指令，指令字符'K'为制动指令。可编写控制程序如下。

```
while(1)
{
    if(Ble_Cmd=='F')
    {  //前进
        Ble_Cmd=0;
        Car_Forward();
    }
    else if(Ble_Cmd=='B')
    {  //后退
```

```
        Ble_Cmd= 0;
        Car_Backward();
    }
    else if(Ble_Cmd=='L')
    { //向左
        Ble_Cmd=0;
        Car_TurnLeft();
    }
    else if(Ble_Cmd=='R')
    { //向右
        Ble_Cmd=0;
        Car_TurnRight();
    }
    else if(Ble_Cmd=='S')
    { //停止
        Ble_Cmd=0;
        Car_Stop();
    }
    else if(Ble_Cmd=='K')
    { //制动
        Ble_Cmd=0;
        Car_Brake();
    }
}
```

子任务三　手机端蓝牙调试助手

任务描述

使用手机蓝牙调试助手软件连接至 HC-05 蓝牙模块，并实现对智能车的蓝牙遥控控制。

知识准备

为方便实验操作，手机端可以先使用蓝牙调试助手软件。该软件支持蓝牙通信的调试和简易遥控器功能，可以在手机应用商店里搜索"蓝牙调试助手"下载安装。

任务实施

首先连接到 HC-05 蓝牙模块；连接成功后可进入对话模式页面，在这里可以直接发送控制指令字符,如发送字符'F'智能车前进、发送字符'L'智能车左转等。

除可以直接发送控制字符外,该软件还支持简单的界面定制,进入按钮控制页面,开启编辑模式便可以对每个按钮的名称和按下时发送的数据进行设置,退出编辑模式,单击某个按钮,就会发送对应的字符,可以作为简易的蓝牙遥控器使用(图10.18)。

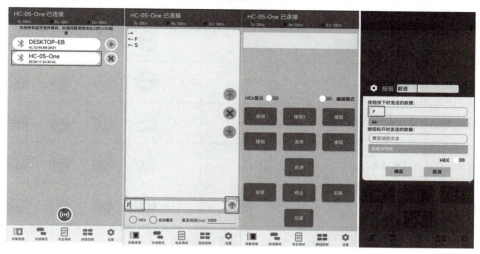

图 10.18   手机端蓝牙调试助手

任务总结

扩展提高

自学 App Inventor,开发一款手机蓝牙遥控 App,可控制智能车实现前进、后退、转向、加速、减速等运动,也可自己设计其他更有趣的功能。

App Inventor 是 Android 系统应用程序开发环境,采用拖拽式积木编程,简单易学,适合 Android 系统 App 的快速原型开发。其可以使用在线版 https://app.wxbit.com/进行开发。

自我评价

知识与技能点掌握情况	你的理解	掌握情况			
是否理解 HC-05 模块的功能和作用		😊	😊	😵	😣
AT 指令及参数设置方法		😊	😊	😵	😣
串口 3 驱动程序是否调试通过		😊	😊	😵	😣
蓝牙遥控处理程序是否可用		😊	😊	😵	😣
蓝牙调试助手遥控智能车是否可用		😊	😊	😵	😣

 完全掌握　 基本掌握　 有些不懂　 完全不懂

项目小结

　　本项目从硬件和软件两方面介绍了智能车的设计与开发过程。在硬件设计部分，重点介绍了智能车的电源电路、电动机驱动电路、寻迹电路、避障电路；在软件设计部分，分别实现了智能车的前进、后退、左转、右转、停止、制动控制，实现了智能车的自动寻迹程序和自动避障程序。

　　作为智能车功能的扩展，本项目还为智能车增加了蓝牙遥控功能，介绍了 HC-05 蓝牙模块的使用方法，并介绍了 AT 指令、参数设置方法等内容。为了实现蓝牙遥控，编写串口 3 驱动程序，实现在串口透传功能，且介绍了手机端蓝牙调试助手软件的使用方法，实现了手机蓝牙遥控智能车功能。

思考与练习

　　1. 使用一款电路设计软件（建议使用立创 EDA）完成智能车整体硬件电路的原理图设计及 PCB 设计。

　　2. 打样智能车电路板，手工焊接。

　　3. 编写智能车控制程序，并在自己做的电路板上调试程序。

　　4. 使用 HC-05 蓝牙模块实现智能车的蓝牙遥控功能。

参 考 文 献

［1］ 徐爱钧，徐阳 . STC15 单片机原理与应用［M］. 北京：高等教育出版社，2016.

［2］ 周小方，陈育群 . STC15 单片机 C 语言项目开发［M］. 北京：清华大学出版社，2021.